U0899201

图说汽车维修快速入门丛书

汽车维护就这么简单

杨智勇　田立加　主编

本书从初学者的角度，以图解的形式讲述了汽车各总成的拆装过程和常见维护项目，主要以大众、丰田等典型汽车为例，介绍汽车各总成的拆装、调整方法。全书共分为八章，其中包括汽车拆装与维护基础知识、发动机维护、传动系统维护、自动变速器维护、行驶系统维护、转向系统维护、制动系统维护和电气设备维护等。

本书可供初学汽车维护的人员使用，也可供职业技术院校汽车相关专业的师生和汽车工程技术人员阅读参考。

图书在版编目（CIP）数据

汽车维护就这么简单 / 杨智勇，田立加主编 . —北京 ： 机械工业出版社，2014.8

（图说汽车维修快速入门丛书）

ISBN 978-7-111-47663-4

Ⅰ. ①汽…　Ⅱ. ①杨…　②田…　Ⅲ. ①汽车－车辆修理－图解　Ⅳ. ① U472 － 64

中国版本图书馆 CIP 数据核字 (2014) 第 186644 号

机械工业出版社（北京市百万庄大街 22 号　　邮政编码 100037）

策划编辑：赵海青　责任编辑：赵海青　责任校对：王　欣

封面设计：张　静　责任印制：乔　宇

北京汇林印务有限公司印刷

2015 年 3 月第 1 版第 1 次印刷

148mm × 210mm · 7 印张 · 196 千字

0001—4000 册

标准书号：ISBN 978-7-111-47663-4

定价：39.00 元

丛书序

中国汽车工业已有了飞速的发展。通过技术引进、国产化和技术改造，汽车的生产能力和社会保有量均有大幅度的提高。随着汽车数量的增多，汽车使用与维修技术人员，尤其是初学汽车修理人员迫切需要学习汽车专业知识。为了使广大初学汽车修理人员全面系统地了解汽车的基础知识，增强维护修理、排除故障的实际能力，掌握汽车维修技巧和知识，特编写本套丛书。本套丛书由以下十册图书组成：

- 《汽车发动机维修就这么简单》
- 《汽车底盘维修就这么简单》
- 《汽车电气系统维修就这么简单》
- 《汽车维护就这么简单》
- 《汽车发动机电控系统维修就这么简单》
- 《自动变速器维修就这么简单》
- 《汽车空调系统维修就这么简单》
- 《汽车钣金就这么简单》
- 《汽车喷漆就这么简单》
- 《汽车美容与装饰就这么简单》

本套丛书以通俗易懂的语言、图解的方式，围绕初学汽车修理人员所关心的问题，对汽车维修基础知识、维修工具的使用、汽车的一般维护方法、汽车常见故障维修、汽车主要部件的检查、汽车主要部件的拆装、车身磕碰的修补、美容等方面的知识进行详细的介绍。

本套丛书有以下特点：

（1）起点低，针对性强。每本书的内容均包括从事本工种人员应明确的汽车结构原理和应掌握的实际技能训练内容，低起点，针对性、实用性强。

（2）突出重点。本套丛书的选材和编写内容充分体现以就业为导向，以职业技能训练为核心的目标要求，既介绍了基本的共性的基础知识，又讲述了有代表性车型的维修技术。

（3）在满足实际需要的前提下，突出了汽车维修技术的先进性。

（4）浅显易懂，便于自学。在编写本套丛书时，尽量采用浅显易懂的语言，从最基础的内容开始，全面而透彻地讲解汽车维修各工种所必须掌握的基础知识和专业知识，便于自学。

本套丛书内容丰富，可读性强，实用性强，既可作为初学汽车维修人员的入门指导，也可供广大汽车爱好者、驾驶人员以及大中专院校相关专业的师生阅读和参考。

前言

PREFACE

目前，中国汽车工业已有了飞速的发展。通过技术引进、国产化和技术改造，汽车的生产能力、市场占有率和社会保有量均有大幅度的提高。随着机动车数量的增多，汽车服务前景广阔。汽车使用与维修技术人员尤其是初学汽车修理的人员迫切需要学习汽车专业知识。为了使广大初学汽车修理的人员全面系统地了解汽车的基础知识，增强维护修理、排除故障的实际能力，掌握汽车维修技巧等知识，特编写此书。

本书以大众桑塔纳、丰田卡罗拉等国产主流轿车发动机为主，以通俗易懂的语言，围绕初学汽车修理人员所关心的问题，从初学者的角度，以图解的形式讲述了汽车各总成的拆装过程和常见维护项目，主要以大众、丰田等典型汽车为例，介绍汽车各总成的拆装、调整方法。全书共分为八章，其中包括汽车拆装与维护基础知识、发动机维护、传动系统维护、自动变速器维护、行驶系统维护、转向系统维护、制动系统维护和电气设备维护等。

本书内容丰富，可读性强，实用性强，本书可供初学汽车维护的人员使用，也可供职业技术院校汽车相关专业的师生和汽车工程技术人员阅读参考。

本书由杨智勇、田立加担任主编，孙艳丽担任副主编。参加编写的还有徐维东、侯伟、边伟、刘柱、韩伟、季成久、张磊、刘波、王丽梅、张凤云、李培军、康爱琴、王晓红、王海、王文丽。

在编写过程中，参考并引用了国内外一些汽车厂家的技术资料和有关出版物，在此对参考文献的作者和为本书编写过程提供帮助的同志表示衷心的感谢。

由于水平所限，不足之处在所难免，敬请读者批评指正。

编 者

2014-1-28

目录 CONTENTS

第一章 基础知识

CHAPTER 1

第一节 必须铭记的安全生产制度与措施

一、安全生产制度

为保证生产正常进行，保障员工身体健康，汽车修理厂的员工必须遵守安全生产制度。

1）企业员工必须遵守《安全技术操作规程》，任何人不得违反。

2）工作时不得擅离岗位，不得在工厂内打闹、追逐、大声喧哗，非工作需要不得随便到其他部门走动、聊天，不准带小孩进入厂区。

3）必须按规定穿着劳动保护用品。车间内严禁吸烟。

4）非工作需要不得动用任何车辆，车在厂内行驶车速不得超过5km/h，不准在厂内试制动。

5）加强对易燃物品的管理，除在用的以外，存放在指定位置。

6）各工位应配备有充足的灭火器材，并加强维护保养使之保持良好的技术状态，所有的员工应学会正确使用灭火器材。

7）工作灯应采用低压（36V以下）安全灯，工作灯不得冒雨或拖过水地使用，并经常检查导线、插座是否良好。

8）手湿时不得搬动电力开关或插电源插座。电源线路、熔丝应按规定安装，不得用铜线、铁线代替。

9）下班前，必须切断所有电器设备的前一级电源开关。

10）作业结束后，要及时清除场地油污杂物，并将设备机具整齐安放在指定位置，以保持施工场地清洁。

二、安全生产伤害的预防措施

1. 火灾预防措施

- 吸烟的时候，应到吸烟室。
- 汽油及吸满汽油或机油的碎布有时可能自燃，所以应将它们放置到带盖的金属容器内。
- 在机油存储地或可燃的零件清洗剂附近，严禁使用明火。
- 千万不要在处于充电状态的电池附近使用明火或产生火花，因为它们产生了可以点燃的爆炸性气体。

2. 机械伤害的预防措施

在汽车维护过程中，会因操作及设施的不规范而引起员工的挤、夹、扭、摔、划、割、砸、压等伤害。机械伤害的预防措施如下：

- 车间内始终要保持工作场地干净，保护自己和其他人免受伤害。不要把工具或零件留在有可能踩到的地方。养成物归其位的良好习惯。
- 随时将任何地方的燃油、机油、润滑脂清理干净，防止人员滑倒。
- 工作时采用正确的姿态。
- 搬运沉重的物体时要极度小心，以免砸伤脚。不要举起对自己来讲很重的物体，以免腰部受伤。
- 在操作旋转物体时，不要戴手套。
- 在处理易碎、易爆的物体时，要戴好防护眼镜。
- 在升降车辆时，只要轮胎离开地面，就要确认车辆是否牢固地支撑在举升机上。
- 阅读说明书，正确地使用各种电气、液压和气动设备。

3. 电气伤害的预防措施

电气伤害主要指因操作、设备的不规范所引起的触电，或因电路老化等所产生的电火花而引起的火灾。电气伤害的预防措施如下：

- 如果发现电气设备有任何异常、短路或发生火灾，首先关闭电源。
- 如果发现任何电气的布线不正确或熔丝断掉，立即检查原因或报告技术主管。
- 不要靠近断裂或摇晃的电线；千万不要用湿手接触任何电气设备；千万不要接触标有“发生故障”的开关；拔下插头时，不要拔电线，而应当拉插头本身；不要让电缆通过潮湿、浸有油的地方、炽热的表面、尖角附近。
- 在开关、配电盘或电动机等物附近不要放置或使用易燃物，因为它们容易产生火花。
- 工作中如遇突然停电，必须切断电源。

4. 汽车尾气（废气）危害的预防措施

国际上已经将汽车尾气作为环境污染最主要的因素。发动机排出的尾气中含有对人体、环境有害的成分。人长时间吸入含有一定浓度的尾气，会引起极大的，甚至致命的伤害。

汽车尾气危害的预防措施如下：

- 在车间的任何地方、任何时间起动发动机时，都要使用尾气吸排设备和通风设备。

5. 汽车上化工用品危害的预防措施

汽车内使用的各种化工产品往往会产生有害的气体对人体造成伤害。例如，防冻液、化油器清洁剂、电解液、燃油类和油漆及稀料中的笨、燃油和废(旧)机油等的石油产品等，都含有对人体有害的物质。若长期不正确地接触使用，则可能会造成人身伤害。

化工用品危害的预防措施如下：

- 在使用化工用品时，要戴好各类防护用品，包括防毒面具、防护眼镜、防护手套等。当这些化学用品被误食、吸入、溅入眼睛、接触皮肤时，应立即送医院治疗。

6. 噪声危害的预防措施

汽车维护过程中，如果有损伤人们听力的噪声，应及时戴上防护耳塞。

7. 粉尘的预防措施

如果在汽车维护场所中有对人体有害的粉尘，应戴好防护面罩和防护眼镜。

第二节 必须掌握的汽车维护基本知识

一、汽车维护工作准备

汽车维护工作准备内容如图 1-1 所示。

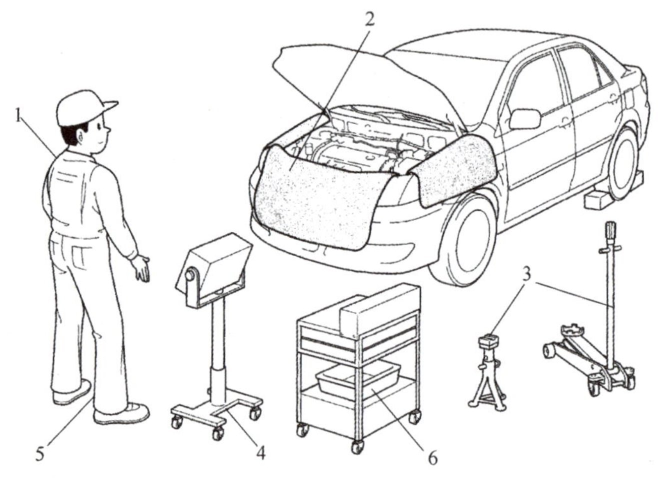

图 1-1 汽车维护工作准备内容

1—上装 2—车辆保护 3—举升设备 4—测量仪器 5—下装 6—工具

要点

- 着装：进行汽车修理时，务必穿着干净的工作服，必须戴好帽子，穿好安全鞋。
- 车辆保护：维护前，准备好散热器格栅罩、翼子板保护罩、座椅护面、地板垫、方向盘罩及变速杆罩等物品。
- 举升设备的安全操作：两个或两个以上人员一起工作时，一定要相互检查安全情况。当在发动机运转的情况下进行工作时，确保工作间通风，以排出废气。维护高温、高压、旋转、移动或振动的零件时，一定要佩戴适当的安全设备，并且格外注意不要碰伤自己或他人。顶起车辆时，一定要使用安全底座支撑规定部位。举升车辆时，使用适当的安全设备。

● 准备工具和测量仪表：开始操作前，准备好工具台、工具、专用工具、仪器仪表、耗材和更换的零件。

● 拆卸和安装、拆解和组装操作：拆下零件前，检查总成的总体状况以确认是否变形或损坏。对于复杂的总成，要做记录。例如，记录拆下的电气连接、螺栓或软管的总数，并做上装配标记，以确保重装时各零部件装到原位置上。必要时，可对软管及其接头做临时标记。如有必要，则清洗拆下的零件，并且在全面检查后进行组装。

● 拆下零件的处理：应将拆下的零件放在一个单独的盒子内，以免与新零件混淆或弄脏新零件。对于不可重复使用的零件，例如衬垫、O 形圈、自锁螺母，要按照本手册中的说明用新件进行更换。

二、车辆的举升

1. 举升支撑部位

车辆的举升如图 1-2 所示。

图 1-2　车辆的举升

要点

● 许多维护工序需要将汽车升离地面，在升起车辆前应确保汽车已正确支撑，并应使用安全锁以免汽车落下。在用千斤顶支起汽车时，应当确保千斤顶支撑在汽车底盘大梁部分或较结实的部分。

注意：在举升车辆前，应先查找维修手册，找到车辆正确的支撑点，

错误的支撑点不仅危险，而且会破坏汽车的车身结构。图 1-3 所示为典型轿车的举升支撑部位。

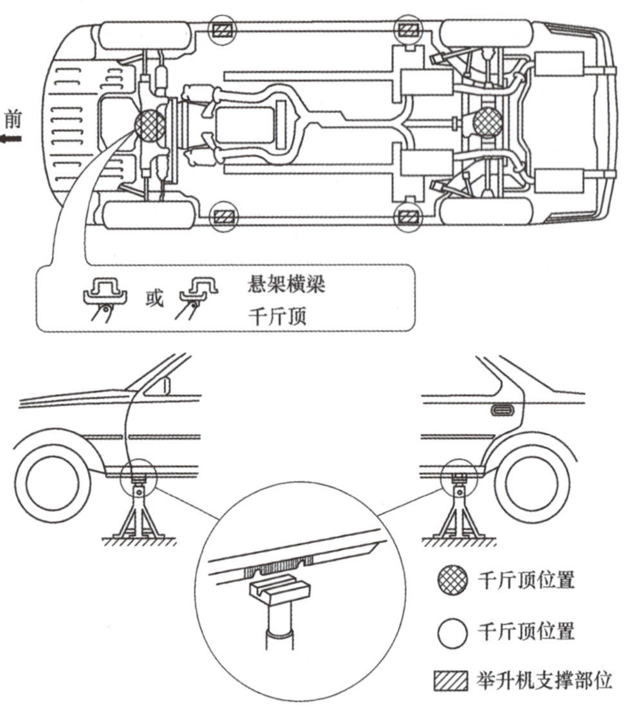

图 1-3　典型轿车的举升支撑部位

2. 举升机安全操作要点

- 使用前应清除举升机附近妨碍作业的器具及杂物，并检查操作手柄是否正常。
- 操作机构要灵敏有效，液压系统不允许有爬行现象。
- 待举升车辆驶入举升位置后，应将举升机支撑块调整移动对正该车型规定的举升点。
- 支车时，4 个支角应在同一平面上，调整支角胶垫高度使其接触车辆底盘支撑部位，如图 1-4 所示。

图 1-4　调整支角胶垫高度

● 举升车辆时车内不得有人员，车辆不可支得过高，当举升到需要高度时，必须将举升机的保险机构锁止(降落时要对保险机构解锁)，如图 1-5 所示，确保安全可靠才可开始车底作业。

● 除底盘保养及小修项目外，其他烦琐笨重作业，不得在举升机上操作修理。

● 举升机不得频繁起落。

● 支车时举升要稳，降落要慢。

● 有人作业时严禁升降举升机。

● 发现操作机构不灵，电动机不同步，托架不平或液压部分漏油，应及时报修，不得带病操作。

● 作业完毕应清除杂物，打扫举升机周围以保持场地整洁。

● 定期（半年）排除举升机液压缸积水，并检查油量，油量不足应及时加注相同牌号的压力油。同时应检查润滑、举升机传动齿轮及链条情况。

图 1-5　举升机的保险机构锁止与解锁位置

三、维护中的作业安全

1. 机修工安全操作要点

要点

● 工作前应检查所使用工具是否完整无损，施工中工具必须整齐，不得随地乱放，工作完后应将工具清点检查并擦干净，按要求放入工具车或工具箱内。

● 当拆装零部件时，必须使用合适工具或专用工具，不得蛮干，不得用锤子直接敲击零件，所有零件拆卸后要按一定顺序整齐安放，不得随地堆放。拆装车辆要做到油、水、零件不落地，保持双手、零件、工具、场地的清洁。

● 如图 1-6 所示，废油应倒入指定的废油桶收集，不得随地倒泼或倒入排水沟内，防止废油污染。

● 修理作业时应注意保护汽车漆面光泽装饰，对地毯及座位必要时要使用保护垫布、座位套，以保持修理车辆的整洁。

● 在车上进行修理作业及用汽油清洗零件时，不得吸烟；不准在修理汽车的旁边烘烤零件或点燃喷灯等。

● 用千斤顶进行底盘作业时，必须选择平坦、坚实场地并用三角木将前后轮塞稳，然后用搁车凳将车辆支撑稳固，严禁单纯用千斤顶顶起车辆在车底作业。放松千斤顶时，要先看车下及周围是否有人，只有确认人员都在安全位置时，才能放松千斤顶。

● 在修理过程中应认真检查原零件或更换件是否合乎技术要求，并严格按修理技术规范精心进行施工和检查调试。

● 发动机进行起动检验前应先检查各部位的装配工作是否已全部结束，是否按规定加足了润滑油、冷却水，起动时置变速杆于空档位置，拉紧驻车制动。车底有人时，严禁发动车辆。

● 发动机在运转中不允许进行检修工作。汽车路试后进行底盘检修时，要防止被排气管烫伤。发动机过热时，不能打开水箱盖，谨防沸水喷出烫伤。

● 指挥车辆行驶、移位时，不得站在车辆正前与后方，并注意周围障碍物。

a）实物

b）使用中

图 1-6　废机油回收桶

2. 发动机拆卸安全操作要点

● 发动机的拆卸必须在完全冷却的状态下进行，以免机件变形。

● 发动机拆卸前必须排放冷却液和机油，并且释放燃油压力。

● 拆卸燃油管时，因燃油管中有压力，在松开软管接头前，应先将抹布放到分离点处，然后小心地拔下软管以卸压，并用抹布擦净流出的燃油。

- 拆卸蓄电池接线柱引线时，应拉动插座本体，以免损坏引线。
- 在拆开真空软管时，必须在其端头做出安装位置标记，以保证安装的准确性；在脱开真空软管时，只能拉动软管的端头，不允许拉软管的中部。
- 在拆卸线束插接器时，只能用手握住插接器并拉开，不允许拽动线束。
- 拆卸和安装散热器时，切勿拉伸、扭曲或弯折制冷剂管路和软管，以免损坏这些管路及冷凝器。
- 发动机起吊时必须连接牢固，以确保起吊的安全性，如图 1-7 所示。
- 使用千斤顶等举升机具时，必须确保支撑点的正确无误，并使支撑稳固可靠，否则不得进入车下进行操作。
- 吊装发动机等总成时，必须由专人负责指挥，操作过程中不可将手脚伸入易被挤压的部位，以免发生危险。
- 汽车总成解体时，应使用专用工、机具按照分解顺序进行；对较难拆卸的零件，必须采用合理有效的方法，不得违反操作规程。
- 对于螺纹连接件的拆卸，应选用合适的呆扳手、梅花扳手或套筒扳手及专用工具，不可使用活扳手或手钳，以免损伤螺母或螺栓头的棱角。
- 对重要件，首先要熟悉其结构，并按照合理的工艺规程进行拆卸。
- 在任何零件的加工面上锤击时，都必须垫以软金属或垫棒，不可用锤子直接敲打。
- 所有零件在组装前必须经过彻底清洗并用压缩空气吹干，经检验确认合格后方可装配。
- 凡是螺栓、螺母所使用的平垫圈、弹簧垫圈、锁止垫圈、开口销、垫片及其他金属索线等，必须按照规定装配齐全；主要螺栓紧固后螺纹杆部应伸出螺母 1 ~ 3 扣；一般螺栓要求螺纹不低于螺母上平面，在不妨碍使用的情况下，允许高出螺母。
- 如图 1-8 所示，对于螺栓、双头螺柱，若有变形则不可再用；如果螺纹断扣、滑牙不可修复，都应更换。
- 使用砂轮机、空气压缩机等机具时，必须严格遵守有关安全操作规程，防止发生安全事故。

图 1-7　发动机的起吊

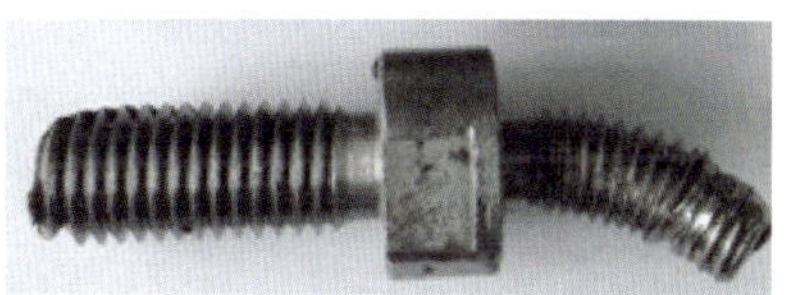

图 1-8　变形的双头螺柱

3. 汽车拆装基本原则

(1) 汽车总体拆装基本原则

汽车拆装一般由两人承担，工艺顺序比较简单。

要点

- 一般是根据汽车结构的特点，由表及里，先外后内，先附件后总成，先简单后复杂，并遵循先由整车拆成总成、由总成拆成部件、再由部件拆成零件的原则。
- 要以一人为主，另一人作辅助配合。
- 也可以两人进行交叉作业。
- 如果安排不周，会造成作业人员相互干扰，延长作业时间，甚至会造成质量缺陷和安全事故。

(2) 汽车总成拆装基本原则

对于只需对车上某个总成进行修理的汽车，可以单独拆下该总成。当拆卸某个总成或部件时，必须断开与其他总成的连接，有时还要拆下阻碍其拆卸的其他部件。因此，为提高工作效率、避免无效劳动和损坏相关部件，在作业中要遵守下面的规则：

- 先易后难，先少后多。对于首次遇到的新车型，要先拆容易伸手作业的地方；后拆作业空间小、结构复杂的部位。拆卸前，要选择工作量少的方案来作业，切忌遇到什么拆什么，要先观察再作判断。
- 拆卸时要考虑安装是否方便。有些部件在拆卸时比较顺利，但在逆向安装时却发生困难。例如，有些车型在拆下发动机时，正确的方法是，省略拆开发动机与变速器的连接，而将发动机与变速器一起吊出。如果不抬下变速器，而将发动机与变速器的连接断开，那么在安装时，发动机上的离合器花键孔就很难对准变速器输入轴，既费时，又可能造成机件损坏。
- 正确选择断开部位。例如，抬下发动机时，空调压缩机就应从支架处拆下，而不应该断开管路；发电机则必须断开接线插头，而不应拆下等。

4. 汽车上常见连接关系的拆装

汽车上的零部件种类繁多，零件之间的连接形式也多种多样，主要的有螺纹连接、铆钉连接、键连接、静配合连接、焊接、粘接及卡扣连接等。下面主要介绍常见的几种连接形式的拆装方法。

（1）零件螺纹连接的拆装

1）拆装工具的选择。在汽车拆装作业中，约有 60％的零件连接方式为螺纹连接。拆装螺纹连接的工具分为机动和手动两类。

要点

- 机动工具一般均以机动扳手形式出现。按动力源分，有电动式、液压式和气动式 3 种。电动扳手工作可靠，工作效率较高；液压扳手质量轻，工作时无噪声，效率高；气动扳手效率低，但结构简单，使用方便，故应用较广泛。
- 手动工具主要有呆扳手、活扳手、套筒扳手和旋具等。这些工具的使用，要根据螺母、螺栓的尺寸，拧紧力矩，所在位置的回转空间等具体条件来选择。一般情况下，为了避免损坏螺栓、螺母的六方棱角，缩短作业时间，减轻劳动强度，能用呆扳手的不用活扳手；能用梅花扳手的不用呆扳手；能用套筒扳手的不用呆扳手。

2）螺纹连接件拆装的技术要领及注意事项。

- 用扳手拆装螺栓（母）时，扳手的开口尺寸要适合螺栓头或螺母的六方尺寸，不能过松。旋转时，使扳手开口与六方表面尽量靠合。操作空间允许时，要用一只手握住扳手开口处，避免扳手因用力过大脱出。在使用旋具拆装开槽螺钉时，刀头与槽口的尺寸也要合适。无论拧紧还是旋松螺钉，都要用力将旋具顶住螺钉，避免损坏螺钉槽口，造成拆装困难。
- 在向螺栓上拧紧螺母或向螺孔内拧螺栓（钉）时，一般先用手旋进一定距离，这样既可感觉螺纹配合是否合适，又可提高工作效率。在旋进螺母（栓）两圈后，如果感觉阻力很大，则应拆下检查原因：有时是螺纹生锈或夹有铁屑等杂物造成的，清洗后涂少许机油即可解决；有时是螺纹乱牙造成的，可用钣牙或丝锥修整一下；有时是粗细螺纹不相配造成的，应重新选配。
- 在螺纹连接件中，垫圈有其重要作用，它可以保护被连接件的支承表面，还能防松。决不能随意弃之不用，要根据原车要求，安装到位。
- 在发动机缸体上有许多不通的螺纹孔（盲孔），在旋入螺栓前，必须清除孔中的铁屑、水、油等杂物，否则螺栓不能拧紧到位。如加力拧进，有可能造成螺栓断裂及缸体开裂等。
- 在拆装气缸盖、油底壳等由螺栓（钉）组紧固的零件时，为防止零件变形，必须按一定顺序、一定扭矩、分步拧紧各个螺栓。拆卸时，由外向内，由两侧向中央，交叉进行；分 2 ～ 3 次松开，均匀释放紧固力矩；在拧紧时，则与拆卸时相反，由内向外，由中央向两侧，分 2 ～ 3 次拧紧，每次拧 1/3 的规定紧固力矩。其他零件螺栓组的拆装也是如此。

在汽车维修手册中，一般都规定有各种螺栓的紧固力矩。它是结合螺栓性能等级和被连接件技术要求而确定的。在拆装时对一些重要连接，如气缸盖与缸体的连接、曲轴轴承瓦盖与瓦座的连接等，都必须用扭力扳手按规定力矩紧固，不能偏大或偏小。

每种螺栓都有一个最大安全力矩，在安全力矩以内拧紧螺栓，才不会出现断裂、拉伸和滑丝等损坏。因此，当遇到螺纹锈死，拆卸困难时，切不可盲目加大力臂强行拧动。可先用手锤敲打螺栓头周围，振松锈层；也可以反向拧回，再向外旋出；或者使用松动剂、加热等方法使锈层松脱，逐步退出螺栓。如果上面的办法均无效，可用錾子铲松或铲掉螺母或螺栓头。

如果螺栓断在螺孔内，可用一根淬火的四棱锥形钢棒，将其尖端打入预先钻孔的螺柱内，然后旋出螺柱；也可以用旋反螺纹的方法旋出螺柱。如果螺柱已锈死，上述方法无效，可选一略小于原螺柱直径的钻头，钻掉螺柱。

（2）零件静配合连接的拆装

零件静配合连接即过盈连接，这种连接是由于包容件的内径小于被包容件的外径，二者装配后，形成过盈配合，发生径向变形，从而在配合面间产生很大的压力。工作时，载荷就靠两者之间的摩擦力传递。汽车上，气门导管与缸盖孔间的连接，气缸套与缸体孔之间的连接等均属于此类连接。

1）拆装静配合连接的方法。

拆装静配合连接，需要施加很大的拉力或压力，容易造成零件配合面划伤，甚至使零件变形、损坏。因此，必须采用正确的拆装工艺，应用适当的专用工具和设备，施以大小合适的轴向力进行拆装。

装配静配合连接时，一般采用压入法和温差法，两种方法使用的工具设备完全相同。压入法在常温下进行，而温差法则将包容件加热，使之胀大，从而减小压入的力量，避免擦伤配合表面和损坏零件。更换气门导管时就采用温差法，将缸盖浸入电加热油槽中，升温到 150 ~ 160℃，将导管压入。加热时，必须将零件完全浸入油中，避免受热不均，造成变形。

拆卸时，一般采用压（拉）出法，如果包容件材料的热胀性好于被包容件，也可用温差法。

拆装方法的选择要根据设备条件、零件材料性能、零件结构、过盈量大小等条件来确定。

2）拆装静配合连接件操作要领。

- 装配前，要在零件配合面上涂些机油，既可减少阻力，又可避免划伤配合表面。
- 拆装的轴向力是变化的。压入时，逐渐增加；拉出时，逐渐减小。压入时的最大轴向力要比拉出轴向力小 1/3。作业时，要根据上述规律选择压力机和拉器的施力大小。
- 在用手锤进行拆装作业时，要保证击打的位置和击打的力量。位置不能忽左忽右，力量不能时大时小。作业时，手中的导棒要不断转动，保证零件受力均匀。

（3）卡扣连接的拆装

卡扣连接是应用于汽车上的新型连接方式，在轿车、旅行车和客车的装饰件连接中，得到越来越多的应用。这种连接具有拆装方便、快速、美观、牢固可靠等特点，一般由塑料制成。

要点

- 拆卸卡扣连接的工具比较简单，主要是平口旋具及改制的专用撬板等。
- 拆卸卡扣连接时，要注意保护所连接装饰件不受损坏。
- 对一些进口车上的卡扣更要小心，因为有时不易购到备件，要使之保持完好，以便二次利用。

5. 拆卸作业和装配作业注意事项

在拆装作业中，有一些关系到修理质量、工序衔接、安全生产和生产效率等方面的关键问题，必须特别注意。

- 当顶起汽车的前端或后端时，应在车轮处正确地安放楔块；当顶起汽车时，举升器的垫座或千斤顶的支点要对准车体上的安全支撑点。
- 在进行任何电气系统拆装、发动机的移动作业之前，要先拆下蓄电池负极接线。
- 每次拆卸零件时，应观察零件的装配状况，看是否有变形、损坏、磨损或划痕等现象，为修理提供依据。
- 对于结构复杂的组件和总成，以及初次拆卸的零件，要在适当的非工作面上打上记号，以便组装时将其安装到原来的位置上。
- 对有些有较高配合要求的零件，如主轴承盖、连杆轴承盖、气门、柴油机的高压油泵柱塞等，必须做好记号。组装时，按记号装回原位，不能互换。
- 零件装配时，必须符合原车技术要求，包括规定的间隙、紧固力矩等。

- 组装时，必须做好清洁工作，尤其是重要的配合表面、油道等，要用压缩空气吹净。
- 为了提高工作效率和保证精度质量，要尽可能使用专用维修工具。
- 操作时禁止吸烟，远离火源。
- 在暖车状态下，释放冷却水和润滑油时，要注意防止烫伤。

第三节 必须会用的汽车维护常用工具

1. 钳子

（1）分类

汽车维修作业中常用的钳子有鲤鱼钳、钢丝钳、尖嘴钳、弯嘴钳、断线钳、挡圈钳和多用钳等，典型钳子的实物如图 1-9 所示。钳子的规格一般以钳身长度来表示。

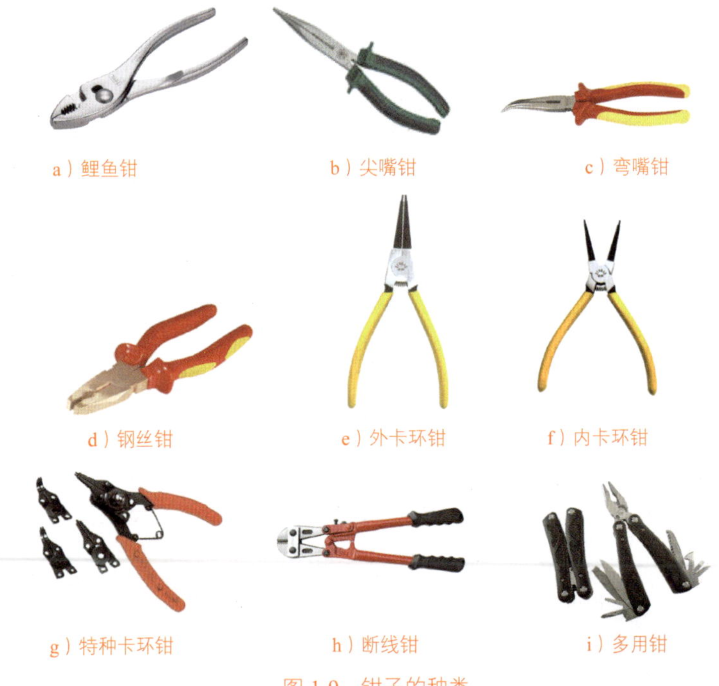

a）鲤鱼钳　b）尖嘴钳　c）弯嘴钳　d）钢丝钳　e）外卡环钳　f）内卡环钳　g）特种卡环钳　h）断线钳　i）多用钳

图 1-9　钳子的种类

（2）用途、用法与规格

1）鲤鱼钳。鲤鱼钳可用来切割金属丝，弯扭小型金属棒料，夹持扁的或圆柱形小工件。按长度通常分为 150mm、200mm 和 250mm 3 种。

2）尖嘴钳与弯嘴钳。尖嘴钳与弯嘴钳能在较狭小的工件空间操作，不带刃口的只能夹捏工件，带刃口的能切剪细小零件，是修理仪表及电信器材的常用工具。按长度分为 130mm、160mm、180mm 和 200mm 4 种。

3）钢丝钳。钢丝钳上带有旁刃口，除能夹持工件外，还能折断金属薄板以及切断直径较小的金属线。钳柄上套有橡胶绝缘套的钢丝钳多在带电的场合使用。按长度分为 150mm、175mm 和 200mm 3 种。

4）卡环钳。卡环钳有外卡环钳、内卡环钳和特种卡环钳等类型。卡环钳是专门用于拆装带有拆装孔的弹性挡圈的。

5）断线钳。断线钳能比较省力地剪断较粗的金属线材。常用的有 750mm 和 900mm 两种规格。

6）多用钳。多用钳是利用一组复合杠杆产生很大的夹紧力，兼有活扳手、普通手钳和夹具的功能。

（3）使用注意事项

- 钳子的规格应与工件规格相适应，以免钳子小工件大造成钳子受力过大而损坏。
- 使用前应先擦净钳子柄上的油污，以免工作时滑脱而导致事故。
- 使用完应保持清洁，及时擦净。
- 如图 1-10 所示，严禁用钳子代替扳手拧紧或拧松螺栓、螺母等带棱角的工件，以免损坏螺栓、螺母等工件的棱角。
- 使用钳子时，不允许用钳子切割过硬的金属丝，以免造成刃口损坏或钳体损坏，如图 1-11 所示。
- 使用时，不允许用钳柄代替撬棒撬物体，以免造成钳柄弯曲、折断或损坏，也不可以用钳子代替锤子敲击零件。

图 1-10　钳子的错误用法（1）

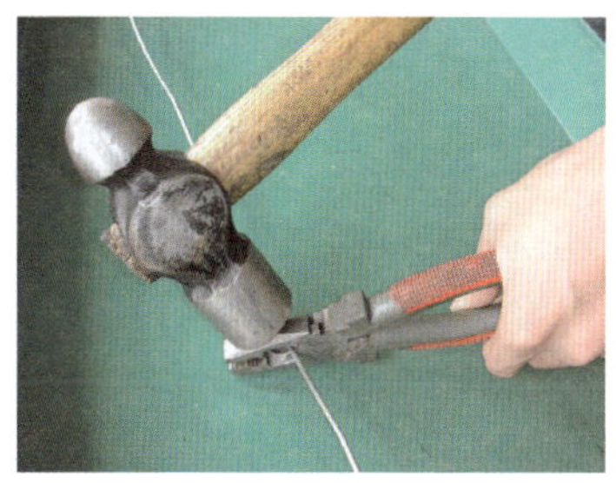

图 1-11　钳子的错误用法（2）

2. 螺钉旋具

（1）分类

螺钉旋具的种类有一字旋具、十字旋具和花键头旋具等，如图1-12所示。

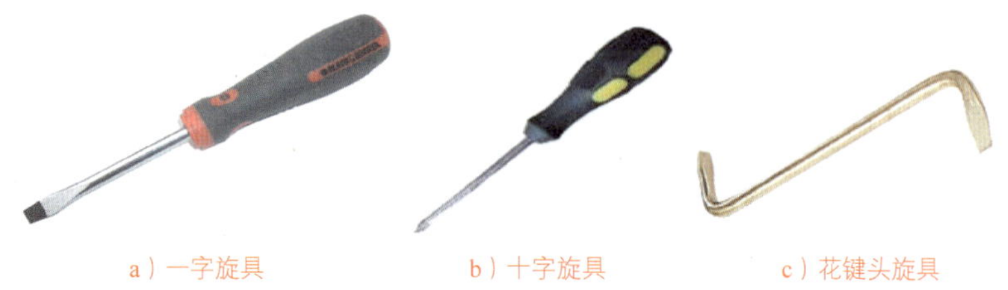

a）一字旋具　　b）十字旋具　　c）花键头旋具

图1-12　螺钉旋具的种类

（2）用途、用法与规格

1）一字旋具。主要用于拆装一字槽的螺钉、木螺钉等。常以钢杆部分的长度来区分，其常用的规格有50mm、75mm、125mm和150mm等几种。

2）十字旋具。专用于拆装十字槽口的螺钉。按十字口的直径可分为2～2.5mm、3～5mm、5.5～8mm和10～12mm 4种规格。

3）花键头旋具。是一种使用简便的旋具与较高夹紧力的套筒相结合的工具。适用于空间受到限制的安装位置处，拆装小螺母或螺钉。

（3）使用注意事项

- 旋具有木柄和塑料柄之分，塑料柄具有一定的绝缘性，适宜电工使用。
- 使用前应先擦净旋具柄和口端的油污，以免工作时滑脱而发生意外。
- 选用的旋具口端应与螺栓（钉）上的槽口相吻合，如图1-13所示。
- 若旋具口端太薄则易折断，太厚则不能完全嵌入槽口内，而易使旋具口和螺栓（钉）槽口损坏，如图1-14所示。
- 使用时，不允许将工件拿在手上用旋具拆装螺栓（钉），以免旋具从槽口中滑出伤手。
- 使用时，不可用旋具当撬棒或錾子使用，除夹柄螺钉旋具外，不允许用锤子敲击旋具柄。
- 如图1-15所示，不允许用扳手或钳子扳转旋具口端的方法来增大力矩，以免使旋具发生弯曲或扭曲变形。

◎ 正确的握持方法应以右手握持旋具，手心抵住旋具柄端，让旋具口端与螺栓（钉）槽口处于垂直吻合状态。当开始拧松或最后拧紧时，应用力将旋具压紧后再用手腕力按需要的力矩扭转旋具。螺栓（钉）松动后，即可使手心轻压住旋具柄，用拇指、中指和食指快速扭转。使用较长的螺钉旋具时，可用右手压紧和转动旋具柄，左手握在旋具柄中部，防止旋具滑脱，以保证安全工作。

◎ 使用完毕，应将旋具擦拭干净。

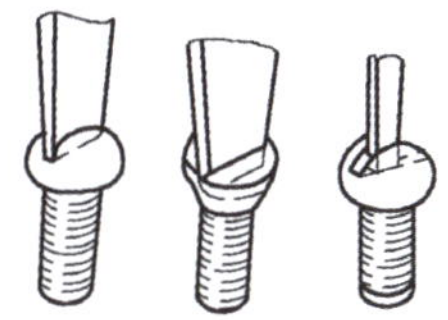

图 1-13　旋具的正确选用

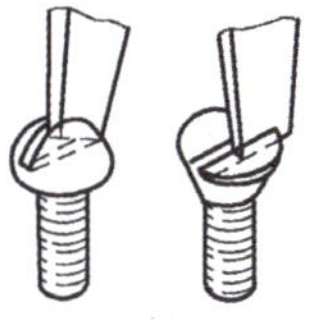

图 1-14　旋具的错误选用

3. 锤子

（1）分类

锤子的种类有钢制圆头锤、横头锤和软面锤等，如图 1-16 所示。

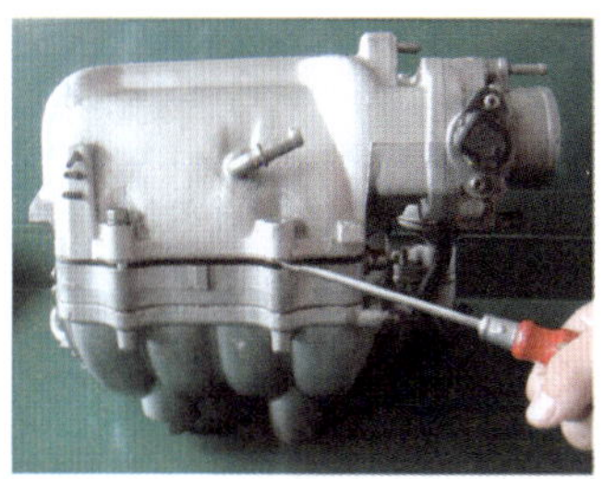

图 1-15　旋具的错误使用

a）钢制圆头锤

b）横头锤

c）软面锤

图 1-16　锤子的种类

（2）用途、用法与规格

1）钢制圆头锤。钢制圆头锤是在拆装较硬组合时使用的。钢制圆头锤和横头锤的规格是以锤头的质量单位规定的。常用的有 0.25kg、0.5kg、0.75kg、1kg、1.25kg 和 1.5kg 6 种。

2）横头锤。横头锤是在维修钣金等用力不大的零件时使用的。横头锤的规格与钢制锤基本相同。

3）软面锤。软面锤一般用于过盈配合的组合件的拆装，当敲开或压紧组合件时，使用软面锤不会使零件产生损坏。常用的有塑料、皮革、木质和黄铜软面锤。

（3）使用注意事项

- 使用前，必须检查锤柄是否安装牢固，若有松动应重新安装，以防在使用时由于锤头脱出而发生伤人或损物事故。
- 使用时，应将手上和锤柄上的汗水和油污擦干净，以免锤子从手中滑脱而发生伤人或损物事故。
- 如图 1-17 所示，在使用锤子时，手要握住锤柄后端，握柄时手的握持力要松紧适度，这样才能保证锤击时灵活自如。
- 锤击时要靠手腕的运动，眼应注视工件，锤头工作面和工件锤击面应平行，这样才能使锤面平整地打在工件上，不能有如图 1-18 中所示的操作方法。
- 使用前，应清洁锤头工作面上的油污，以免锤击时发生滑脱而敲偏，损坏工件或发生意外。
- 在锤击铸铁等脆性工件和截面较薄的零件或悬空未垫实的工件时，不能用力太猛，以免损坏工件。
- 使用完毕，应将锤子擦拭干净。

图 1-17　锤子的正确使用

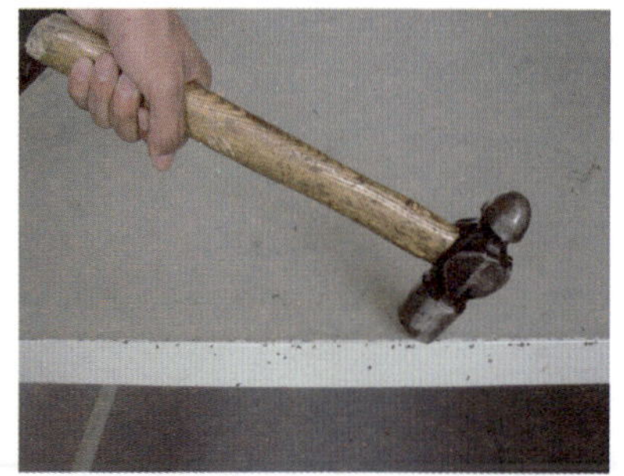

图 1-18　锤子的错误使用

4. 扳手

（1）分类

扳手的种类有呆扳手（双头）、梅花扳手、套筒扳手、活扳手、管子扳手、扭力扳手和专用扳手等，其中套筒扳手又由套筒头、套筒头手柄、长接杆、棘轮扳手等组成，如图 1-19 所示。

a）呆扳手（双头）　b）梅花扳手　c）套筒头

d）套筒头手柄　e）长接杆　f）棘轮扳手

g）活扳手　h）管子扳手　i）扭力扳手

j）内六角扳手　k）火花塞扳手　l）气门芯扳手

图 1-19　扳手的种类

（2）用途、用法与规格

1）呆扳手（双头）。这种扳手主要用于拆装一般标准规格的螺栓或螺母。使用时可以上、下套入或直接插入，具有使用方便的特点。常用的有 6 件套和 8 件套两种，适用范围在 6 ~ 24mm 之间。按其结构形式可分为双头和单头两种；按其开口角度又可分为 15° 、45° 、90° 3 种。

2）梅花扳手。梅花扳手两端是套筒式圆部分或全部围住，从而保证工作的安全可靠性。其用途与开口扳手相似，具有更安全可靠的特点。常用的有 6 件套和 8 件套两种，适用范围在 5.5 ~ 27mm 之间。

3）套筒扳手。套筒扳手适合拆装部位狭小、特别隐蔽的螺栓或螺母。其套筒部分与梅花扳手的端头相似，并制成单件，根据需要，选用不同规格的套筒和各种手柄进行组合。例如，活动手柄可以调整所需力臂；棘轮扳手用于快速拆装螺栓、螺母。有的扳手同时还能配用扭力扳手显示扭紧力矩，具有功能多、使用方便、安全可靠的特点。套筒扳手是一种组合型工具，使用时由几件共同组合成一个扳手。常用的套筒扳手有 13 件套、17 件套和 24 件套等多种规格。

4）活扳手。主要用于拆装不规则的带有棱角的螺栓或螺母。活扳手的开口端根据需要可以在一定范围内调节。

5）管子扳手。是一种专门用于扭转管子、圆棒以及用其他扳手难以夹持，扭转光滑的圆柱形工件的工具。管子扳手的开口端根据需要可以在一定范围内调节。

6）扭力扳手。在维修作业中，凡是有扭紧力矩要求的螺栓或螺母，均需用扭力扳手将螺栓或螺母拧到规定力矩。是一种与套筒扳手中的套筒配合使用，能显示扭转力矩的专用工具。用扭力扳手拧紧螺栓或螺母时，其转矩的大小能及时指示出来，扭矩的单位是 N · m。汽车维护中常用扭力扳手的规格为 0 ~ 300N · m。

7）内六角扳手。用于扭转内六角头部的螺栓。一般是不同规格的成套工具。

8）火花塞扳手。用于拆装火花塞。

9）气门芯扳手。用于拆装轮胎气门芯。

（3）使用注意事项

1）呆扳手（双头）。

● 一定要选择与所拆装螺栓（螺母）相同规格的扳手，如图 1-20 所示。

- 如图 1–21 所示，不要使用尺寸过大的扳手，以免因扳手尺寸过大而损坏螺栓（螺母）的棱角。
- 当使用推力拆装时，应用手掌力来推动，如图 1–22 所示。
- 如图 1–23 所示，不能采用握推的方式，以免碰伤手指。
- 如图 1–24 所示，不能采用两个扳手对接或用套筒等套接的方式来加长扳手，以免损坏扳手或发生事故。

图 1-20　呆扳手的正确选用

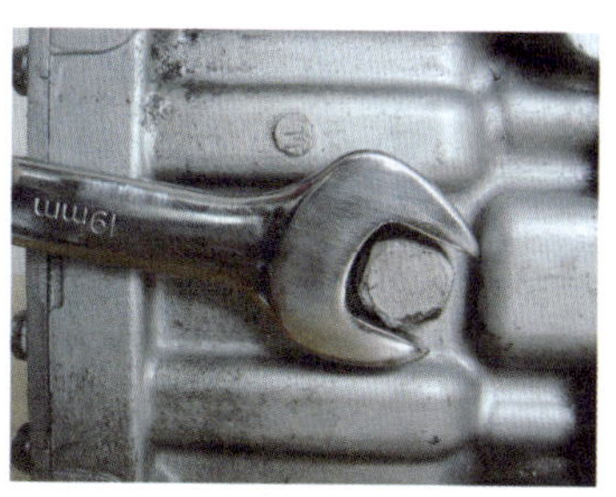

图 1-21　呆扳手的错误选用

图 1-22　呆扳手的正确使用

图 1-23　呆扳手的错误使用（1）

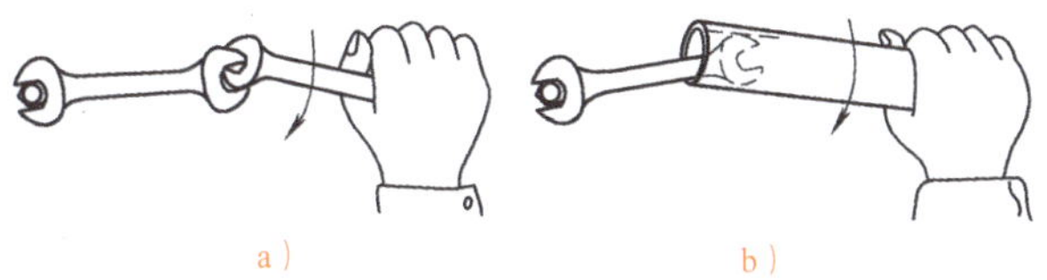

图 1-24　呆扳手的错误使用（2）

2）梅花扳手。使用注意事项与呆扳手相同。

3）套筒扳手。使用时一定要选择与所拆装螺栓（螺母）相同规格的扳手。

4）活扳手。使用时必须将活动钳口的开口尺寸调整合适，用力要均匀，以免损坏扳手或使螺栓、螺母的棱角变形，造成打滑而发生事故。应使扳手的活动钳口承受推力，固定钳口承受拉力，正确的使用如图 1-25 所示。错误的使用如图 1-26 所示。

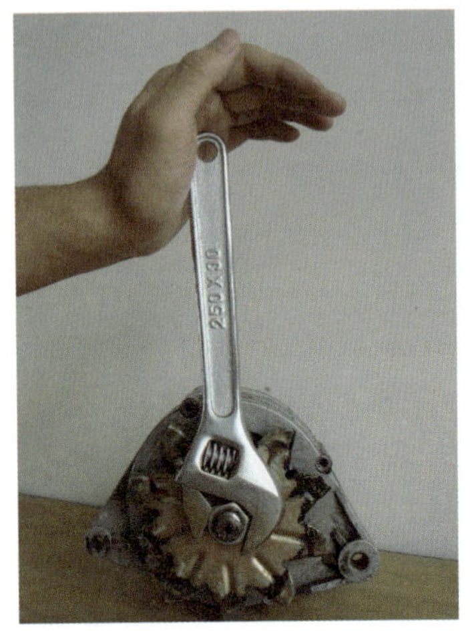

图 1-25　活扳手的正确使用

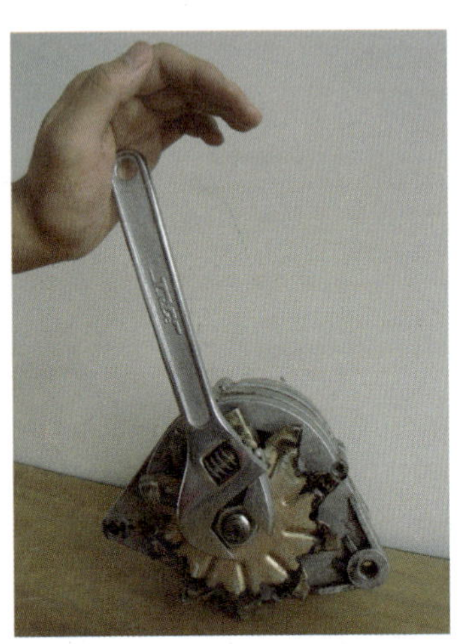

图 1-26　活扳手的错误使用

5）管子扳手。

● 由于管子扳手的钳口上有齿槽，使用时应尽量避免将工件表面咬毛。

● 另外不能用管子扳手代替其他扳手来旋转螺栓、螺母或其他带有棱角的工件等，以免损坏螺栓、螺母等棱角。

6）扭力扳手。

● 使用扭力扳手，必须符合规定，切忌在过载情况下使用而造成扭力扳手的失准或损坏。

● 用完应将扭力扳手平稳放置，避免因重物撞、压，造成扳手杆或扳手指针变形而影响扳手的精度，甚至损坏扳手。

5. 拉压器

(1) 分类

拉压器的种类有两爪拉器、三爪拉器、球轴承拉器和圆锥滚子轴承拉器等，如图 1-27 所示。

a）两爪拉器

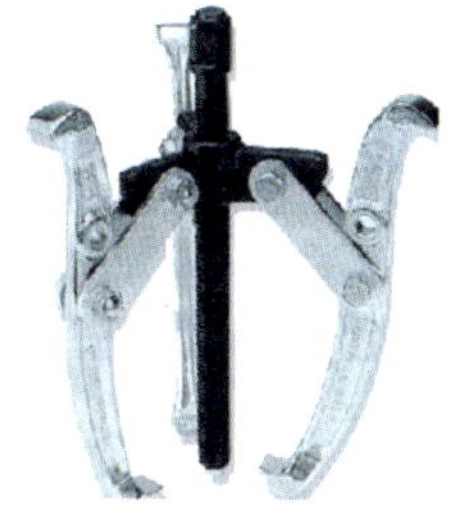
b）三爪拉器

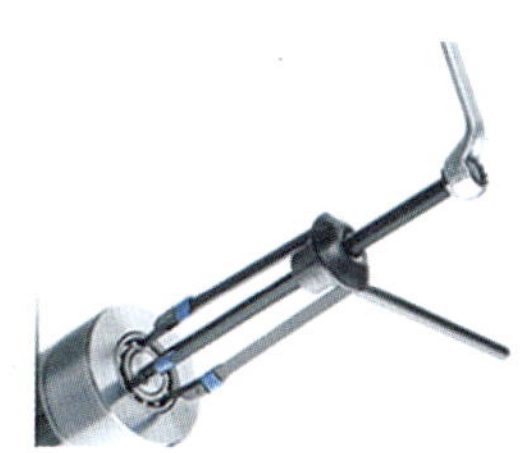
c）球轴承拉器

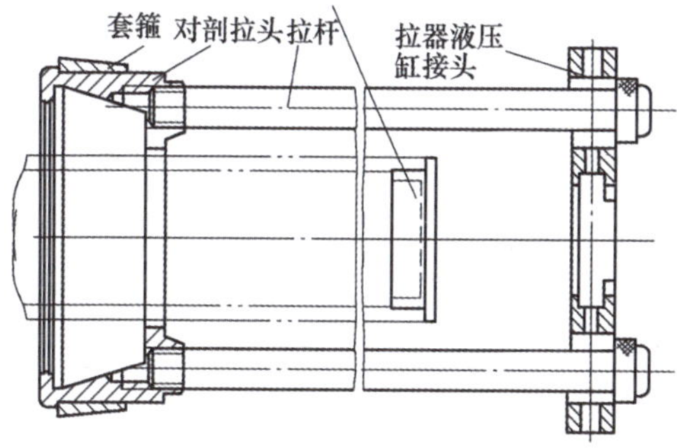

d）圆锥滚子轴承拉器

图 1-27 拉压器的种类

(2) 用途与用法

- 两爪拉器。主要用于拆卸发动机曲轴正时齿轮、曲轴带轮、风扇带轮、凸轮轴正时齿轮及其他位置尺寸合适的齿轮、轴承凸缘等圆盘形零件。
- 三爪拉器。三爪拉器主要用于拆卸各种齿轮及其他轴承、凸缘等圆盘形构件。
- 球轴承拉器。专用球轴承拉器一般是按某一轴承尺寸制作的，主要用于该种类型号的球轴承的拆卸。拆卸轴承时，将两爪扣进球轴承钢球之间的空档，装上锁紧套，拧转拉器的螺杆，就可以将轴承拉下来。

◎ 多用球轴承拉器。使用时先将拉脚插入球轴承内、外座圈之间，再插入插脚夹紧。然后顺时针转动手柄，使螺杆下移，则顶头顶住轴，当轴承距轴端近时，可去掉接杆，只用拉脚。使用中换用不同规格的拉脚，可拉下多种球轴承和曲轴正时齿轮。

◎ 圆锥滚子轴承拉器。主要用于主减速器主动锥齿轮轴承的拆卸。使用时，先利用螺杆将垫盘提起，将拉爪从轴承侧面装入，然后转动螺杆使垫盘卡入工作中心孔，与拉爪的卡拔部位对中并限位，以防卡偏和受力时脱滑。继续转动螺杆即可将轴承内套拉下，如图 1-28 所示。这种拉器只能用在轴承内套里面高出轴肩较多、端面间隙较宽松的场合。

(3) 使用注意事项

◎ 使用两爪拉器和三爪拉器时，当拉器与被拉工件安装好后，要检查拉爪是否卡紧，两边受力是否均匀对称，垫套与轴是否对中，然后扭动螺杆接触工件后，再复查一次，确认无误后，才能进行拆卸工作。

◎ 使用球轴承拉器和圆锥滚子轴承拉器的方法与两爪拉器基本相同。

6. 铲刀

铲刀的实物如图 1-29 所示。铲刀的用途是铲除零件上的积炭、油泥等杂物。

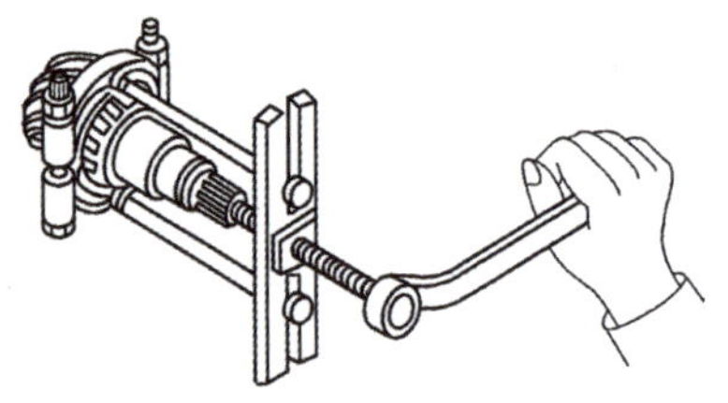

图 1-28　圆锥滚子轴承拉器的使用

图 1-29　铲刀

7. 钢丝刷

钢丝刷的实物如图 1-30 所示。钢丝刷可清除零件表面的油污等杂物。钢丝刷的硬度较大，当用于清洗相关零件时，容易给表面造成磨损或者划伤。因此，使用时用力不可过大。

8. 镊子

镊子的实物如图 1-31 所示。用镊子可夹取细小的零件等。使用时，用大拇指和食指夹住镊子，使镊子后柄位于掌心，视需要而加上中指。

- 使用镊子时，注意不要太用力，以避免手发抖。

图 1-30 钢丝刷

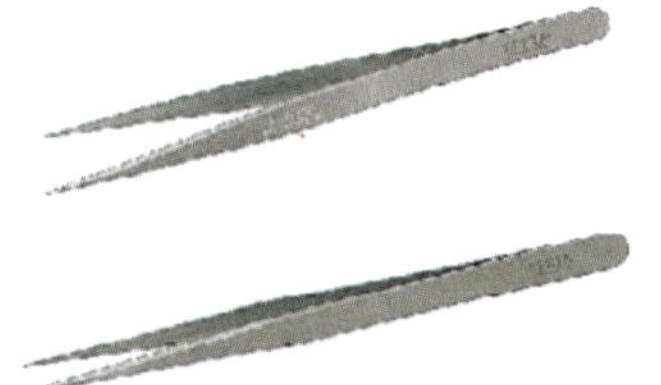

图 1-31 镊子

CHAPTER 2

第二章 如何进行发动机维护

第一节 如何拆装发动机

一、发动机总成的拆卸

在拆卸发动机总成时，可先将发动机与变速器脱开，再用专用吊具将发动机从汽车上吊下来。发动机吊具外形如图 2-1 所示。

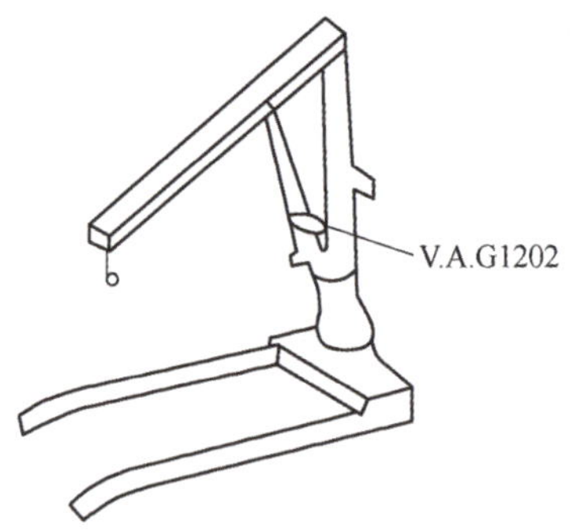

图 2-1 发动机吊具外形

发动机总成的拆卸步骤如下（以桑塔纳轿车 AFE 型发动机为例）。

1）放净发动机油底壳中的机油，并收集。

2）从蓄电池上拆卸下搭铁线或从汽车上卸下蓄电池。

3）将暖风开关拨到“暖气”位置。

4）打开散热器盖。

5）水泵有 3 个进口：自散热器出水口来的大循环进口；自暖风出水口来进入水泵的第 2 进口；小循环时的水泵进口。将水泵大循环进口处拆开，放出冷却液，并用容器收好，

以便以后使用。

6）拆卸全部在发动机上的与电子控制系统相关联的线接头（包括分电器上的中心高压线），并移开线束。

7）拆下并移开所有与发动机上相连接的真空管、油管，并用清洁布料（不会脱丝的织布）堵住各管口。

8）拆下散热器支架，取出散热器、风扇及护风罩整体。

9）拧松发电机张紧支架螺栓和空调压缩机架螺栓，卸去传动带。

10）拆下空气滤清器及管道，并用清洁布料盖住进气管口。

11）将空调压缩机先从发动机上卸下。

维修提示

◎ 注意不要拆开或分离各管道，而应将压缩机和管道一起移在车身一侧用软线缚住，如图 2-2 所示。

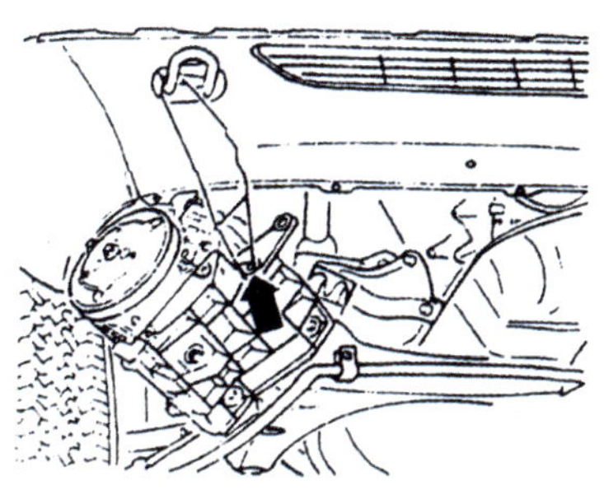

图 2-2　将空调压缩机固定在车身上

12）卸开节气门拉索和离合器拉索。

13）拆下起动机上导线接头，拆卸起动机紧固螺栓，卸下起动机总成。

14）拆下排气管与排气歧管接口处螺栓，将排气管分开，注意断开氧传感器的线接头。

15）拆下发动机和变速器的连接螺栓和飞轮壳的固定螺栓，将变速器脱开。

16）如图 2-3 所示，拆下发动机支架橡胶缓冲块锁紧螺母。

17）将吊座夹头放在发动

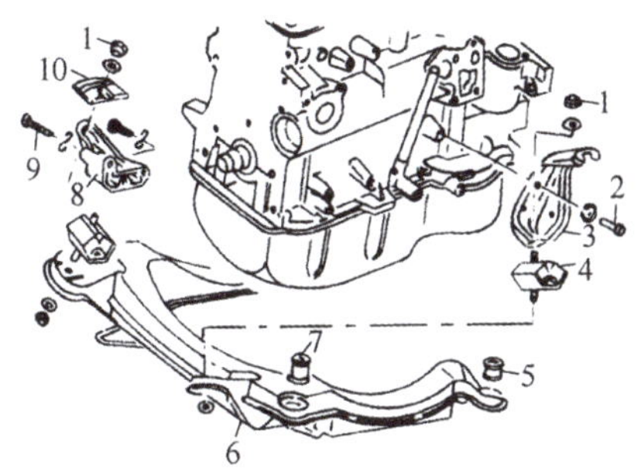

图 2-3　发动机的支承

1—固定螺母　2—支架固定螺栓
3—发动机左支架　4—橡胶缓冲块
5—发动机悬架后橡胶支承　6—发动机悬架
7—发动机悬架前橡胶支承　8—发动机右支架
9—右支架固定螺栓　10—垫板

机后端，旋紧连接螺栓，如图 2-4 所示。

18）拆卸下正时带（齿形带）上的防护罩。

19）如图 2-5 所示，放入吊架。在 V 带轮端，对 3 号位第 3 孔插入销子；在飞轮端，将销子插入 8 号位第 2 孔（标在吊架上的 1～4 号插孔，对着 V 带轮方向，板铁的孔位从吊钩端数起）。插销与吊钩均用弹簧开口销保险。

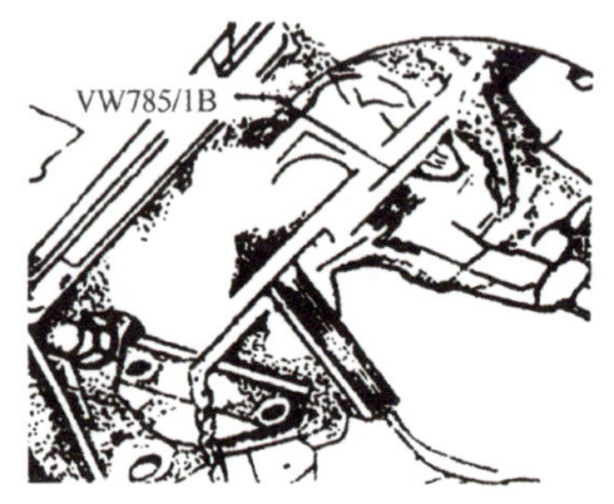

图 2-4　安装吊座夹头 VW785/1B

图 2-5　安装吊架 2024A

20）起吊发动机，使发动机脱离发动机支座。再次拧紧 VW785 / 1B 吊座夹头的支承螺栓。

21）拔出发动机与变速器的连接螺栓，使发动机脱离变速器。转动发动机，并将发动机逐渐吊起。这时应十分细心，以免在吊起过程中碰坏有关结构件。

22）如图 2-6 所示，用专用托架将发动机固定在装配架（旋转架）上。

图 2-6　VW540 型发动机托架

二、发动机总成的安装

发动机的安装步骤与拆卸步骤基本相反，但应注意下列事项。

- 检查离合器分离轴承的磨损情况，必要时更换。
- 分离轴承、离合器从动盘和变速器输入轴花键上应涂一薄层二硫化铝润滑脂，但分离轴承的导套不涂。

- 将中间板放入配合连轴套，并在一些点上涂些润滑脂，固定在气缸体上。
- 更换发动机支架橡胶缓冲块固定螺栓的锁紧螺母。
- 接起动机电线时注意不要碰到发动机。
- 将发动机装入支座，不拧紧螺栓。通过摇动发动机使其摆正位置。
- 调整离合器踏板自由行程，使之保持在 15mm 左右。
- 按规定加注冷却液。不拧紧螺栓，调整排气管，调整节气门操纵拉索。

第二节 如何调整正时齿带与 V 带

一、发动机正时齿带和 V 带的拆卸

正时齿带和 V 带的分解如图 2-7 所示，拆卸具体步骤如下。

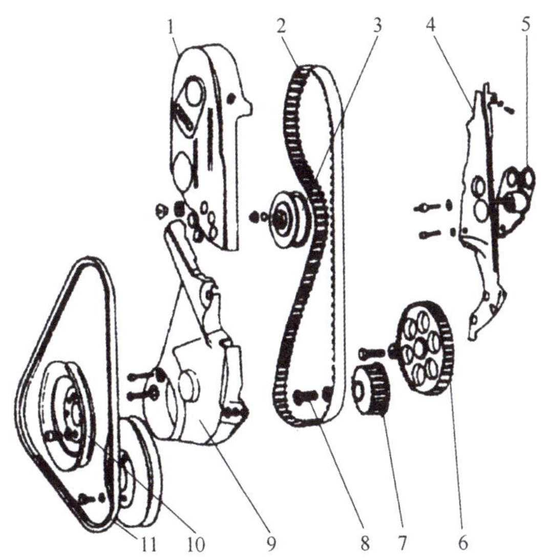

图 2-7 正时齿带和 V 带等零件的分解

1—正时齿带上护罩 2—正时齿带 3—正时齿带张紧轮 4—正时齿带后护罩 5—塞盖 6—中间轴正时齿带轮 7—曲轴正时齿带轮 8—曲轴正时齿带轮紧固螺栓（拧紧力矩 80N·m） 9—正时齿带下护罩 10—曲轴 V 带轮 11—V 带

1）旋松发电机支承臂的紧固螺栓，拆下发动机上的水泵 V 带。

2）拆下水泵 V 带轮，拆下曲轴 V 带轮。两种带轮的紧固螺栓的拧紧力矩为 20N·m。

3）拆下正时齿带上护罩，再拆下正时齿带下护罩。

4）旋松正时齿带张紧轮紧固螺栓，转动张紧轮的偏心轴，使正时齿带松弛，取下正时齿带。

5）拆下曲轴正时齿带轮，拆下中间轴正时齿带轮。

6）拆下正时齿带后护罩。

二、正时齿带和V带的安装与调整

正时齿带和V带安装可参见图2-8，并按与拆卸相反的步骤进行。但应注意以下几点。

- 将正时齿带套在曲轴和中间轴正时齿带轮上。
- 用一只螺栓固定曲轴V带轮，注意V带轮的定位。
- 使凸轮轴正时齿带轮上的标记与气门罩盖平面对齐，如图2-9所示。注意：在转动凸轮轴时，曲轴不可位于上止点位置，以防气门可能碰坏活塞顶部。
- 使曲轴V带轮上的上止点记号和中间轴正时齿带轮上的记号对齐，如图2-10所示。
- 将正时齿带装到凸轮轴正时齿带轮上。
- 按图2-11箭头方向转动张紧轮，以张紧正时齿带。

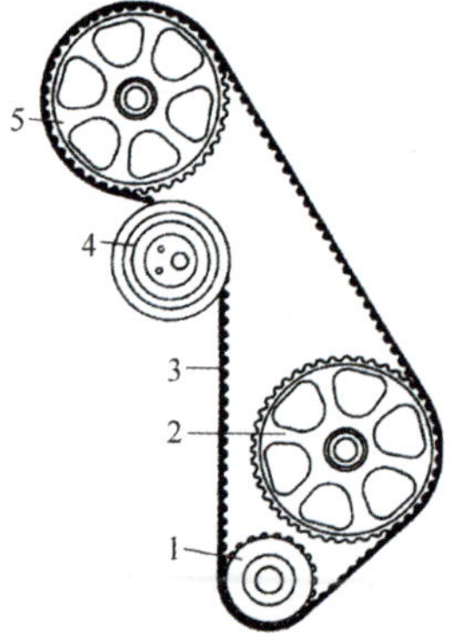

图2-8　正时齿带的安装示意图

1—曲轴正时齿带轮　2—中间轴正时齿带轮　3—正时齿带　4—张紧轮　5—凸轮轴正时齿带轮

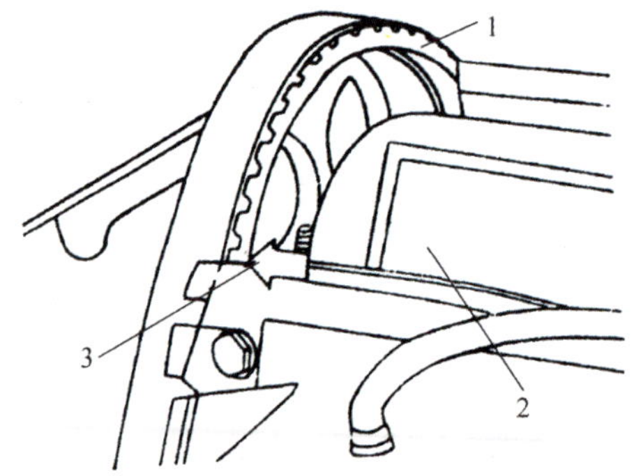

图2-9　凸轮轴正时齿带轮标记与气门罩盖平面对齐

1—凸轮轴正时齿带轮　2—气门罩盖　3—对齐记号

- 用拇指和食指捏住凸轮轴正时齿带轮和中间轴正时齿带轮之间的正时齿带中间，刚好可以转 90° ，如图 2-11 所示。
- 拧紧张紧轮的紧固螺母，拧紧力矩为 45N·m。
- 将曲轴转动两圈，检查调整是否正确。
- 拆下曲轴的 V 带轮，装上正时齿带上防护罩，其紧固螺栓拧紧力矩为 10N·m。
- 装上正时齿带下防护罩，其紧固螺栓拧紧力矩为 10N·m，装上 V 带轮和 V 带。
- 检查 V 带的张紧度，用拇指按下水泵与发电机之间的 V 带，用 100N 力可按压 10 ~ 15mm。
- 检查点火正时，必要时进行调整。

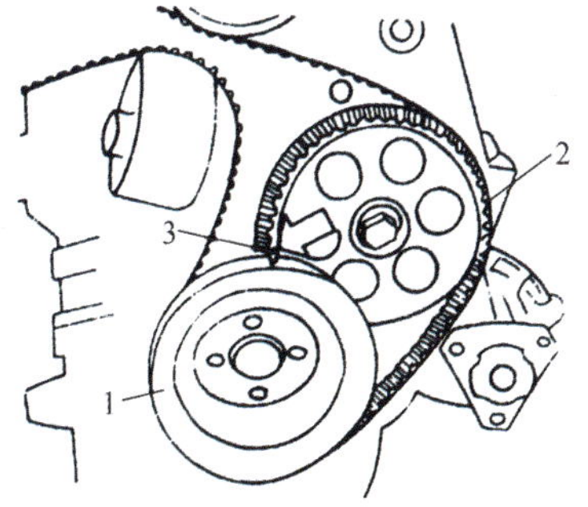

图 2-10　对齐中间轴正时齿带轮上的标记
1—曲轴 V 带轮　2—中间轴齿轮
3—对齐记号

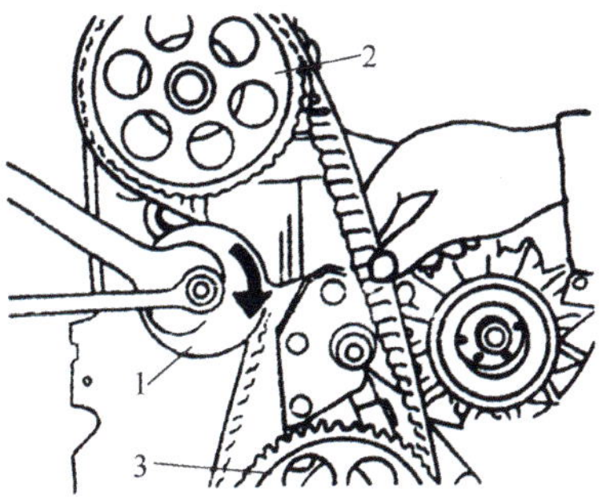

图 2-11　调整正时齿带张紧度
1—张紧轮　2—凸轮轴正时齿带轮
3—中间轴正时齿带轮

第三节 如何维护气缸盖总成和配气机构

一、气缸盖总成的拆装

1. 气缸盖的拆卸

1）拆卸气缸盖附件。拆下进排气管总成，拆下火花塞及其垫圈。

2）拆下加油口盖。

3）拆下气门罩盖，按图 2-12a 所示顺序逐渐松开气缸盖紧固螺栓。

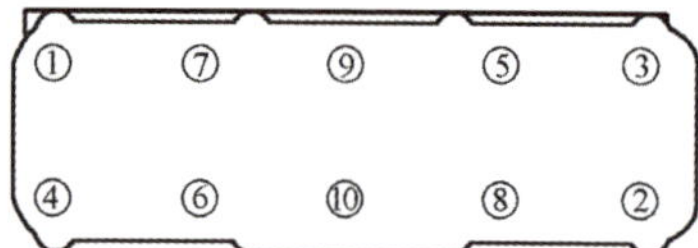

a) 气缸盖螺栓拆卸顺序

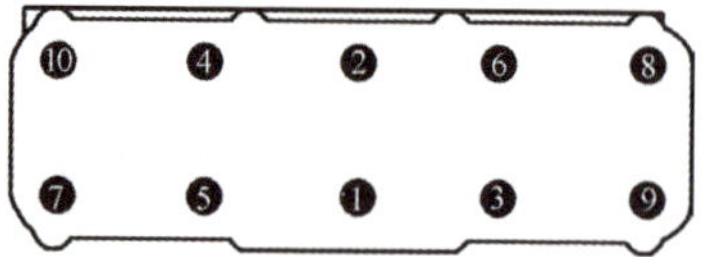

b) 气缸盖螺栓拧紧顺序

图 2-12　气缸盖螺栓的拆卸和拧紧顺序

4）取下气门罩盖压条、密封衬条、衬垫。

5）拆下机油反射罩，取下半圆塞。

6）拆下凸轮轴前端正时齿带轮的紧固螺栓，取下凸轮轴正时齿带轮。

7）旋松凸轮轴支承盖的紧固螺栓，取下支座盖。

8）拆卸下凸轮轴。取下液压挺杆总成。

9）用专用工具压下气门弹簧，取下气门锁夹。

10）取下气门锁夹座圈、气门内外弹簧。

11）拆卸气门及气门油封。

2. 气缸盖的安装

1）气缸盖的安装顺序与拆卸顺序基本相反，但应注意以下事项。

- 安装时应更换所有密封条或密封衬垫，并注意衬垫的安装位置。特别是气缸盖衬垫，应必须将标有“OBEN TOP”字样的一面朝向气缸盖，如图 2-13 所示。
- 安装气缸盖时，应将专用工具定位导向螺栓旋入气缸体第 8 和第 10 孔内（图 2-12 所示第 8 和第 10 螺栓孔）。放上气缸盖和其余 8 个螺栓，并稍微拧紧。

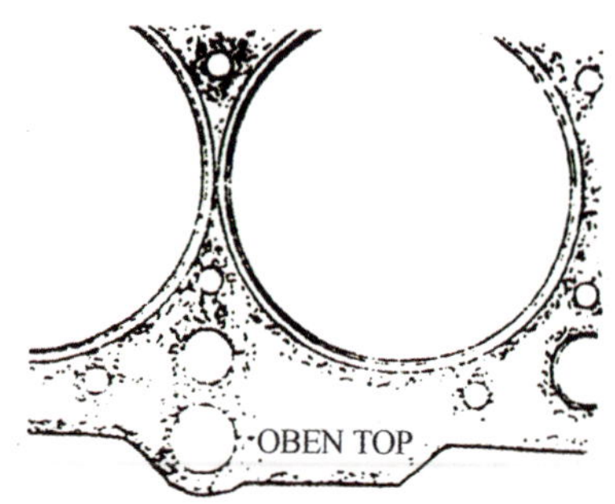

图 2-13　气缸盖衬垫的标记

2）用扳手旋出事先拧入的 3070 定位导向螺栓，并拧入气缸螺栓。按图 2-12b 所示的顺序，将气缸盖螺栓分 4 次旋紧，发动机冷态时，气缸盖紧固螺栓的拧紧力矩见表 2-1（以桑塔纳轿车 AFE 型发动机为例）。

表 2-1 AFE 型发动机冷态时气缸盖拧紧力矩

拧紧次数	拧紧力矩 /N · m
第 1 次	40
第 2 次	60
第 3 次	75
第 4 次	再用扳手拧紧 1/4 圈

3）在安放气缸盖时，曲轴不可置于上止点位置，否则气门和活塞顶部会损坏。

二、配气机构维护

配气机构能按照发动机每一气缸内所进行的工作循环和点火顺序的要求，定时开启和关闭各气缸的进、排气门，使新鲜的可燃混合气及时进入气缸，废气及时从气缸排出。

配气机构一般由气门组（进气门、排气门、气门座、气门导管、气门弹簧、座圈、气门锁片及气门油封等）和气门传动组（凸轮轴、液压挺杆、凸轮轴正时齿形带轮及正时齿形带等）组成。其立体关系及在气缸盖上的配置如图 2-14 所示。

1. 气门组的拆装

（1）气门组的拆卸

1）使用专用工具拆卸气门锁片、气门弹簧，并按组存放。

2）用铜棒和锤子将气门敲出。

（2）气门组的安装

1）按照顺序将气门装入气门导管内，注意不要损伤油封。

2）安装气门弹簧和上弹簧座。

3）用专用工具压下气门弹簧，装上气门锁片。

2. 气门杆油封的拆装

更换气门杆油封（在已装好的气缸盖上进行）的步骤如下。

1）拆下凸轮轴和液压挺杆。

2）旋下火花塞，拉紧驻车制动器。

3）将气门座调整到直立螺栓的高度。

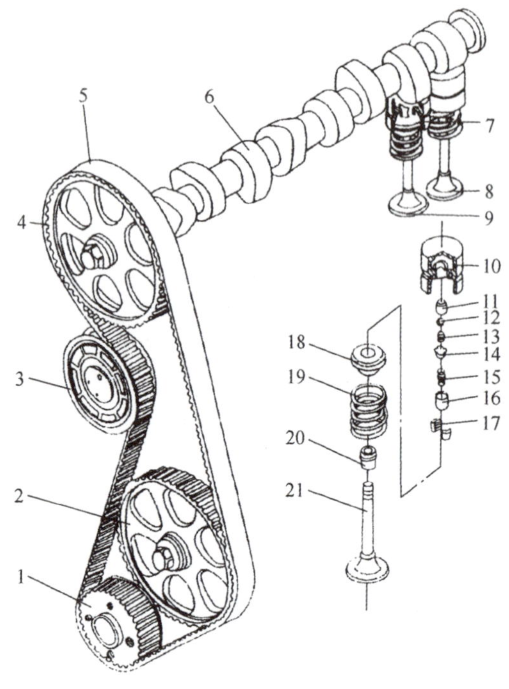

图 2-14　配气机构立体示意图

1—曲轴正时齿形带轮　2—中间轴正时齿形带轮　3—张紧轮　4—凸轮轴正时齿形带轮　5—正时齿形带　6—凸轮轴　7—液压挺杆组件　8—排气门　9—进气门　10—挺柱体　11—柱塞　12—止回阀钢球　13—小弹簧　14—托架　15—回位弹簧　16—液压缸　17—气门锁片　18—上弹簧座　19—气门弹簧　20—气门油封　21—气门

4）将压缩空气管旋进火花塞孔螺纹内，并送入至少 0.6MPa 的气压。

5）拆下气门弹簧。用锤子轻击装配夹具的手柄，松动压得很紧的气门锥头。

6）拔出气门杆油封。

7）装入气门杆油封。气门导管应插上塑料套 A，气门杆油封 B 涂油并用 10-204 顶棒小心地压入导管，如图 2-15 所示。

● 注意：为了防止损坏气门杆，装配时原则上要使用塑料套。

3. 气门弹簧的拆装

1）拆下凸轮轴，拆卸时将液压挺杆做上标记，液压挺杆不可互换。

2）用专用工具 VW2037 将气门弹簧座压下，取下气门锁夹，拆出气门弹簧，如图 2-16 所示。

气门弹簧座锥形孔下沿口非常锋利，可能会损伤气门杆（拉毛等）。损伤的气门应予更换，必要时在安装前就去除气门座毛边。

3）用专用工具 3047 拆卸弹簧下座，如图 2-17 所示。

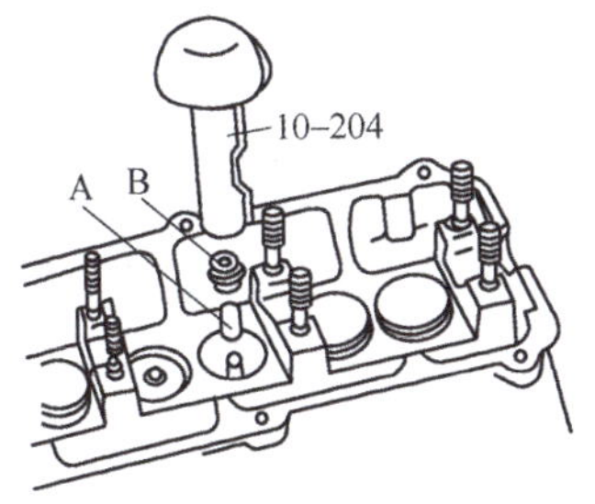

图 2-15 压装气门杆油封
A—塑料套 B—油封

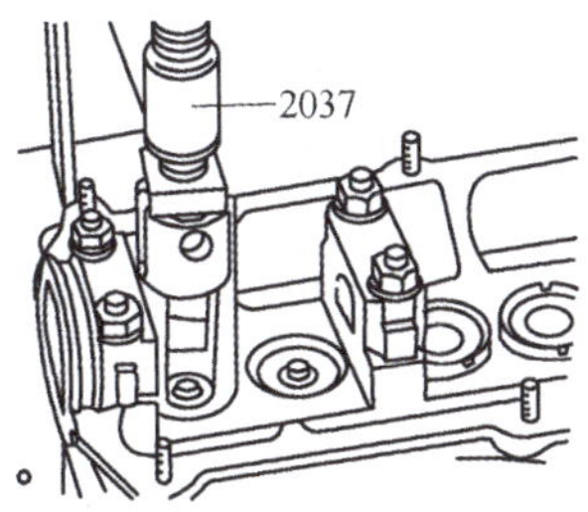

图 2-16 拆卸气门弹簧

4. 气门导管的拆装

若磨损超过极限值，则应更换气门导管。

把磨损的气门导管从凸轮轴端压出（带肩的气门导管修理时从燃烧室端压出）。新气门导管涂油后用专用工具 10-206 从凸轮轴端压入冷的气缸盖，如图 2-18 所示。

● 注意：放上带肩气门导管后，压力不可大于 9.5kN，否则将使凸肩断裂。

把新气门装入导管，气门杆末端必须同导套平齐。由于气门挺杆的直径不同，进气门只能与进气门导管、排气门只能与排气门导管配合使用。

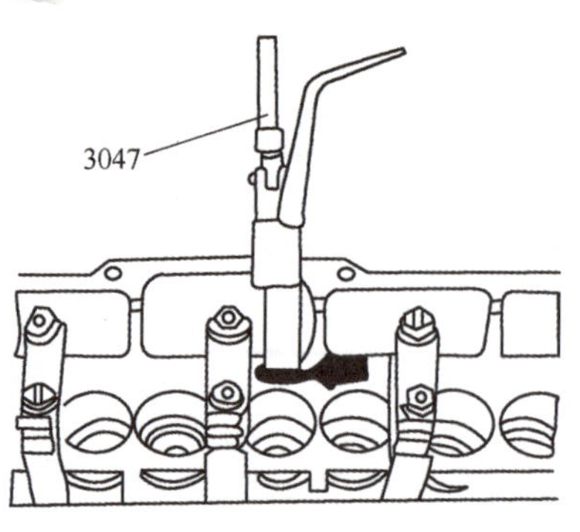

图 2-17　拆卸气门弹簧下座

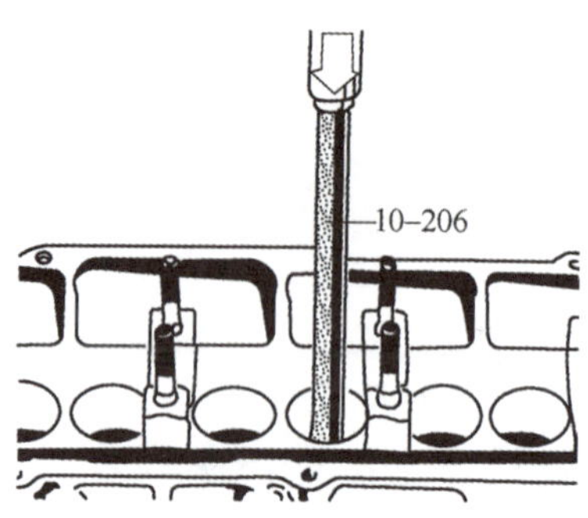

图 2-18　安装气门导管

5. 凸轮轴的拆装

(1) 凸轮轴的拆装

凸轮轴的拆卸步骤如下。

1）拆下空气滤清器。

2）拆下正时齿带上护罩，再拆下气门罩盖。

3）将曲轴置于第 1 缸上止点位置。

4）放松并取下正时齿带，拆下凸轮轴正时齿带轮。

5）先拆第 1、3、5 号轴承盖，然后对角交替松掉第 2、4 号轴承盖。

凸轮轴的安装步骤如下。

- 安装凸轮轴时，第 1 缸凸轮必须朝上。安装前放上轴承盖，确定安装位置，注意孔的上下两半部要对准，如图 2-19 所示。凸轮轴转动时，曲轴不可置于上止点位置，否则会损坏气门和活塞顶部。
- 先对角交替拧紧第 2、4 号轴承盖螺栓，拧紧力矩为 20N · m。
- 装上第 1、3、5 号轴承盖，其螺栓拧紧力矩为 20N · m。
- 装入凸轮轴正时齿带轮并紧固，拧紧力矩为 80N · m。

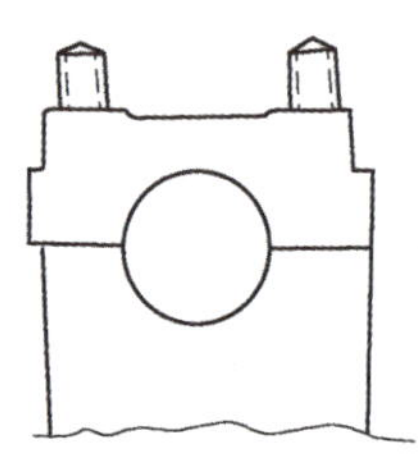

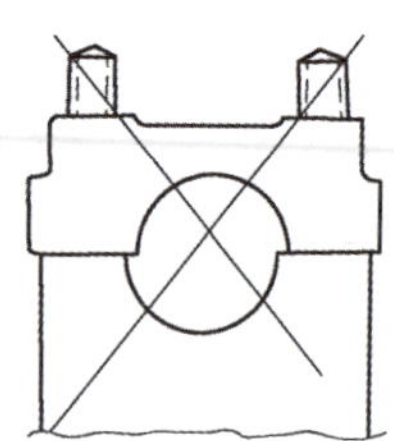

图 2-19　凸轮轴轴承盖安装位置

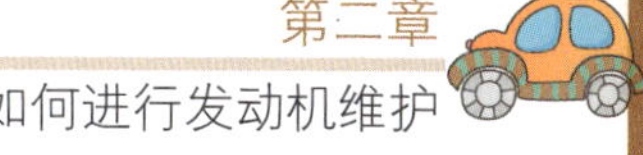

（2）更换凸轮轴油封

1）拆下 V 带和正时齿带防护罩。

2）将曲轴置于第 1 缸上止点位置。

3）松开张紧轮，拆下正时齿带。拆下凸轮轴正时齿带轮。

4）把凸轮轴正时齿带固定螺栓套上垫圈拧入凸轮轴，拧紧。

5）将油封取出器内件从外件旋出两圈（约 3mm），并用滚花螺钉锁紧。

6）将油封取出器的螺纹头涂油后拧入机油封，然后用力沿着图 2-20 箭头所示方向尽可能深地旋入密封圈。

7）旋松滚花螺钉，将内件对着凸轮轴旋转，直至油封取出。

8）用台虎钳夹住取出器，用钳子取下密封圈。

9）安装油封时，在密封圈唇边和外圈涂薄机油，将油封放入导套 VW10-203。

10）将油封平整压入，如图 2-21 所示。注意不要压到头，否则会堵塞回油孔。

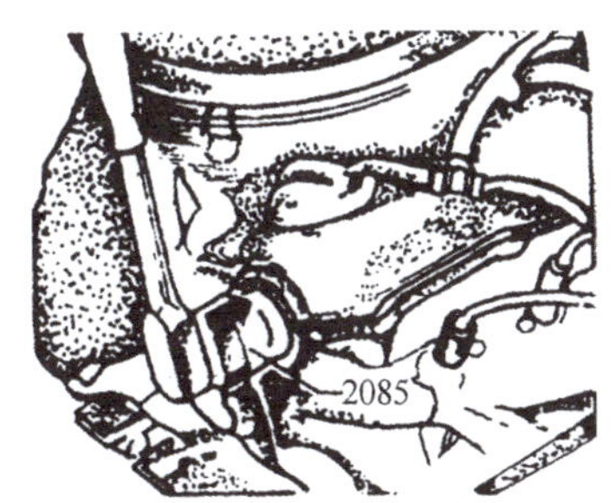

图 2-20　将油封取出器拧入密封圈

图 2-21　压入油封

6. 液压挺杆的检查

液压挺杆的结构如图 2-22 所示。检查液压挺杆时，按以下步骤进行。

1）在凸轮轴接触面（凸轮面）向下时，将取下的挺杆放在清洁的平面上。

2）起动发动机并使其运转，直至电控冷却风扇起动。在起动发动机时产生异响是正常的。

3）提高发动机转速，使其以 2500r / min 的转速运转 2min。

4）如果挺杆仍有异响，应拆下气缸盖，旋转曲轴使被检查的凸轮挺杆向上。

5）如图 2-23 所示，用木质或塑料片下压挺杆，检查液压挺杆的自由行程，如果自由行程在气门打开前超过 0.1mm，应更换挺杆（液压挺杆不可调整及修理）。在安装新挺杆时，发动机在 30min 内不得运转，否则气门将敲击活塞。

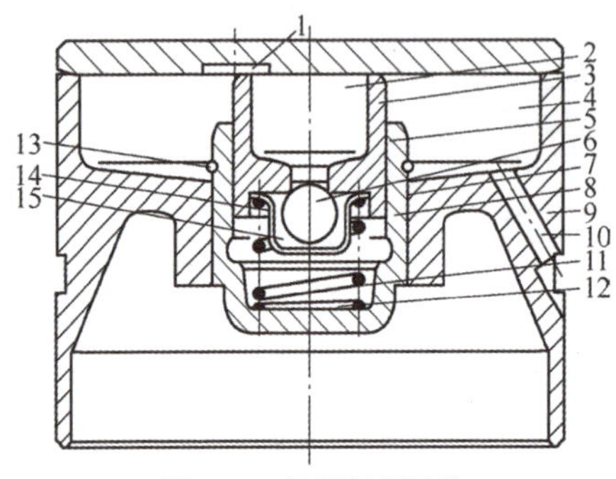

图 2-22　液压挺杆结构

1—溢油槽　2—储油腔Ⅱ　3—柱塞　4—储油腔Ⅰ　5—柱塞与油缸间隙　6—止回阀　7—液压缸与挺杆体间隙　8—液压缸　9—挺杆体　10—进油孔　11—高压油腔　12—柱塞回位弹簧　13—止推环　14—止回阀托架　15—止回阀弹簧

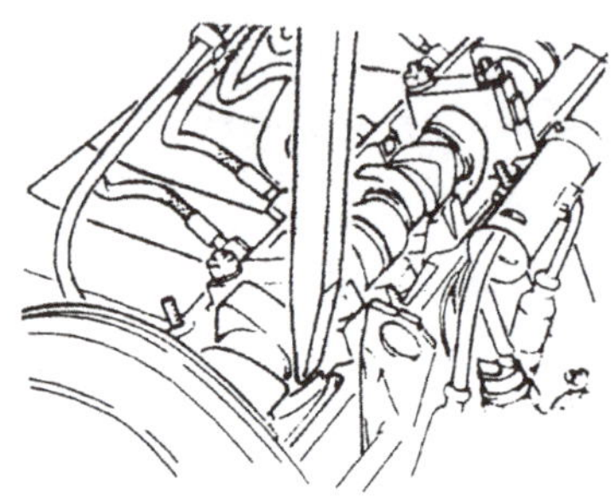

图 2-23　检查液压挺杆的自由行程

第四节 如何维护气缸体总成

一、气缸体总体结构

有中间轴结构的发动机气缸体总成分解图如图 2-24 所示，无中间轴结构发动机气缸体总成分解图如图 2-25 所示。

二、气缸体的拆装

1. 气缸体的分解

1）将气缸体反转倒置在工作台上。

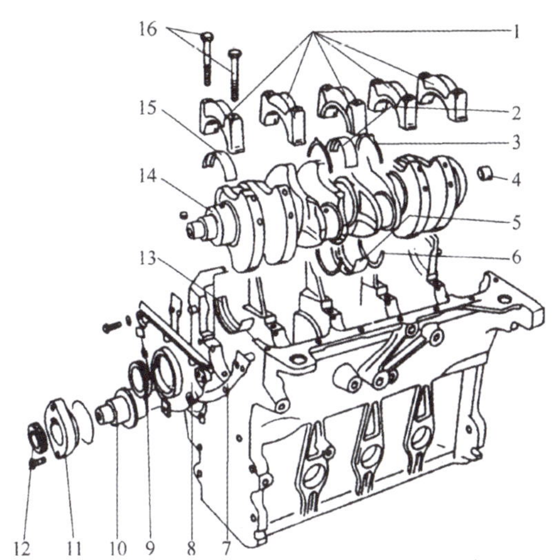

图 2-24 有中间轴结构发动机气缸体总成分解图

1—主轴承盖 2、5—3 号主轴承 3、6—半圆形止推环 4—滚针轴承 7—衬垫 8—前油封凸缘 9—油封 10—中间轴 11—密封凸缘 12—油封 13、15—1、2、4 和 5 号主轴承 14—曲轴 16—曲轴主轴承盖螺栓（拧紧力矩 65N·m）

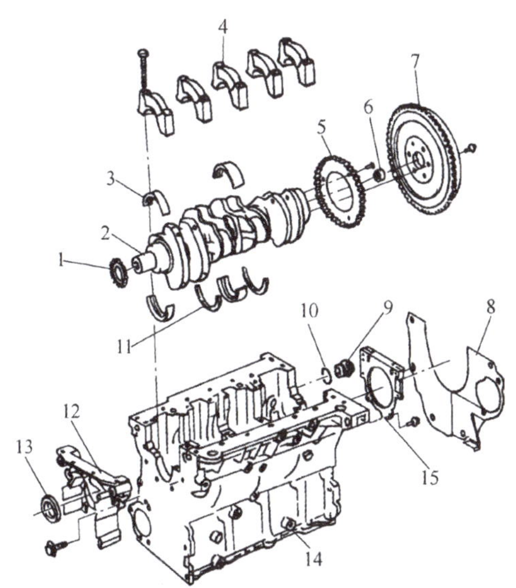

图 2-25 无中间轴结构发动机气缸体总成分解图

1—机油泵链轮 2—曲轴 3—曲轴瓦 4—轴承盖 5—脉冲轮 6—滚针轴承 7—飞轮 8—中间支板 9—螺塞 10—O 形圈 11—止推片 12—支架 13—前油封 14—气缸体 15—后油封架

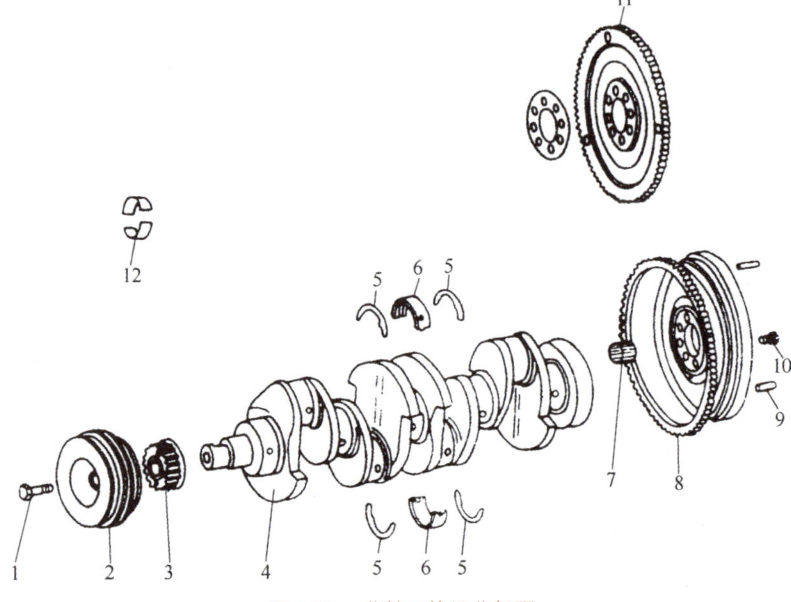

图 2-30 曲轴飞轮组分解图

1—曲轴 V 带轮、正时齿带轮的轴向紧固螺栓 2—V 带轮 3—曲轴正时齿带轮 4—曲轴 5—半圆形止推环 6—主轴承 7—滚针轴承 8—飞轮齿圈 9—定位销 10—飞轮紧固螺栓 11—飞轮 12—连杆轴承

- 飞轮拆卸时，使用专用工具 10-201 卡住飞轮齿圈，拧下飞轮紧固螺栓，从曲轴上拆下飞轮，如图 2-31 所示。
- 拆卸飞轮内孔中滚针轴承时，应使用专用工具。轴承标记必须打印在朝外一面。
- 安装滚针轴承时，滚针轴承有字的一面向外，安装好后应清晰可见。安装时应使用专用工具。安装好后，滚针轴承外端面与飞轮安装孔外端面的距离为 1.5mm。
- 用专用工具 VW10-203 安装中间轴密封圈，如图 2-32 所示。
- 飞轮与曲轴凸缘有 6 个不对称布置的紧固螺栓，其紧固力矩为 75N·m。安装飞轮时，螺栓上应涂 D6 防松胶。
- 曲轴后端飞轮与附属装置的拆卸顺序如图 2-33 所示。

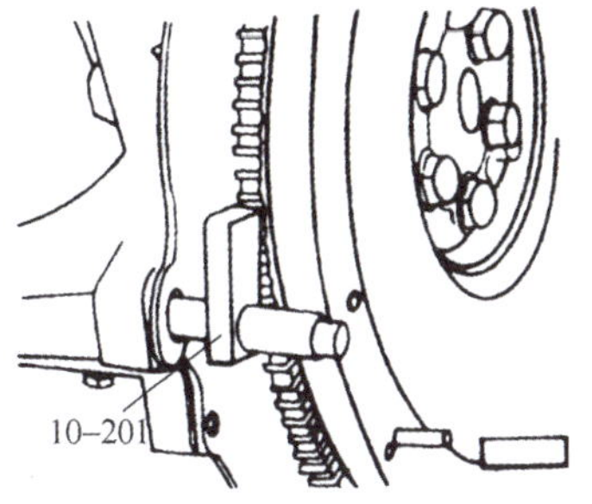

图 2-31 拆卸与安装飞轮

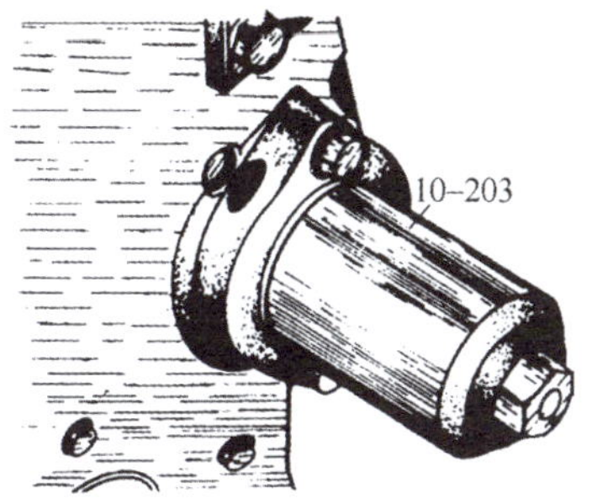

图 2-32 安装中间轴密封圈

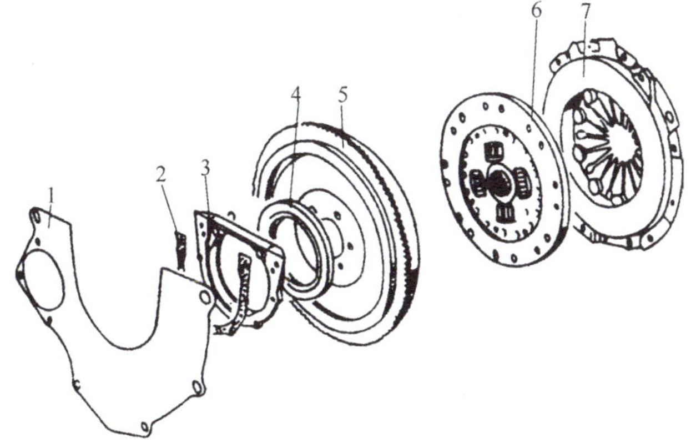

图 2-33 后端飞轮与附属装置

1—中间支板 2—油封衬垫 3—后油封凸缘 4—后油封 5—飞轮 6—离合器从动盘 7—离合器压盘

2. 曲轴后油封的更换

1）拆下变速器，再拆下飞轮和压盘。

2）用专用工具 10–221 拆下曲轴后油封，如图 2–34 所示。

3）安装油封时，在其外圈和唇边涂一层薄油，使用专用工具 VW2003 / 2A 装上油封，并用专用工具 VW2003 / 1将油封压到底。

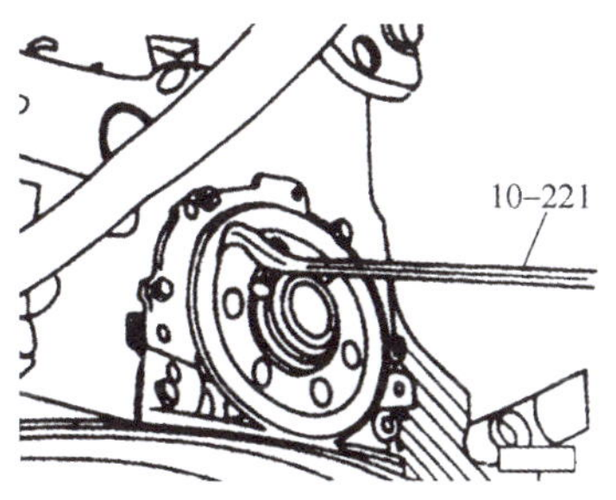

图 2-34 拆卸曲轴后油封

3. 更换曲轴前油封

1）拆下V带，再拆下正时齿带轮。

2）将油封取出器2085内件（图2-35箭头A所示）从外件中旋出2圈（约2mm），并用滚花螺钉（图2-35箭头B所示）锁紧。

3）旋出气缸螺栓，将油封取出器2085旋进曲轴，拆出油封。

4）安装曲轴前油封时，在曲轴颈上套上导套，在油封外圈和唇边涂薄机油。

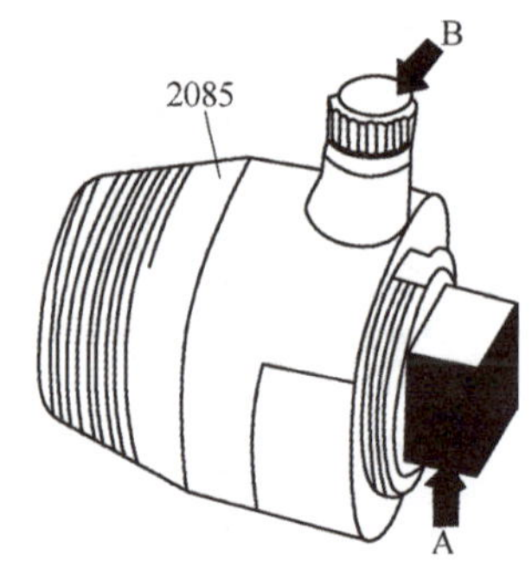

图2-35 油封取出器
A—内件 B—滚花螺钉

5）经导套推入压套，用压套和气缸螺栓将油封压到底。

第五节 如何维护润滑系统

一、润滑系统的总体构造

润滑系统的作用是对发动机所有运动的部件进行润滑，减少零件的摩擦和磨损，流动的机油不仅可以清除摩擦表面的磨屑等杂质，而且还可以冷却摩擦表面。气缸壁与活塞环上的油膜还能提高气缸的密封性。此外，机油还可以防止零件生锈。

要点

● 无论采用何种型号的发动机，其润滑系都是压力润滑与飞溅润滑相结合的复合润滑系统。

典型润滑系统的结构与油路如图2-36所示。

油底壳内的润滑油经粗集滤器滤除大的机械杂质后，被机油泵压入机油滤清器后分3路送出。第1路经主油道后分为两支：一支送入曲轴主轴承分油道，润滑主轴承，经曲轴内油道滑润连杆大端轴承，再经连杆内油道润滑连杆小端轴承后回到油底壳；另一支则进入中间轴的轴承（若有中间轴）后流回油底壳。第2路从主油道进入凸轮轴

的轴承后再润滑气门机构，然后流回油底壳。第3路，在主油道油压太高或流量太大的情况下，润滑油冲开安全阀，分流回油底壳。

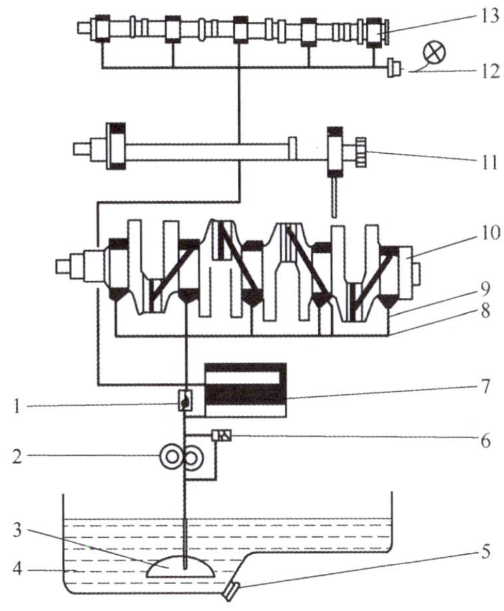

图2-36　发动机润滑系统示意图

1—旁通阀　2—机油泵　3—粗集滤器　4—油底壳　5—放油塞　6—安全阀　7—机油滤清器　8—主油道　9—油道　10—曲轴　11—中间轴　12—压力开关　13—凸轮轴

机油滤清器上没有旁通阀，起动压力为0.18MPa。当机油滤清器堵塞时，润滑油通过压力开关短路进入主油道，防止发动机运动副因缺润滑油而烧坏。

二、润滑系统维护

发动机润滑系统零件分解如图2-37所示。

1. 机油泵维护

有些发动机的机油泵为齿轮泵（如桑塔纳轿车AFE型发动机），它由中间轴上的螺旋齿轮驱动，安装在气缸体底平面第3缸附近设计的平台上。泵的出口直接向上通向气缸体润滑油道，进入安装在气缸体侧面的机油滤清器支架内。机油泵的进口与粗集滤器相连。

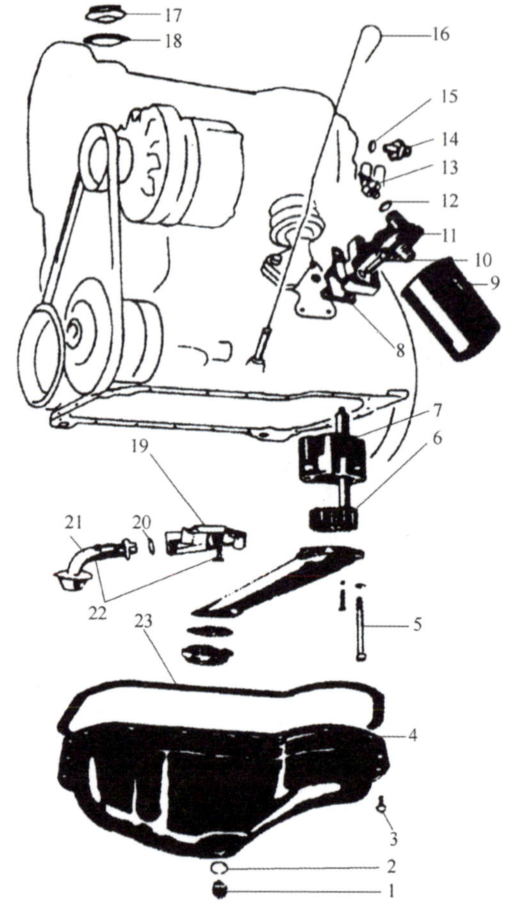

图 2-37　润滑系统零件分解图

1—放油螺塞（拧紧力矩 30N·m）　2、12、15、20—O 形密封圈　3—油底壳紧固螺栓（拧紧力矩 20N·m）　4—油底壳　5—机油泵盖长螺栓（拧紧力矩 20N·m）　6—机油泵齿轮　7—机油泵壳体　8—机油滤清器盖衬垫　9—机油滤清器体　10—机油滤清器盖紧固螺栓（拧紧力矩 25N·m）　11—机油滤清器盖　13—0~18MPa 油压开关（拧紧力矩 25N·m）　14—0~0.3lMPa 油压开关（拧紧力矩 25N·m）　16—机油尺　17—加油口盖　18—橡胶油封垫圈　19—带限压阀的机油泵盖　21—机油集滤器　22—机油泵盖短螺栓（拧紧力矩 10Nm）　23—油底壳密封垫

机油泵的结构与分解如图 2-38 和图 2-39 所示，机油泵所用油为 SAE20 号润滑油，在温度为 80℃、转速为 1000r/min、进口压力为 0.01MPa、出口压力为 0.6MPa 的条件下，最小流量应为 8.3L/min，实

测可达到10L/min。低压压力开关报警压力为30kPa；发动机转速为2150r/min时报警压力为0.18MPa。

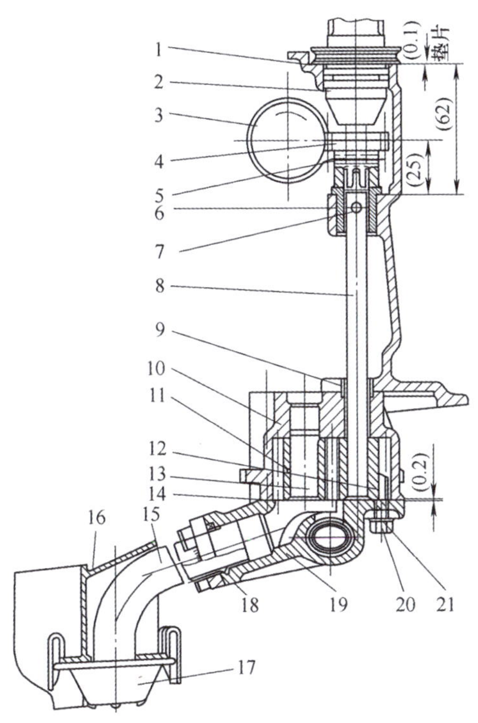

图2-38　齿轮式机油泵剖面图

1—密封垫片（0~1mm）　2—分电器轴　3—中间轴驱动齿轮　4—分电器从动齿轮　5—定位销　6—机油泵轴上支承座　7—定位螺孔　8—机油泵轴　9—机油泵轴下支承及定位套　10—机油泵壳体　11—机油泵从动齿轮　12—机油泵的主动齿轮　13—从动齿轮轴　14—衬垫（0~2mm）　15—吸油管　16—吸油管支承套　17—集滤器　18—O形密封圈　19—机油泵盖　20—短螺栓　21—垫片

（1）机油泵的拆卸

1）旋松分电器轴向限位卡板的紧固螺栓，拆下卡板。

2）拔出分电器总成。

3）旋松并拆下两个机油泵壳与发动机机体的连接长紧固螺栓，将机油泵及吸油部件一起拆下。

4）拧松并拆下吸油管组紧固螺栓，拆下吸油管组，检查并清洗滤网。

5）旋松并取下机油泵盖短螺栓，取下机油泵盖组，检查泵盖上限压阀（旁通阀）。观察泵盖接合面的磨损情况。

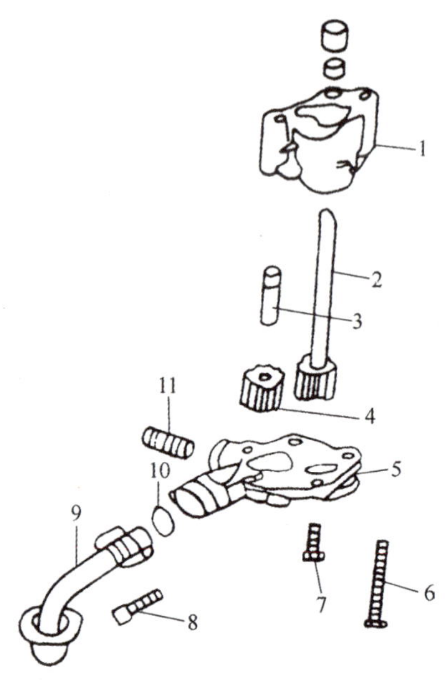

图 2-39　齿轮式机油泵分解图

1—机油泵壳体　2—主动轴　3—从动轴　4—从动齿轮　5—机油泵泵盖
6、7、8—螺栓　9—机油集滤器　10—密封垫　11—阀弹簧

6）分解主从动齿轮，再分解齿轮和齿轮轴。

（2）机油泵的检修

1）检查齿轮啮合间隙。检查时，将机油泵盖拆下，用塞尺在互成 120° 的三个位置处测量机油泵主、从动齿轮的啮合间隙，如图 2-40 所示。新机油泵齿轮啮合间隙为 0.05mm，磨损极限值为 0.20mm。

2）检查机油泵主从动齿轮与机油泵盖接合面的间隙。主从动齿轮与机油泵盖接合面间隙的检查方法如图 2-41 所示，正常间隙应为 0.05mm，磨损极限值为 0.15mm。

3）检查机油泵主动轴的弯曲度。将机油泵主动轴支承在 V 形架上，用百分表检查弯曲度。如果弯曲度超过 0.03mm，则应对其进行校正或更换。

4）检查主动齿轮轴与机油泵壳配合间隙。主动齿轮轴与机油泵壳配合间隙应为 0.03 ~ 0.075mm，磨损极限值为 0.20mm。否则应对轴孔进行修复。

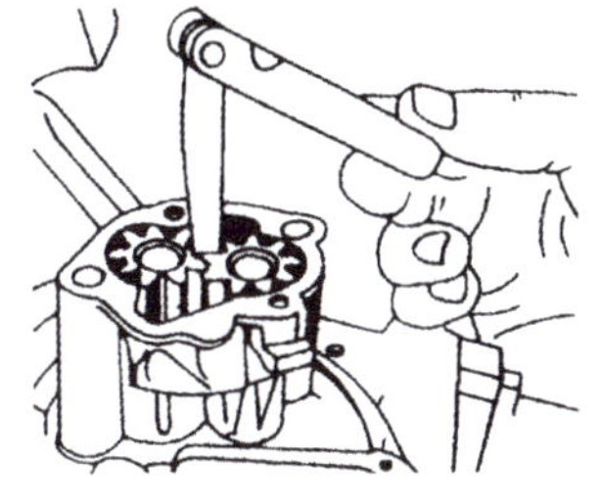
图 2-40 检查机油泵齿轮啮合间隙

图 2-41 检查机油泵主从动齿轮端面间隙

5）检查机油泵盖。若机油泵盖磨损、翘曲和凹陷超过 0.05mm，则应用车、研磨等方法进行修复。

6）检查限压阀。检查限压阀弹簧有无损伤、弹力是否减弱，必要时予以更换。检查限压阀配合是否良好、油道是否堵塞、滑动表面有无损伤，必要时进行更换。

（3）机油泵的安装与实验

机油泵的安装与拆卸顺序相反，但安装时应更换垫片，注意各螺栓的拧紧力矩（图 2-37）。

要点

◎ 机油泵装复后，用手转动机油泵齿轮，应转动自如，无卡阻现象。

◎ 将机油灌入机油泵内，用拇指堵住油孔，转动泵轴应有油压出，并能感到压力。

机油泵装车后，通过压力表观察润滑油压力。在发动机温度正常的情况下，怠速运转时，润滑油压力不应低于 19.4kPa；当发动机高速运转时，润滑油压力不应大于 49.0kPa。如不符合标准，应调整限压阀，可在限压阀弹簧的一端加减调整垫圈的厚度，使机油压力达到规定值。

2. 机油滤清器的拆装

机油滤清器采用粗（褶纸滤芯）、细（尼龙滤芯）机油滤清器合为一体的过滤式滤清器，其结构如图 2-42 所示，工作流程如图 2-43 所示。

粗滤器能滤去直径为 0.05 ~ 0.1mm 的机械杂质，细滤器能滤去直径为 0.001mm 以上的机械杂质。

机油滤清器装有用吸附能力不同的棉花、毛绒、人造纤维等材料制成的褶纸滤芯和尼龙滤芯。两种滤芯串联连接。机油滤清器还装有旁通阀和止回阀，防止滤芯被堵或发动机停止工作时，润滑油道内缺油。

机油滤清器为整体式，更换时应将外壳与滤芯一起更换。机油滤清器的更换步骤如下。

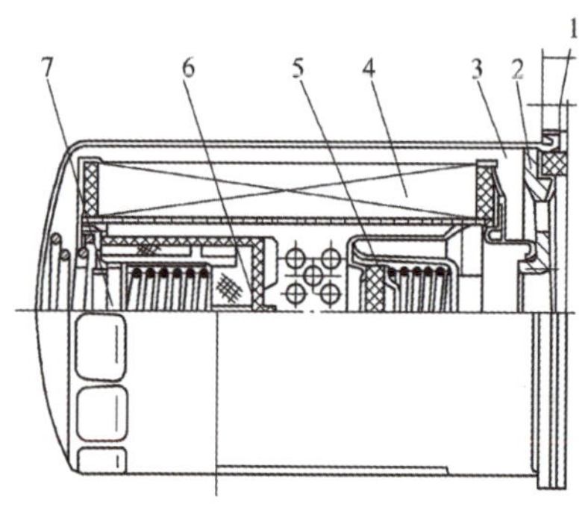

图 2-42　机油滤清器结构

1—密封圈　2—滤清器盖　3—滤清器壳　4—褶纸滤芯　5—止回阀　6—尼龙滤芯　7—旁通阀

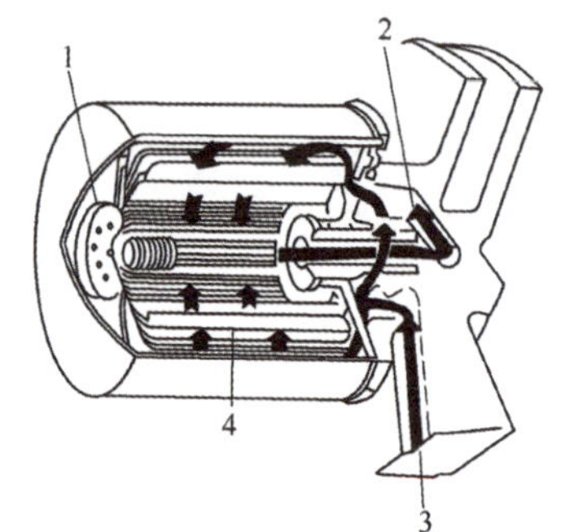

图 2-43　机油滤清器工作流程图

1—旁通阀　2—通向发动机主油道的清洁润滑油　3—从油底壳来的脏油　4—褶纸滤芯

1）趁热放出发动机机油。

2）用专用工具拆卸机油滤清器，如图 2-44 所示。更换时，注意清洗滤清器安装表面。

3）安装新滤清器时，应在密封圈上涂上干净的机油，如图 2-45 所示。若不涂机油，则安装时密封圈与接合面发生干摩擦，密封圈易翘曲和损坏，造成密封不良而漏油。

图 2-44　拆卸机油滤清器

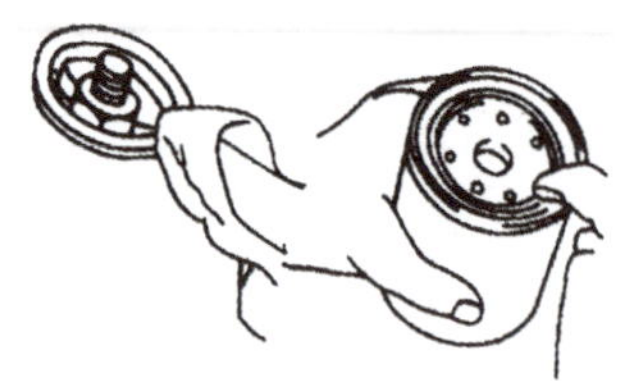

图 2-45　密封圈上涂机油

4）用手轻轻拧进机油滤清器，直到感觉有阻力，再用专用工具重新拧紧机油滤清器 3/4 圈。

第六节 如何维护冷却系统

冷却系统的作用是在任何工况下，使发动机高温机件都能得到适度的冷却，使发动机始终在最适宜的温度范围内工作。同时，冷却系统还为暖风系统提供热源。

一、冷却系统的总体构造

发动机的冷却系统属强制循环封闭式冷却系统，其组成如图 2-46 和图 2-47 所示，冷却液的循环过程如图 2-48 所示。

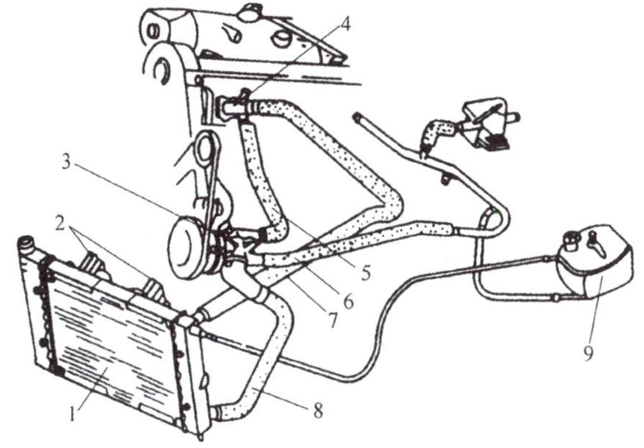

图 2-46 发动机冷却系统示意图

1—散热器 2—风扇 3—水泵 4—机体进水口（进入气缸体、气缸盖水套） 5—旁通水管 6—暖气回水进水泵水管 7—机体冷却水出口与散热器进水口接管 8—散热器出水管 9—膨胀水箱

冷却强度可通过节温器和温控风扇调节。节温器调节冷却液的冷却能力，温控风扇调节流经散热器的冷却空气量。

冷却液轴向进入水泵后，经叶轮径向直接流进机体水套，然后流入气缸盖水套。此后，冷却液分两路循环。一路大循环：冷却液流经散热器冷却后，进入装在机体水泵进口处的节温器流向水泵进口；另一路小循环：冷却液直接进入节温器后的水泵进口，不经散热器冷却。当冷却液温度低于 85℃时，进行小循环；当冷却液温度高于 85℃时，部分冷却液进行大循环；当冷却液温度达到 105℃时，全部冷却液参加大循环。

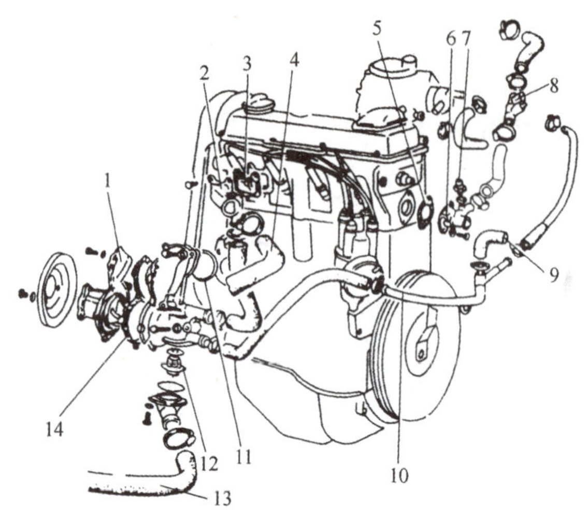

图 2-47　冷却系统零件分解图

1—水泵　2—缸盖接管　3—密封垫　4—橡胶管　5—密封垫　6—接管　7—水温传感器　8—热敏开关　9—通向暖风热交换器的冷却液管　10—冷却液管　11—O 形密封圈　12—节温器　13—下橡胶弯管　14—密封垫圈

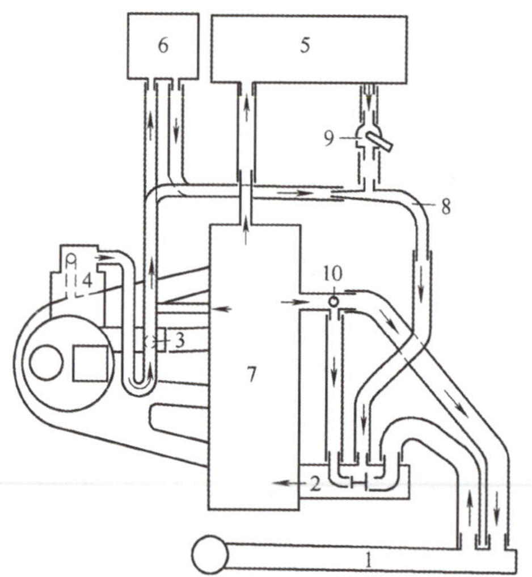

图 2-48　冷却液循环过程

1—散热器　2—冷却液泵和节温器　3—膨胀材料元件　4—自动阻风门（化油器）　5—暖气用热交换器　6—ATF 散热器（仅用于自动变速器型车）　7—机体（气缸体 / 气缸盖）　8—冷却液管路　9—暖气阀门　10—三通热敏开关

二、水泵维护

1. 水泵的结构

水泵的结构如图 2-49 所示。

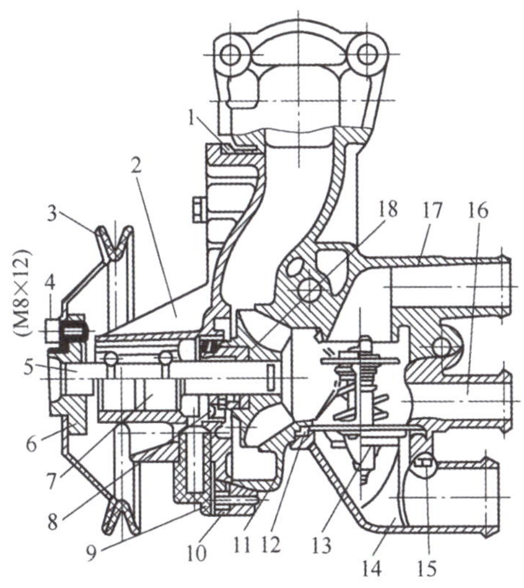

图 2-49 水泵的纵剖面图

1—密封垫 2—前壳体 3—水泵 V 带轮 4—V 带轮紧固螺栓（拧紧力矩 20N· m）5—水泵轴 6—水泵轴凸缘 7—轴承 8—水封 9—水泵连接螺栓 10—密封垫 11—泵壳体 12—密封圈 13—节温器 14—主进水管 15—进水管紧固螺栓 16—暖风热交换器回水时水泵口 17—小循环进水口 18—水泵叶轮

2. 水泵的拆装

水泵的分解步骤如下。

1）把水泵壳体夹紧固定在夹具中或台虎钳上。

2）拧松 V 带轮紧固螺栓，拆下 V 带轮。

3）分解前盖与泵壳，但注意分批拧松紧固螺栓。

4）用拉具拆下 V 带轮凸缘。再用拉具拆下水泵叶轮，注意防止损坏叶轮。

5）压出水泵轴和轴承，并分解水泵轴与轴承。

6）压出水封、油封。

7）放松水泵壳体，换位夹紧，拆下进水口接头的紧固螺栓，取下接管。

8）拆下密封圈，拆下节温器。

安装水泵的顺序与拆卸顺序基本相反，但需更换所用衬垫及密封圈。

维修提示

安装时注意叶轮与泵壳的轴向间隙、叶轮与壳体的径向密封处的间隙和轴承的润滑条件。

三、冷却液的更换

发动机冷却液是由专用冷却剂 G11 和水混合而成的，可永久使用，发动机冷却液容量（带膨胀水箱）为 6L。冷却液液面应位于膨胀水箱的 MIN 与 MAX 两标记之间。

1. 排放冷却液

排放冷却液时，按以下步骤进行。

1）将冷暖风开关拨至热位置，将暖气阀全开。

2）打开散热器盖。

3）如图 2-50 所示，拆下管道上的夹箍，拉出冷却液软管，放出冷却液。用容器收集冷却液，以便以后使用。

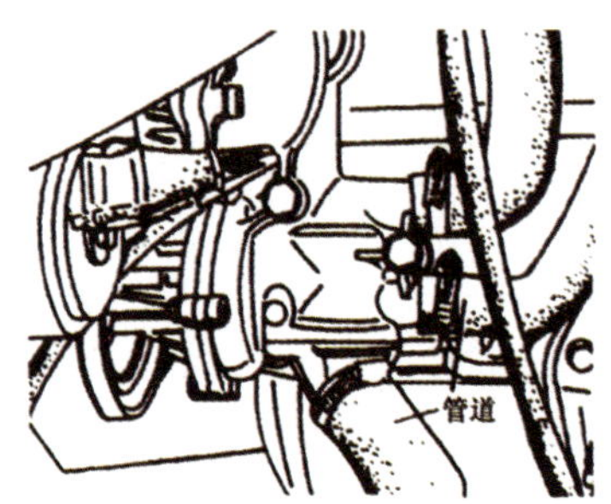

图 2-50　拆下管道的夹箍

图 2-51　检查散热器盖限压阀的功能

2. 添注冷却液

添注冷却液时，按以下步骤进行。

1）冷暖气开关拨到热位置，将暖气阀全开。

2）添注冷却液至膨胀水箱上的最高点标记处。

3）旋上散热器盖。

4）使发动机运转至风扇转动。

5）检查冷却液面，必要时补充冷却液至最高标记处。

四、检查冷却系统压力

检查冷却系统的渗漏和散热器盖内限压阀的功能，可用专用工具检查仪测试。

1. 检查冷却系统的渗漏

要点

- 将检查仪装在散热器上，用检查仪的手动泵使压力达到 0.1MPa。
- 如果压力下降，即表明冷却系统有渗漏故障。找出渗漏处，排除故障。

2. 检查散热器盖限压阀的功能

将散热器盖套上检查仪，如图 2-51 所示。

要点

- 用手动泵使压力上升，在 0.12 ~ 0.15MPa 的压力时，限压阀必须打开。

五、节温器的检查

节温器为蜡式节温器，如图 2-52 所示。检查节温器的功能时，可将节温器置于热水中，观察温度变化时节温器的动作。

要点

- 当水温为（87±2）℃时，节温器应开始打开。
- 水温达（102±3）℃时，节温器阀门升程应不小于 7mm。

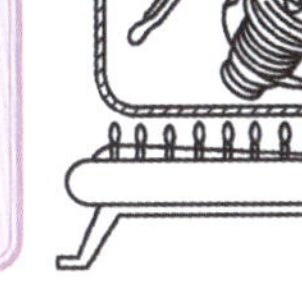

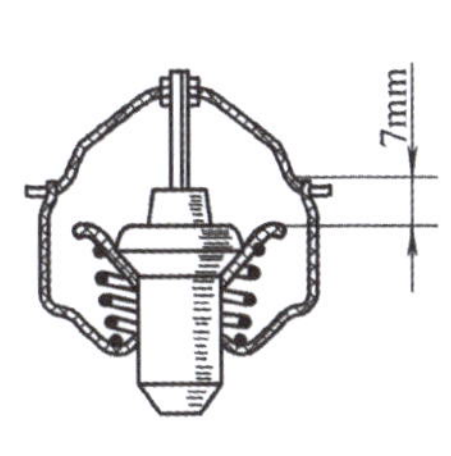

图 2-52　检查节温器

六、电动冷却风扇及热敏开关的检查

电动冷却风扇是由冷却液温度作用的热敏开关控制的。风扇 1 档，转速为 1600r/min，工作温度为 93 ~ 98℃，关闭温度为 88 ~ 93℃；风扇 2 档（快速），转速为 2400r/min，工作温度为 105℃，关闭温度为 93 ~ 98℃。

要点

◎ 冷却液温度高于98℃时风扇不转，应先检查熔丝是否熔断。

◎ 如果熔丝良好，再拔下热敏开关插头，将两插片直接接通。

◎ 此时若风扇仍不转，表明电动冷却风扇损坏，应予更换。

◎ 若两插片接通后风扇转动，表明热敏开关损坏，应更换热敏开关（热敏开关应以25N·m的力矩拧紧）。

热敏开关也可用万用表检查，如图2-53所示。

要点

◎ 将热敏开关拆下并放入水中，然后逐渐加热并用万用表电阻挡测量热敏开关接线端与外壳间的电阻。

◎ 当水温达到93～98℃时，万用表指针应指示热敏开关导通。

◎ 当水温下降至88～93℃时，万用表指示热敏开关断开(电阻为无穷大)。否则表明热敏开关损坏，应更换新件。

图2-53　热敏开关的检查

第三章　如何进行传动系统维护

汽车传动系统是指从发动机到驱动车轮之间所有动力传递装置的总称。传动系统的功用是将发动机的动力传给驱动车轮。不同的汽车，其底盘的组成稍有不同。载货汽车和部分轿车，其底盘一般是由离合器、变速器、万向传动装置（万向节和传动轴）、驱动桥（主减速器、差速器、半轴、桥壳）等组成的；而现代轿车中采用自动变速器的越来越多，其底盘包括自动变速器、万向传动装置、驱动桥等，即用自动变速器取代了离合器和手动变速器；如果是越野汽车（包括SUV，即运动型多功能车），还应包括分动器。

现代轿车大部分是前轮驱动，其传动系统中的离合器、变速器、主减速器、差速器及传动轴均布置在前桥附近，且变速器、主减速器、差速器安装在一个外壳之内，结构布置紧密，如图 3-1 所示。

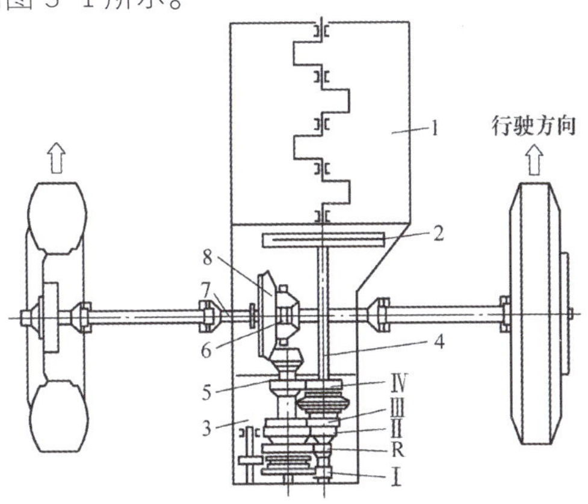

图 3-1　轿车传动系统（手动变速器）示意图

1—发动机　2—离合器　3—变速器　4—变速器输入轴　5—变速器输出轴　6—差速器　7—传动轴　8—主减速器　Ⅳ—4 档齿轮　Ⅲ—3 档齿轮　Ⅱ—2 档齿轮　R—倒档齿轮　Ⅰ—1 档齿轮

CHAPTER 3

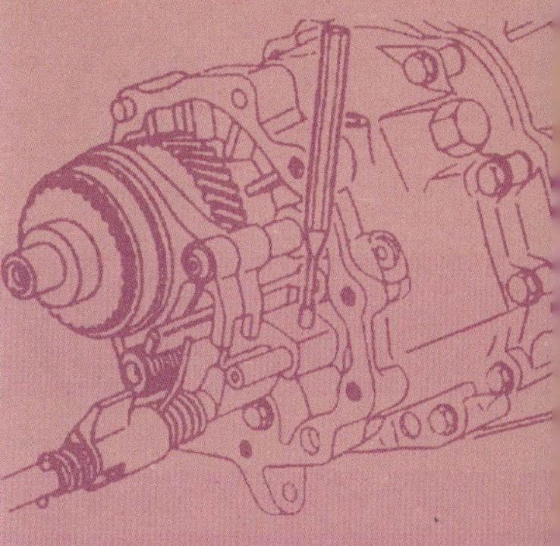

第一节 如何维护离合器

一、离合器的总体结构

目前大多数汽车的离合器均采用单片、干式、膜片弹簧离合器。如图 3-2 所示，它主要由离合器盖、压盘、从动盘、膜片弹簧、分离轴承、分离套筒、分离叉轴、离合器拉索等零件组成。

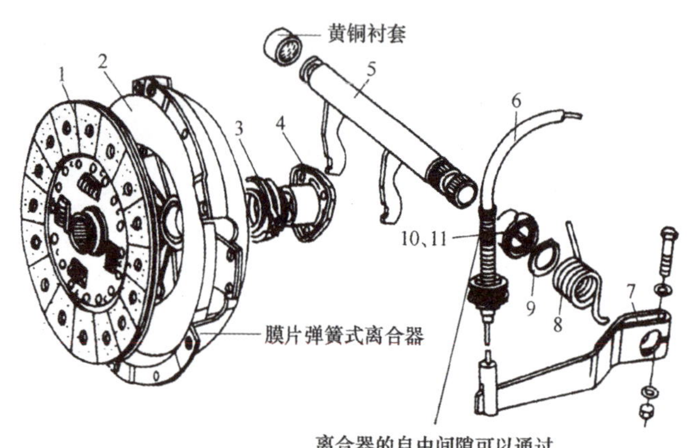

图 3-2 离合器结构图

1—离合器从动盘 2—膜片弹簧与压盘 3—分离轴承 4—分离套筒 5—分离轴
6—拉索 7—传动杆 8—弹簧 9—卡簧 10、11—轴承套及密封件

1. 膜片弹簧

膜片弹簧由优质弹簧钢薄板制成，形状为碟形，开有径向切槽，切槽内端开通，外端为圆孔，形成多个弹性杠杆，它既是压紧杠杆，又是分离杠杆，简化了离合器的结构，而且膜片弹簧不会因高转速产生的离心力而发生弯曲变形，以致压紧力下降。此外，膜片弹簧具有理想非线性特征，磨损后，弹簧压力几乎保持不变。

2. 压紧装置

压紧装置由离合器盖、主动压盘、膜片弹簧、支撑定位铆钉、分离钩和传动钢片组成，如图 3-3 所示。传动钢片共 3 组，均布于压盘周围，其两端分别与离合器盖和压盘连接。支承环在膜片弹簧中

部，左右各一根，由定位铆钉固定，作为膜片弹簧变形时的支点。压盘周边对称固定多个分离钩，把膜片弹簧的外边缘和压盘钩在一起，膜片弹簧外边缘就压在压盘的环形台上。

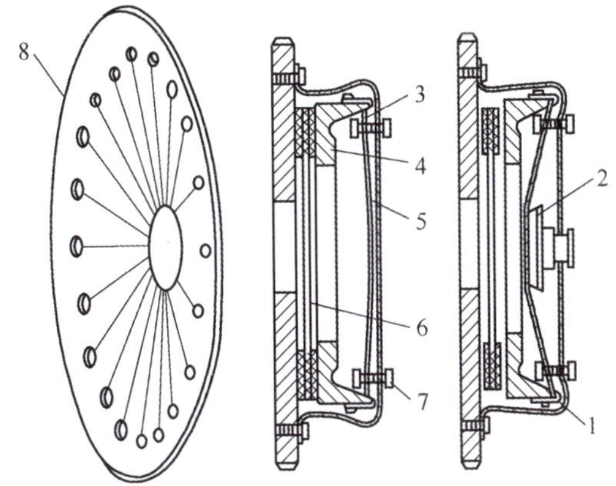

图 3-3　膜片弹簧

1—分离钩（回位弹簧片）　2—分离轴承　3—支撑环
4—主动（压）盘　5—膜片弹簧
6—从动盘　7—支撑环定位螺钉（铆钉）　8—膜片弹簧立体图形

3. 操纵机构

离合器操纵机构分为机械拉索式分离装置和液压式操纵机构。

机械拉索式分离装置主要由分离轴承、分离轴、分离轴传动杆、拉索踏板等零部件组成，如图 3-4 所示。踩下离合器踏板时，踏板上端拉动离合器拉索，使分离轴承传动杆顺时针转动，同时带动分离轴顺时针转动，使分离拨叉推动分离轴承，压迫膜片弹簧，离合器分离。

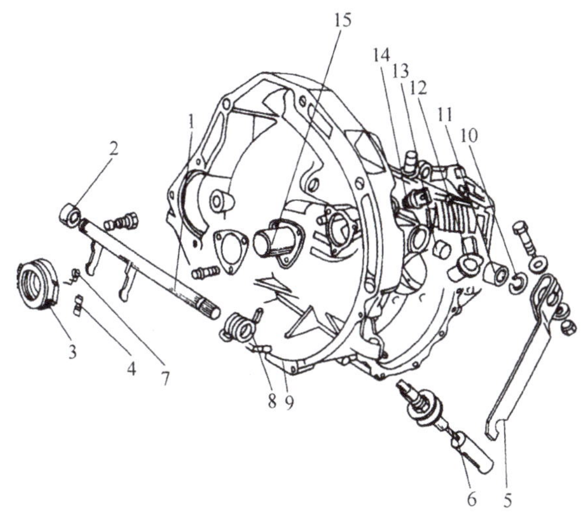

图 3-4　离合器分离装置

1—分离轴　2—轴承衬套　3—分离轴承　4—夹子
5—分离轴传动杆　6—离合器拉索　7—支撑弹簧　8—回位弹簧
9—变速器罩壳　10—挡圈　11—橡皮防尘套　12—轴承衬套
13—轴承　14—上止点信号发生器测试孔塞子　15—导向套筒

液压式操纵机构主要由主缸、工作缸和管路组成，其示意图如图 3-5 所示。它具有阻力小、质量小、接合柔和等优点，且无需调整踏板自由行程。

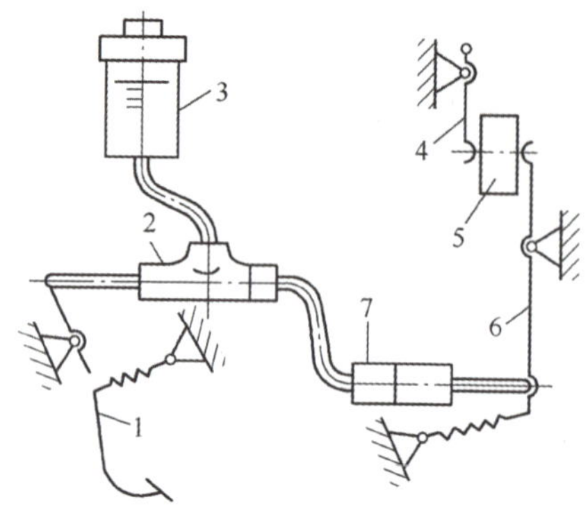

图 3-5 离合器液压式操纵机构示意图

1—踏板 2—主缸 3—储液室 4—分离杠杆 5—分离轴承 6—分离叉 7—工作缸

二、离合器维护

1. 离合器的拆装

（1）离合器的拆卸

1）首先拆下变速器（详见变速器拆卸与安装部分）。

2）用专用工具，将飞轮固定，如图 3-6 所示，然后逐渐将离合器压盘的固定螺栓对角拧松，取下离合器盖及压盘总成，并取下离合器从动盘。

3）按图 3-7、图 3-2 和图 3-4 所示分解离合器各部件。离合器压盘和从动盘示意图，如图 3-8 所示。

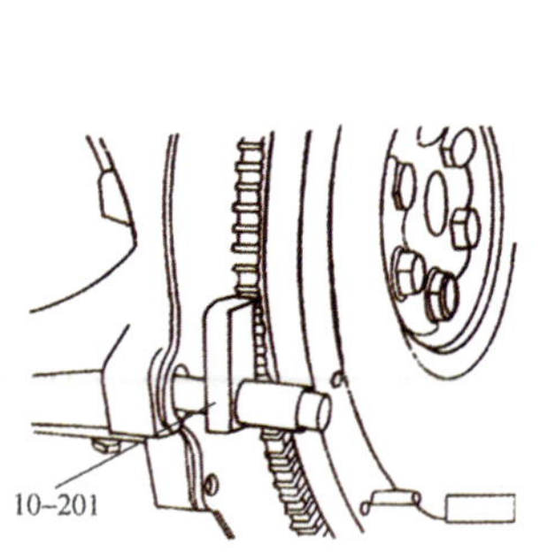

图 3-6 用专用工具固定飞轮

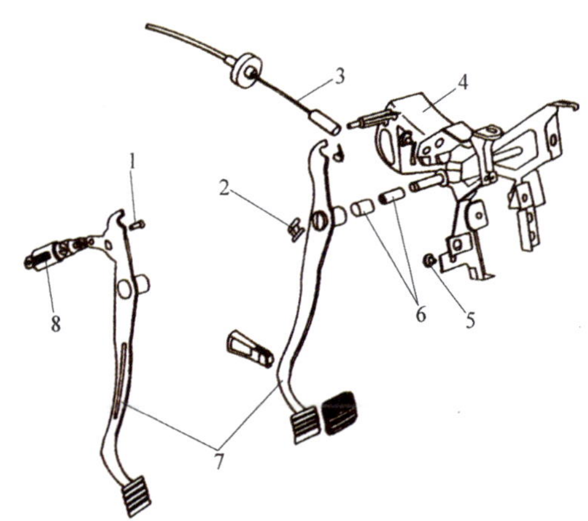

图 3-7 离合器踏板装置分解图

1—连接销 2—保险装置 3—离合器拉索 4—踏板支架 5—限位块 6—轴承衬套 7—离合器踏板 8—助力弹簧

（2）离合器的安装

1）用专用工具将飞轮固定。

2）如图 3-9 所示，用专用工具将离合器从动盘定位于飞轮和压盘中心。

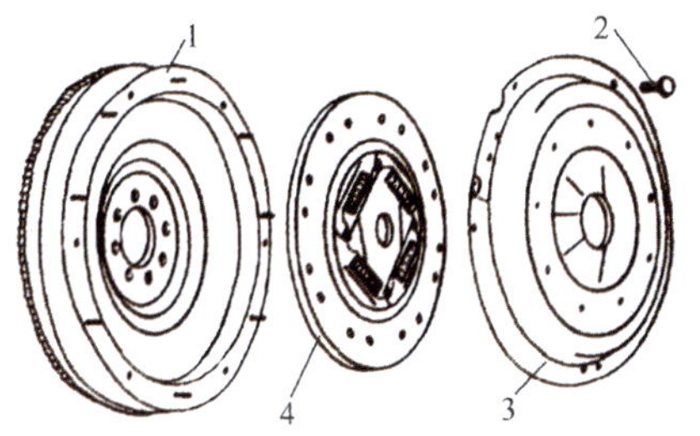

图 3-8　离合器压盘和从动盘

1—飞轮　2—六角螺栓或圆柱头螺栓（拧紧力矩 25N·m）
3—压盘　4—从动盘（弹簧保持架朝向压盘）

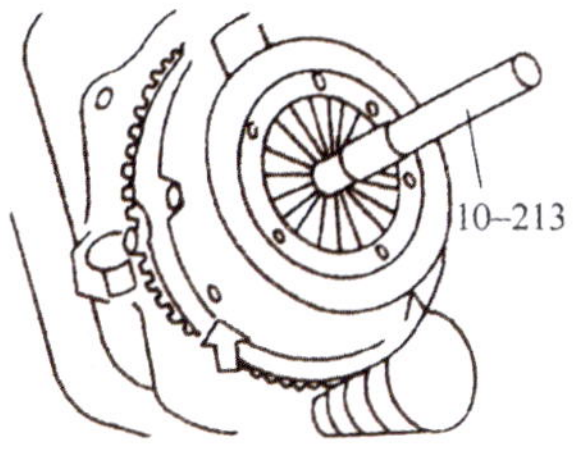

10–213

图 3-9　离合器的安装

3）装上紧固螺栓，并用 25N·m 的力矩对角逐渐旋紧。

2. 离合器的检查与维护

(1) 检查注意事项

● 衬垫：应更换纸质密封垫圈，更换 O 形环。

● 调整垫片：用千分尺多点检测调整垫片，可以精确地测出所需垫片的厚度。检查调整垫片边缘是否有损坏，只能装入完好的调整垫片。

● 挡圈、锁圈：调整挡圈及锁圈不能拉开过度，必须将其完全放在槽内。

● 螺栓、螺母：固定盖和罩壳的螺栓和螺母应交叉拧紧和拧松（特别是易损件），并且应按规定的拧紧力矩拧紧螺栓和螺母。

● 轴承：将有标志一面的滚针轴承（壁后较大）朝向安装工具，在轴与轴承之间涂一层润滑油。所有的轴承和接触表面均使用润滑脂润滑。

● 在进行离合器踏板修理工作时，应将蓄电池搭铁线拆下。

(2) 离合器踏板的更换

1）拉开并拆下离合器拉索。

2）拆下离合器踏板固定在踏板轴上的保险装置。

3）取下离合器踏板。

4）装上新的离合器踏板。

(3) 离合器踏板衬套的更换

1）拆下离合器踏板。

2）用专用工具压出踏板塑料衬套，如图 3-10 所示。

3）拆下踏板橡胶衬套，如图 3-11 所示。

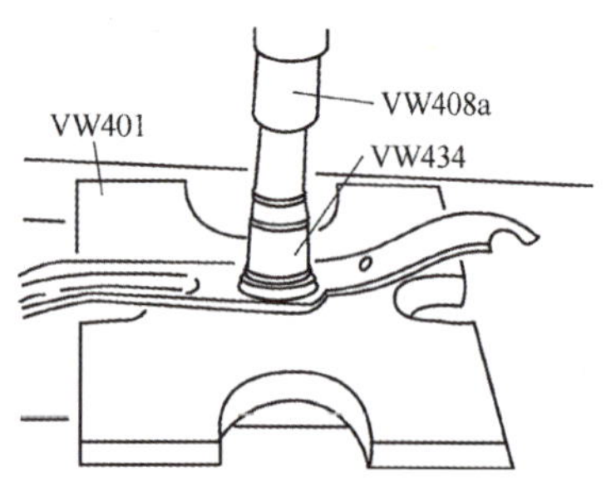

图 3-10　压出离合器踏板塑料衬套

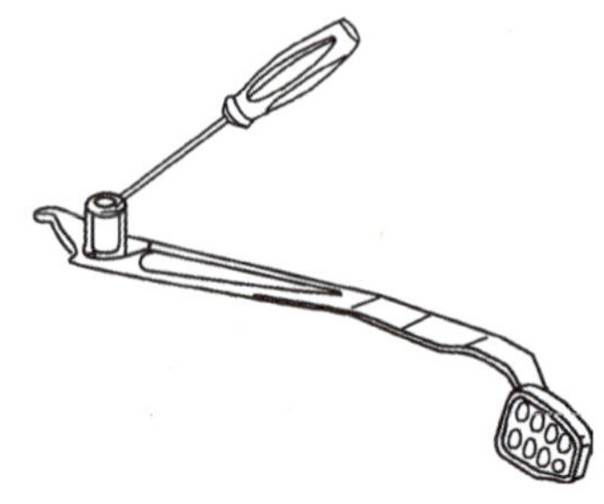
图 3-11　拆下离合器踏板橡胶衬套

4）装上橡胶衬套，涂上无酸润滑脂。

5）使塑料衬套与导管长的一端齐平，如图 3-12 所示。

(4) 离合器路板助力弹簧的更换

1）拆下挡圈，拆下连接销，取下助力弹簧，如图 3-13 所示。

2）装上新的助力弹簧。

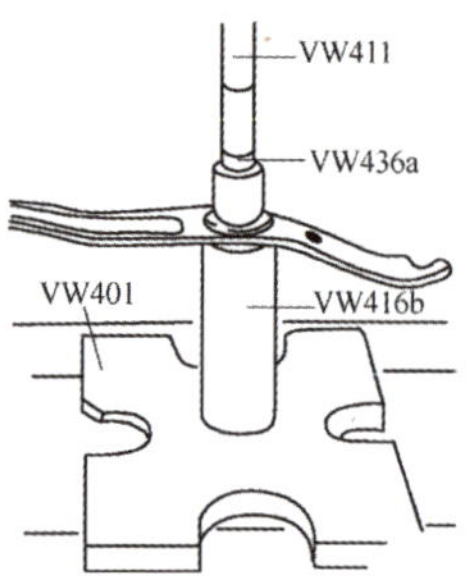

图 3-12　压入离合器踏板衬套

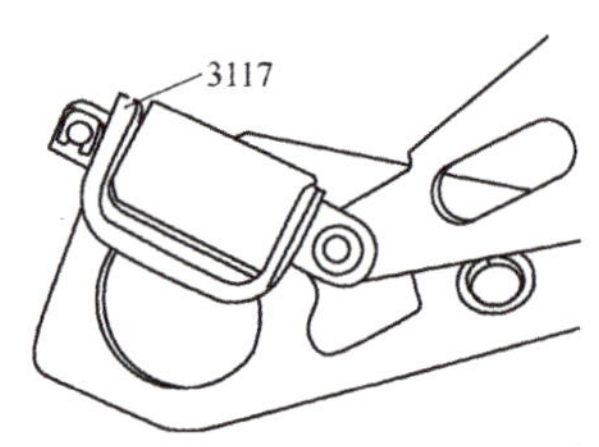

图 3-13　离合器踏板助力弹簧的更换

(5) 拉索的更换

1）旋松调整踏板自由行程的防松螺母，并放松拉索，如图 3-14 所示。

2）取下拉索。

3）装上新的拉索，用润滑脂润滑用于连接的两端。

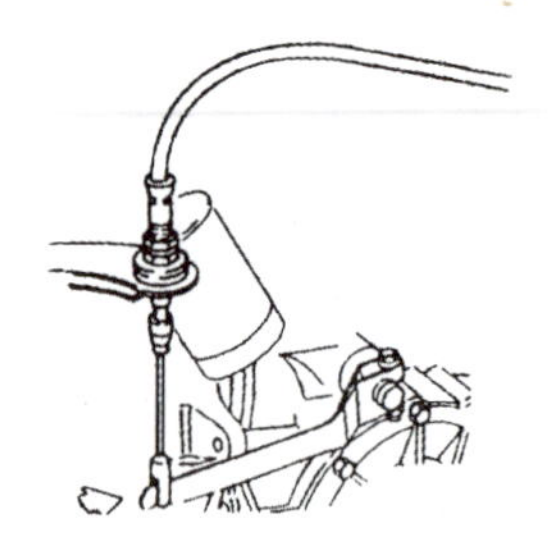
图 3-14　离合器拉索的更换

(6) 分离叉轴的更换

1）拆卸变速器。

2）拆下离合器分离叉轴传动杆。

3）拆下分离轴承。拆下挡圈，如图 3-15 所示。

4）取下橡胶防尘套，拆下分离套筒。

5）拆下分离叉轴的定位螺栓。

6）拆下分离叉轴左衬套，取下分离叉轴。

7）拆下分离叉轴右衬套，如图 3-16 所示，使用内拉头（18.5 ~ 23.5mm）。

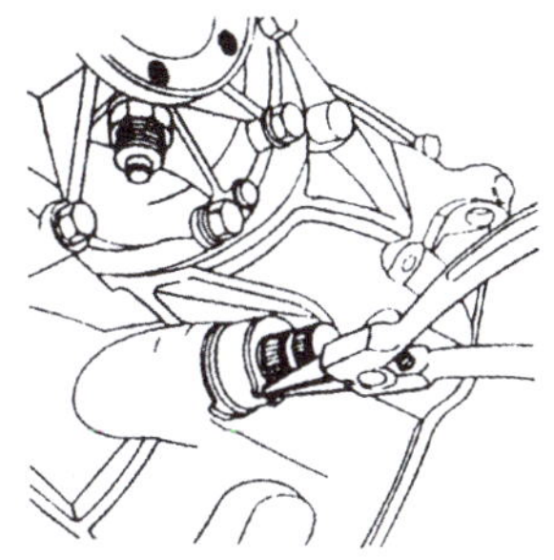

图 3-15　拆下分离叉轴的挡圈

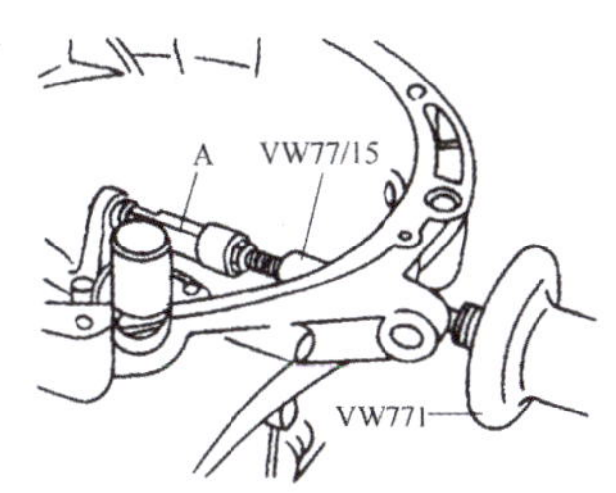

图 3-16　拉出离合器分离叉轴衬套

A—内拉头

8）装上新的离合器分离叉轴右衬套。

9）装上分离叉轴，用适量的润滑脂润滑衬套及分离叉轴的支撑位置，并安装。

10）用 15N·m 的力矩旋紧分离叉轴的定位螺栓，如图 3-17 箭头位置所示。

图 3-17　拧紧分离叉轴的定位螺栓

11）装上分离套筒。将防尘套推入分离叉轴，挡圈压至尺寸 A=18mm 的位置，如图 3-18 所示。

12）装上分离轴承，并使分离叉轴传动杆的安装位置达到 A=（20 ± 5）mm，如图 3-19 所示。

图 3-18　分离轴承挡圈的安装位置

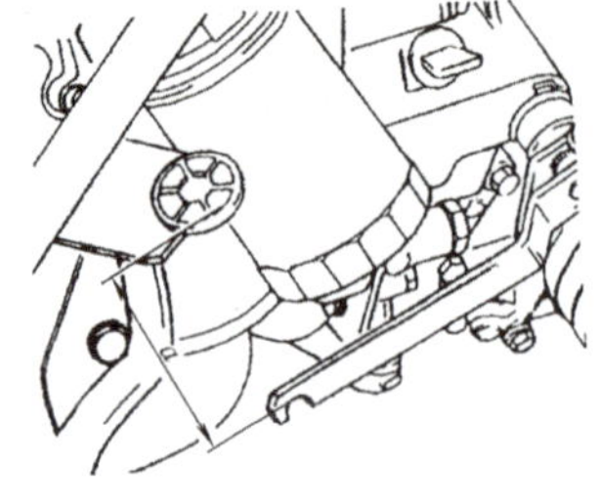

图 3-19　离合器分离叉轴传动臂的安装位置

（7）分离轴承的更换

1）拆卸变速器。

2）拆下分离轴承，如图 3-20 所示。

3）用润滑脂润滑接触点，装上新的轴承。

4）装上回位弹簧，如图 3-21 所示。

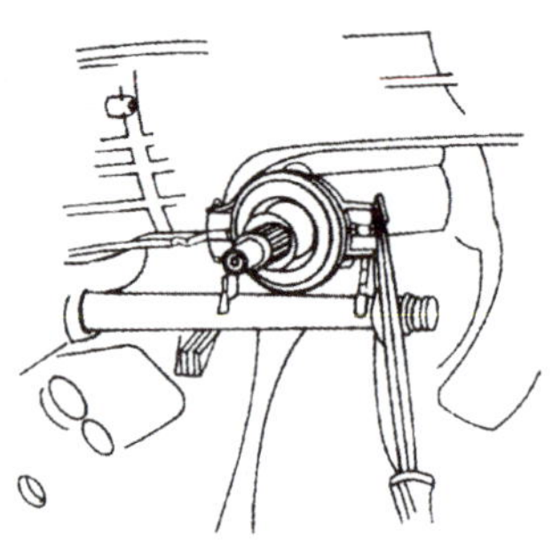

图 3-20　拆下离合器分离轴承

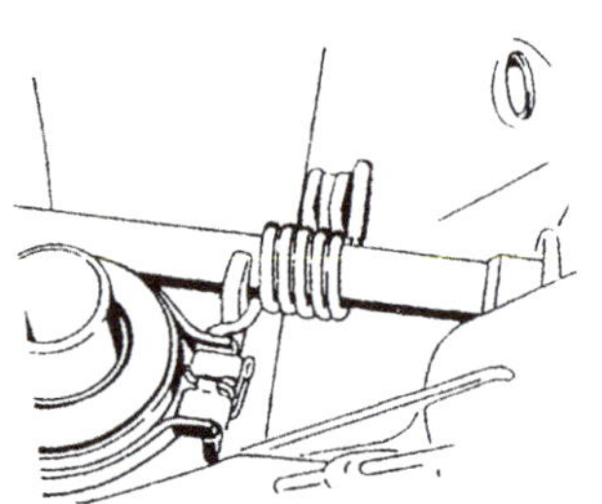

图 3-21　回位弹簧的安装位置

（8）分离套筒的更换

1）拆卸变速器。

2）拆下分离轴承，再拆下分离套筒。

3）安装时，排油孔应朝下，如图 3-22 所示。

（9）离合器踏板自由行程的调整

离合器的调整主要就是离合器踏板自由行程的调整。离合器踏板自由行程一般为 10 ~ 20mm，机械式操纵机构是靠离合器拉索的调整来进行的，具体可通过图 3-23 箭头所示的调整螺母来进行。

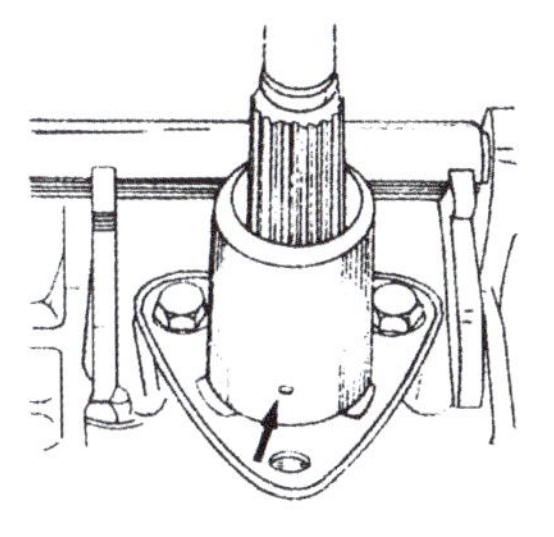

图 3-22 分离套筒的更换

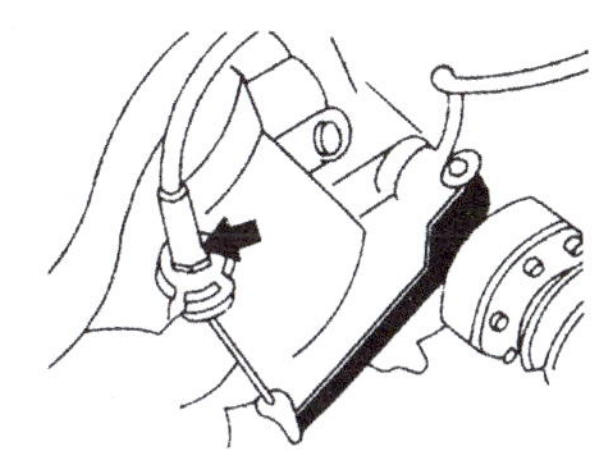

图 3-23 离合器踏板自由行程的调整

(10) 从动盘的检查

1）从动盘径向圆跳动的检查。在距从动盘外边缘 2.5mm 处测量，离合器从动盘最大径向圆跳动为 0.4mm，测量方法如图 3-24a 所示。

2）从动盘摩擦片磨损程度的检查。摩擦片的磨损程度，可用游标卡尺进行测量，如图 3-24b 所示。铆钉头埋入深度 A 应不小于 0.20mm。

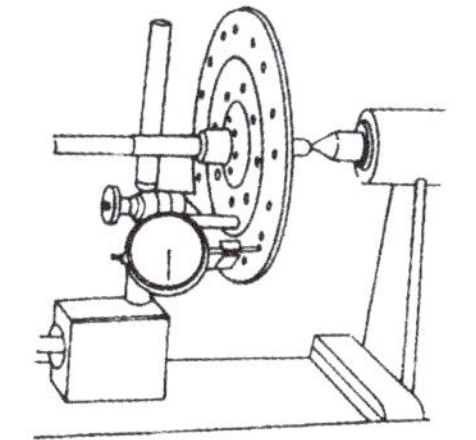

a) 检查径向圆跳动

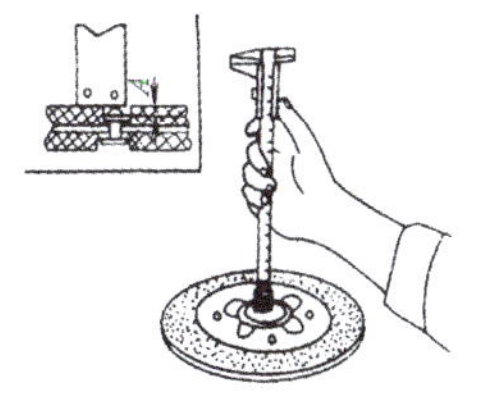

b) 检查摩擦片磨损程度

图 3-24 离合器从动盘的检查

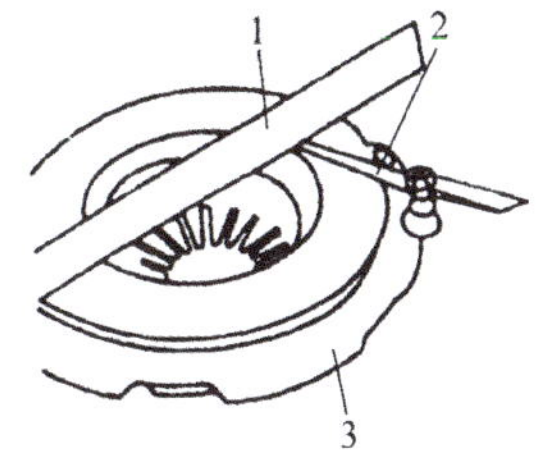

图 3-25 离合器压盘平面的检查
1—直尺 2—塞尺 3—压盘

(11) 压盘平面度的检查

离合器压盘平面度不应超过 0.2mm，检查方法可用直尺搁平后以塞尺测量，如图 3-25 所示。

(12) 机械拉索式操纵机构的检修

1）检查分离叉轴两端衬套的磨损情况，两衬套必须同心，有必要时更换。

2）检查分离轴承磨损情况，润滑分离轴承，必要时更换分离轴承。

3）安装分离轴承导向座回位弹簧。

4）按图 3-26 所示安装橡胶防尘套，将其推入分离叉轴使挡圈顶至尺寸 A 约为 18mm。

5）安装拉索式离合器驱动臂，通过转动螺母（图 3-23）可以调整离合器踏板自由行程。

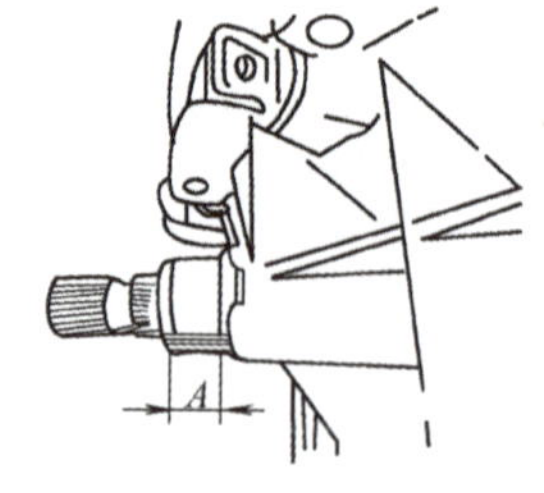

图 3-26　橡胶防尘套的安装

三、离合器液压操纵系统维护

1. 离合器液压系统的结构

离合器液压操纵系统一般由离合器踏板、储液罐、进油软管、离合器主缸、离合器工作缸、油管总成、分离叉、分离轴承等组成，如图 3-27 所示。

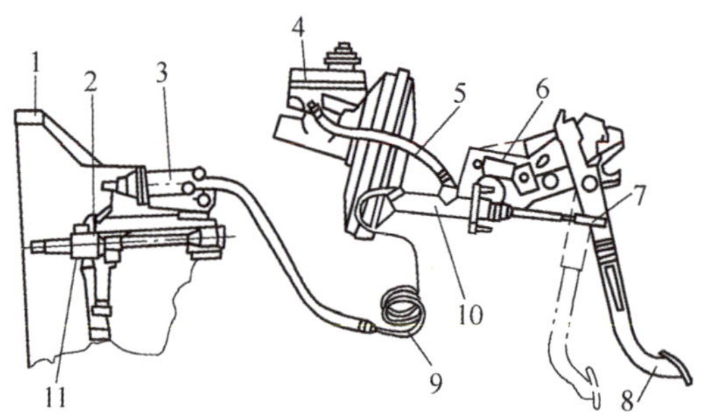

图 3-27　离合器液压操纵系统

1—变速器壳体　2—分离叉　3—工作缸　4—储液罐　5—进油软管　6—助力弹簧　7—推杆接头　8—离合器踏板　9—油管总成　10—主缸　11—分离轴承

要点

- 储液罐有两个出油孔，分别把制动液供给制动主缸和离合器主缸。

离合器主缸的结构如图 3-28 所示，主缸体借补偿孔 A、进油孔 B 通过进油软管与储液罐相通。主缸内装有活塞，活塞中部较细，且为“十”字形断面，使活塞右方的主缸内腔形成油室。活塞两端装有皮碗。活塞左端中部装有单向阀，经小孔与活塞右方主缸内腔的油室相通。当离合器踏板处于初始位置时，活塞左端皮碗位于补偿孔 A 与进油孔 B 之间，两孔均开放。

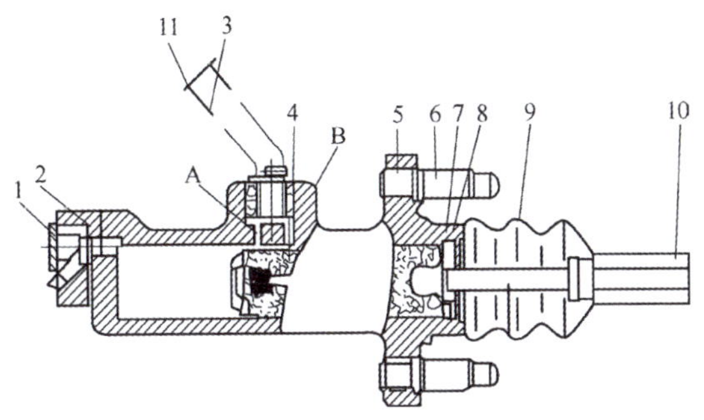

图 3-28 离合器主缸结构

1—保护塞 2—壳体 3—管接头 4—皮碗 5—阀芯 6—固定螺栓 7—卡簧 8—挡圈 9—护套 10—推杆 11—保护套 A—补偿孔 B—进油孔

离合器工作缸结构如图 3-29 所示，工作缸内装有活塞、皮碗、推杆等，缸体上还设有放气螺塞。当管路内有空气存在而影响操纵时，可拧出放气螺塞进行放气。工作缸活塞直径为 22.2mm，主缸活塞直径为 19.05mm，由于工作缸活塞直径略大于主缸活塞直径，液压系统稍有增力作用，以补偿液流通道的压力损失。

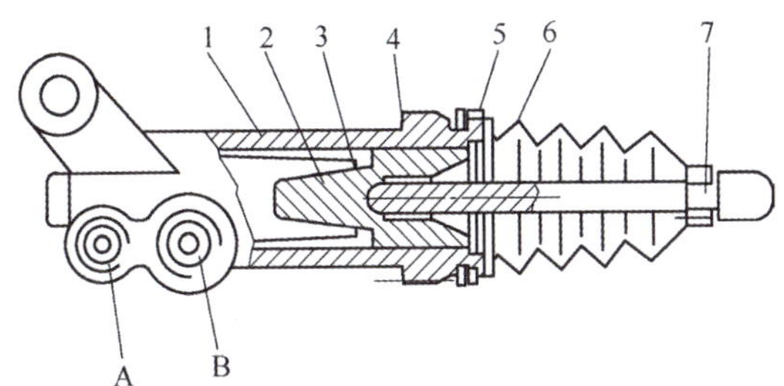

图 3-29 离合器工作缸结构

1—壳体 2—活塞 3—管接头 4—皮碗 5—挡圈 6—保护套 7—推杆 A—放气孔 B—进油孔

2. 离合器液压系统的维修

（1）离合器主缸的拆卸与分解

1）取下离合器踏板与主缸推杆叉的连接销轴。

2）从主缸上拧下进油管和出油管接头。

3）拧下主缸固定螺栓，拉出主缸。

在解体离合器主缸前，应排净主缸中的制动液。主缸分解过程如下。

取下防尘罩，用螺钉旋具或卡环钳拆下卡环，拉出主缸推杆、压盖和活塞。

（2）离合器工作缸的拆卸与分解

拧下工作缸进油管接头，再拆下工作缸固定螺栓，即可拉出工作缸。

工作缸的分解过程如下。

拉出工作缸推杆，拆下防尘罩，然后用压缩空气将工作缸活塞从缸筒内压出来。

（3）主缸、工作缸的检修

主缸和工作缸是离合器液压操纵系统的主要部件，其工作性能的好坏直接影响离合器的工作性能。当出现缸筒内壁磨损超过0.125mm，活塞与缸筒的间隙超过0.20mm，皮圈老化，回位弹簧失效等情况时，应更换相应零件。

（4）离合器主缸、工作缸的装配

主缸和工作缸的装配，按拆卸与分解相反顺序进行，但装配时应注意以下事项。

- 零件在装配前要用非腐蚀性液体清洗干净，并在活塞、皮碗、皮圈、缸套等零件上涂一层制动液。装合后推杆在缸筒内运动应灵活。在放松（不工作）位置时，主缸皮碗和活塞头部应位于进油孔和补偿孔之间，两孔都开放。工作缸上带有塑料支承环，安装时外表面要涂上一层薄薄的润滑油，工作缸推杆末端也要涂上润滑脂润滑。
- 安装离合器工作缸时，需要用一个适应的杠杆克服弹簧的弹力，将其压向变速器壳相应的孔中后，方能将固定螺栓旋入。

（5）离合器液压系统中空气的排出

离合器液压操纵系统在经过检修之后，管路内可能进入空气，在添加制动液时也可能使液压系统中进入空气。空气进入后，由于缩短了主缸推杆行程，即踏板工作行程，从而使离合器分离不彻底。因此，液压系统检修后或怀疑液压系统进入空气时，就要排除液压系统中的空气。排除方法如下。

- 用千斤顶顶起汽车，然后用支架将汽车支住。将主缸储液罐中的制动液加至规定高度。
- 在工作缸的放气阀上安装一软管，接到一个盛有制动液的容器内。
- 排空气需要两个人配合工作，一人慢慢地踏离合器踏板数次，感到有阻力时踏住不动，另一人拧松放气阀直至制动液开始流出，然后再拧紧放气阀。
- 连续按上述方法操作几次，直到流出的制动液中不见气泡。
- 空气排除干净之后，需要再次检查及调整踏板自由行程。

第二节 如何维护手动变速器

一、手动变速器的结构

手动变速器一般由传动机构、操纵机构和变速器壳体等组成，其结构紧凑、噪声低、操作灵活可靠。大部分手动变速器的5个前进档均装有锁环惯性式同步器，换档轻便，所有档位都采用防跳档措施。

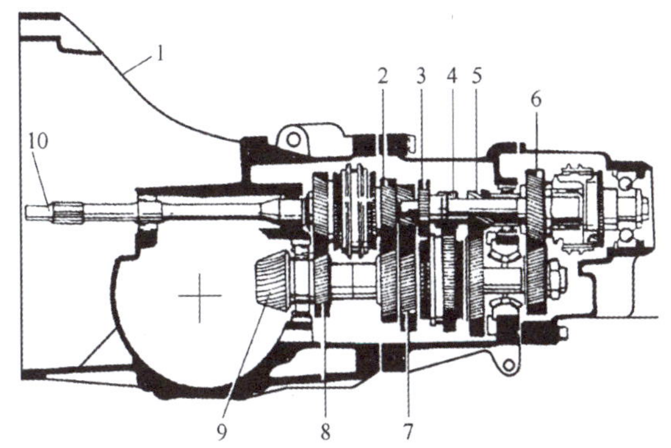

图 3-30 变速器的结构

1—变速器壳体 2—输入轴3档齿轮 3—倒档齿轮 4—倒档轴 5—输入轴1档齿轮 6—输入轴5档齿轮 7—输出轴2档齿轮 8—输出轴4档齿轮 9—输出轴 10—输入轴

图3-30为桑塔纳2000系列轿车五档变速器结构图。当驾驶人挂上某一档位时，动力由输入轴传入变速器，通过相啮合的齿轮副将动力由输出轴传至主减速器，在变速器中实现了变速、变矩的作用。变速器设置有超速档（传动比小于1），主要用于在良好路面或空车行驶时，提高汽车的燃料经济性。

二、手动变速器的拆装

变速器总成的拆装

（1）变速器总成的拆卸

1）拆下蓄电池的搭铁线。

2）若离合器操纵机构为拉索形式，可拆下离合器拉索，如图3–31所示。

3）举升起汽车。将传动轴（半轴）从变速器上拆下来并支撑好，如图3–32所示。

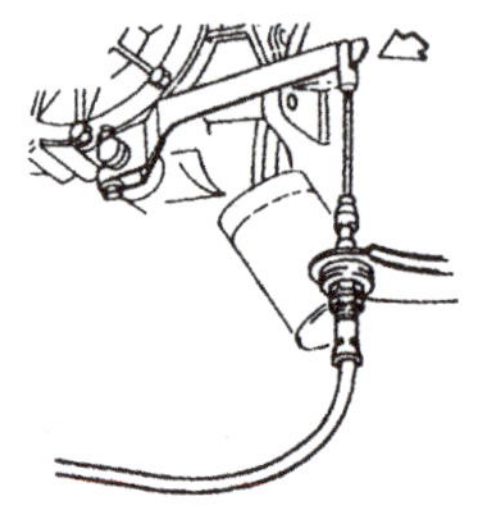

图3-31　拆下离合器拉索

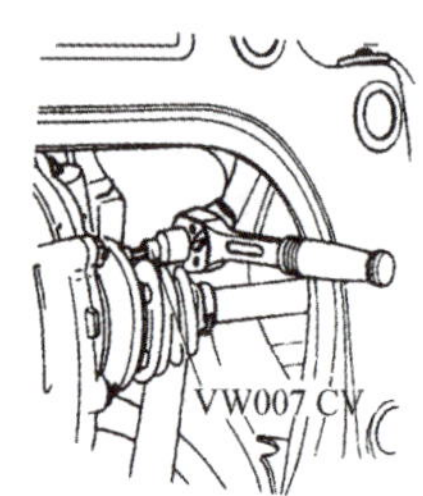

图3-32　拆卸传动轴

4）旋松变速操纵机构的内换档杆螺栓，如图3–33所示。

5）压出支撑杆球头并将内换档杆与离合块分离，如图3–34所示。

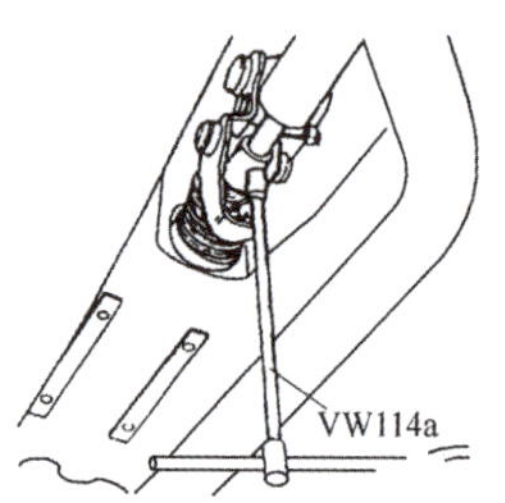

图3-33　旋松内换档杆螺栓

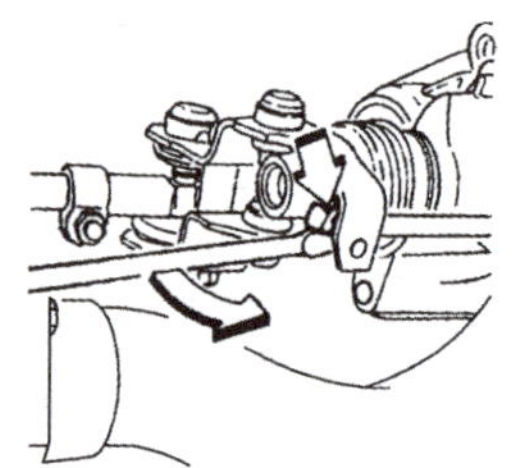

图3-34　压出支撑杆球头

6）拆下倒档灯开关的接头。

7）拆下车速里程表软轴，如图3–35所示。

8）卸下离合器盖板，如图3–36所示。

9）拆下排气管。必要时将化油器上的滤清器取下，有利于拆下排气管的螺母。

10）放下汽车并将发动机固定好，如图3–37所示。拆下发动机

与变速器上部连接螺栓。

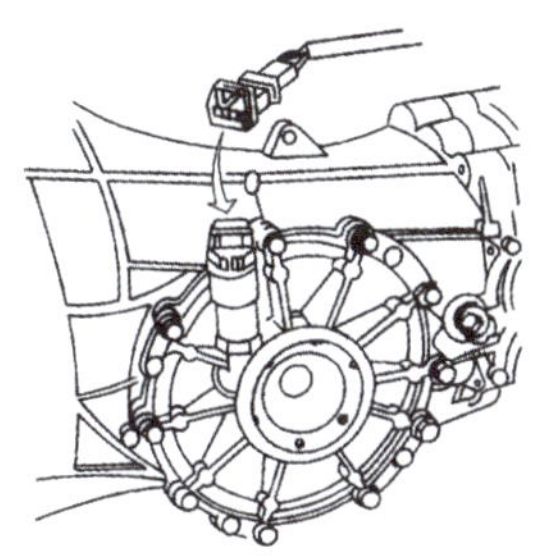

图 3-35 拆下车速里程表软轴

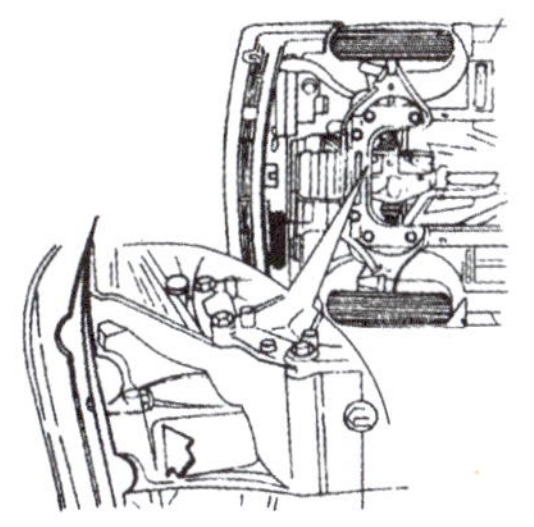

图 3-36 拆下离合器盖板

11）举升起汽车。拆下启动机的紧固螺栓。

12）拆下发动机中间支架，如图 3-38 所示。

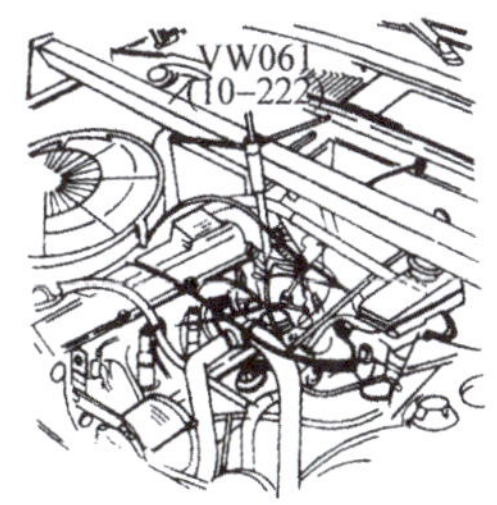

图 3-37 固定发动机

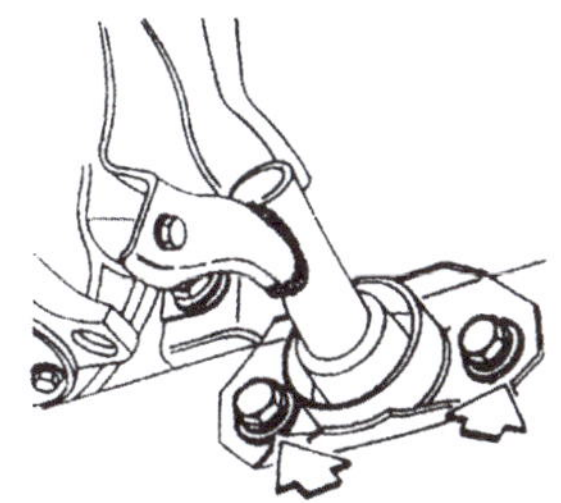

图 3-38 拆下发动机中间支架

13）拆下螺栓 1，并旋松螺栓 2，如图 3-39 所示。拆下变速器减振垫和减振垫前支架。

14）拆下发动机与变速器下部连接螺栓，并拆卸变速器，如图 3-40 所示。

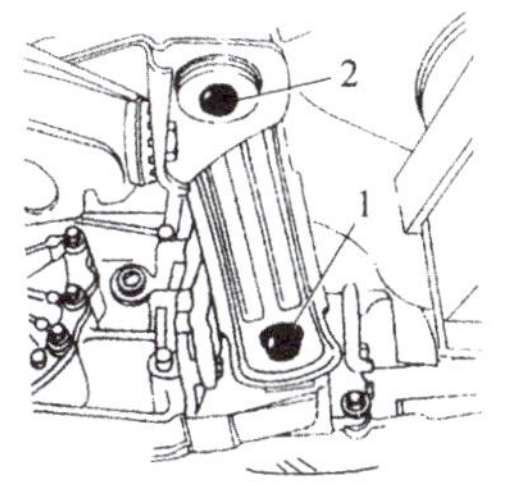

图 3-39 拆下螺栓

1、2—螺栓

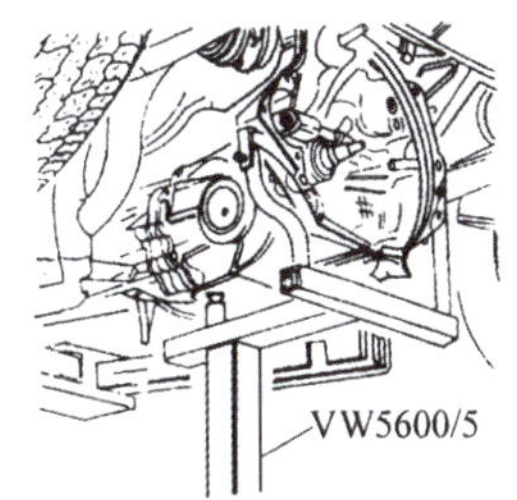

图 3-40 拆卸变速器

(2) 变速器总成的安装

变速器总成的安装可按拆卸相反的顺序进行，如果需要，调整离合器踏板自由行程。相关的螺栓按规定力矩拧紧。

三、变速器的检修维护

1. 变速器的检修注意事项

(1) 衬垫、油封

维修提示

- 每次修理必须更换密封垫圈和O形圈。
- 轴油封装入前，在外径上涂上一层薄油，在唇形密封圈之间的空隙内填满润滑油脂。轴油封装入后，检查变速器的油面，必要时需添加到注油口边缘。
- 接合面需保持清洁。密封剂应涂均匀，不要太厚，且通气孔应保持通畅。

(2) 调整垫片

维修提示

- 用千分尺多点检测调整垫片不同的公差，可以精确地测出所需的垫片的厚度。
- 检查边缘是否有损坏。只准装入完好的调整垫片。

(3) 档圈、锁圈

维修提示

- 修理中须调整挡圈及锁圈。不要过度拉开挡圈。
- 安装时必须将挡圈、锁圈放在规定的槽内并且就位。
- 每次修理应更换弹簧销，其安装位置在纵向槽内。
- 敲进或敲出换档拨叉夹紧套筒时要用锤子顶住，以免拨叉轴滑槽变形。

(4) 螺栓、螺母

维修提示

- 固定盖和罩壳的螺栓和螺母应交叉拧紧和拧松。对于特别易损的部件，如离合器压盘要摆正，并逐步对角拧紧和拧松。
- 按规定的力矩拧紧自锁螺栓和螺母。

(5) 轴承

维修提示

- 将有标志一面的滚针轴承（壁厚较大）朝向安装工具。
- 在轴与轴承之间涂一层润滑油。
- 变速器内的全部轴承都要使用变速器油。应检查摩擦力矩，注油时要特别小心。

(6) 润滑油

维修提示

- 该变速器不需换油，只有当进行某些需放油修理时才更换。

2. 减振垫的更换

减振垫的分解如图 3-41 所示。

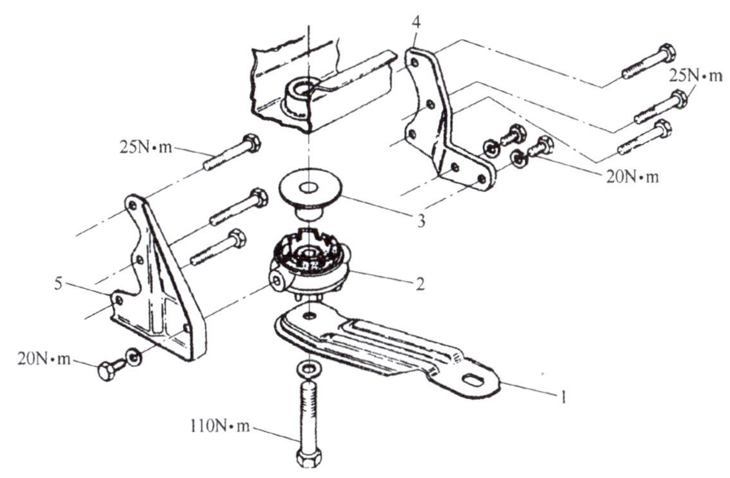

图 3-41 变速器减振垫组件

1—变速器支架 2—变速器减振垫 3—减振垫的隔离物 4—减振垫的后支架 5—减振垫的前支架

1）拆下减振垫固定在前后支架上的螺栓。

2）装上新的减振垫，但不要将固定螺栓旋紧。

3）用螺栓将减振垫固定在车身上，用 110N·m 的力矩旋紧。

4）清洁中间的扭矩销，将其黏在螺栓上。装上螺栓 2，并用 70N·m 的力矩旋紧。

5）用 25N•m 的力矩将减振垫固定在支架上的螺栓旋紧。

3. 变速器操纵机构的检修

变速器操纵机构的分解如图 3-42 所示。变速器操纵机构的有关零部件的拆装与调整均可参见此图。

(1) 变速器操纵机构的调整

1）挂入 1 档。

2）将变速杆向左推至缓冲垫处。

3）慢慢松开变速杆，变速杆朝右返回 5 ~ 10mm。

4）挂入 5 档。

5）将变速杆向右推至缓冲垫处。

6）慢慢松开变速杆，变速杆朝左返回 5 ~ 10mm。

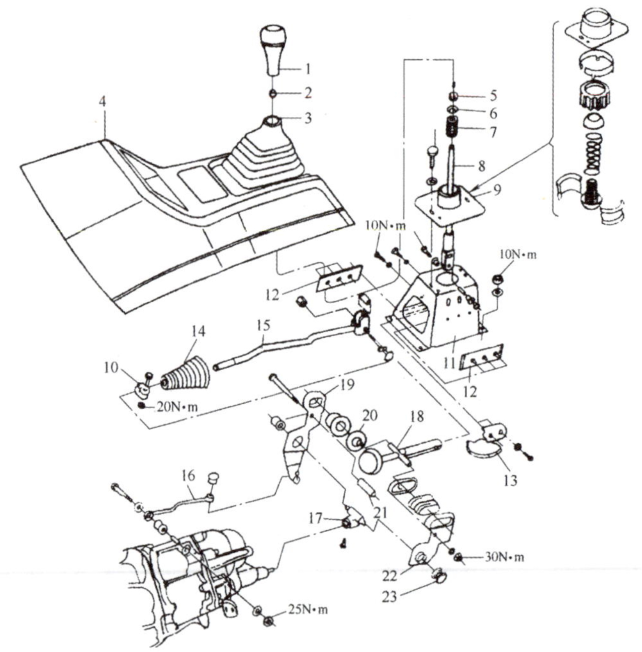

图 3-42　变速操纵机构分解图

1—变速杆手柄　2—防尘罩衬套　3—防尘罩　4—仪表板　5—锁环　6—挡圈　7—弹簧　8—变速杆　9—换档杆支架　10—夹箍　11—变速杆罩壳　12—缓冲垫　13—倒档缓冲垫　14—密封罩　15—换档杆　16—支撑杆　17—离合块　18—换档连接套　19—轴承右侧压板　20—罩盖　21—支撑轴　22—轴承左侧压板　23—塑料衬套

7）当变速杆朝 1 档和 5 档压去时，变速杆大致返回同样的距离，如有必要，可通过移动换档杆支架的椭圆形孔进行调整。

8）检查各档齿轮啮合是否平滑。

9）如果啮合困难，要进行调整。

10）将变速杆置于极限位置上。

11）旋松夹箍的螺母，移动变速杆，要求换档杆在连接时自由滑动，如图 3-43 所示。

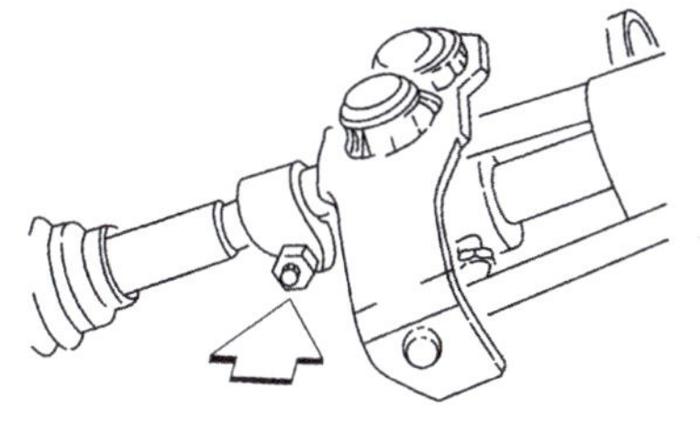

图 3-43　旋松夹箍螺母

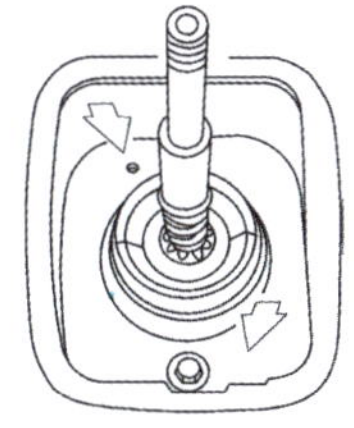

图 3-44　变速杆支架孔与变速杆罩壳孔对准

12）取下变速杆手柄和防尘罩。

13）将变速杆支架孔与变速杆罩壳的孔对准，并旋紧螺栓，如图 3-44 所示。

14）用专用工具 VW5305/7 进行安装，将其嵌入变速杆支架前孔中，将变速杆放在“C”位置上，如图 3-45 箭头所示。

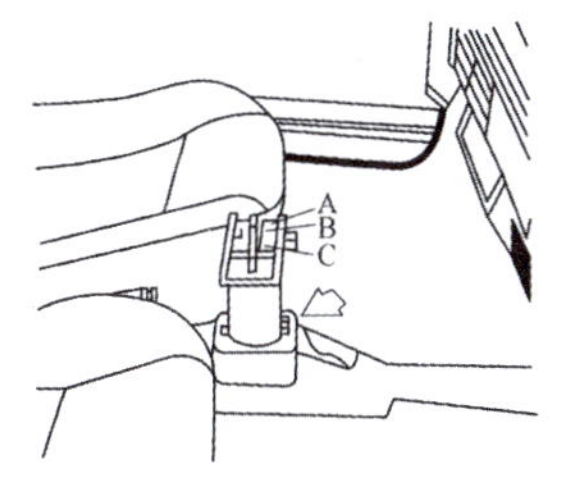

图 3-45　将变速杆放在“C”位置上

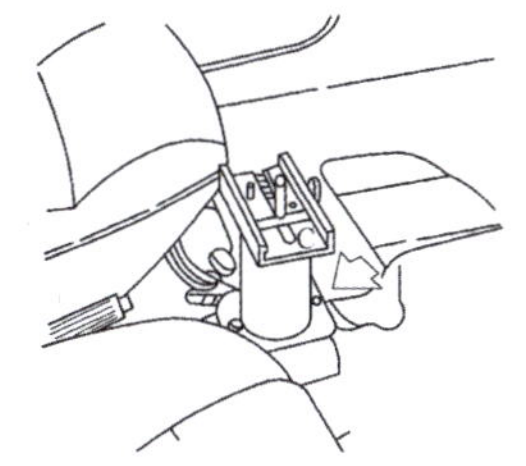

图 3-46　固定专用工具 VW5305/7

15）轻轻地旋紧下面的螺栓，将专用工具 VW5305/7 固定好，如图 3-46 所示。

16）将变速杆放到最右面，直至缓冲垫，旋紧定位器螺栓，如图 3-47 所示。

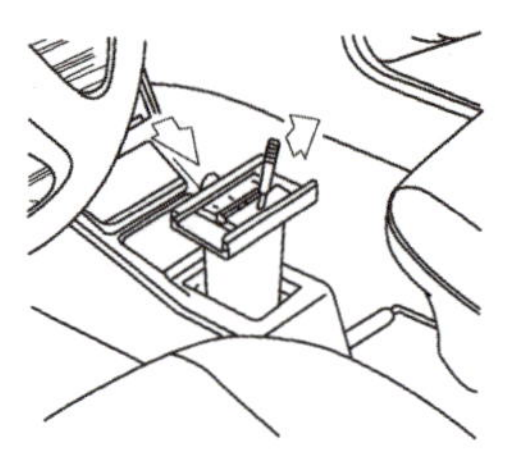

图 3-47 旋紧定位器螺栓

图 3-48 将变速杆放在“B”位置上

17）将变速杆放在“B”位置上，如图 3-48 箭头所示。

18）用 20N·m 的力矩旋紧夹箍螺母，如图 3-43 所示。

19）取下专用工具 VW5305/7。

20）挂入 1 档，将变速杆向左压到底。

21）松开变速杆，由于弹簧的作用，变速杆返回到右边。

22）挂入 5 档，将变速杆向右压到底。

23）松开变速杆，由于弹簧的作用变速杆返回到左边（在挂入 1 档和 5 档时，变速杆大致返回相同的距离。如果不是这样，可移动变速杆支架上的椭圆形孔来修正）。

24）先后挂入所有的档位，特别要注意倒档的锁住功能。

25）装上仪表板、防尘罩和变速杆手柄。

(2) 变速杆的拆卸和安装

1）变速杆的拆卸。拆下变速杆手柄，取下防尘罩。取下仪表板。拆下固定在变速杆的弹簧锁环（注意锁环一经拆卸，就要更换），取下档圈和弹簧。拆下变速杆支架。拆下变速控制器罩壳，使变速杆与换档杆脱离。

2）变速杆的安装。变速杆按照与拆卸相反的顺序进行安装，但注意以下事项。

- 检查所有零件的完好情况，更换已经损坏的零件。
- 润滑衬套和挡圈。
- 调整变速杆。
- 使用快干胶固定变速杆手柄。

(3) 变速杆支架的拆卸和安装

1）变速杆支架的拆卸。取下变速杆手柄和防尘罩。拆下锁环、挡

圈和弹簧（锁环一经拆卸，就要更换）。拆下变速杆支架的固定螺栓，取下变速杆支架。用手取下变速杆支架，变速杆支架及其零件分解如图 3-49 所示。变速杆支架只有加润滑油时才分解，一旦发现任何零件损坏，就要全部更换。

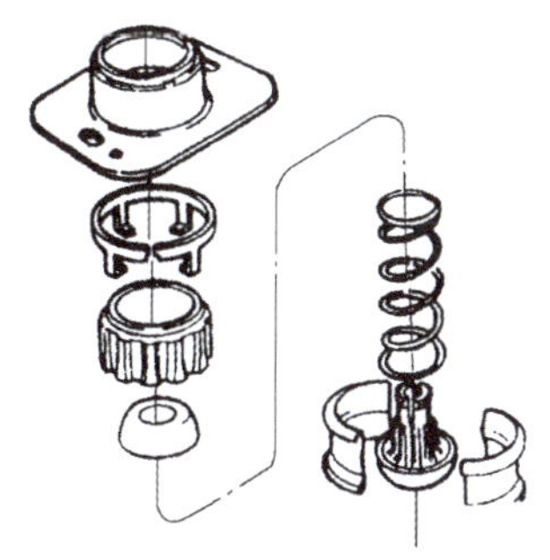

图 3-49　变速杆支架零件分解图

2）变速杆支架的安装。用润滑脂润滑变速杆支架内部件时，装上变速杆支架，螺栓不用旋紧，将变速杆支架上的孔与变速操纵机构罩壳上的孔对准，用 10N•m 的力矩旋紧螺栓。装上弹簧、挡圈和新的锁环。检查各档的啮合情况（如有必要，移动变速杆支架上的椭圆孔来调整）。装上防尘罩和手柄（使用快干胶固定变速杆手柄）。

4. 变速器壳体的检修

变速器壳体的分解如图 3-50 所示。

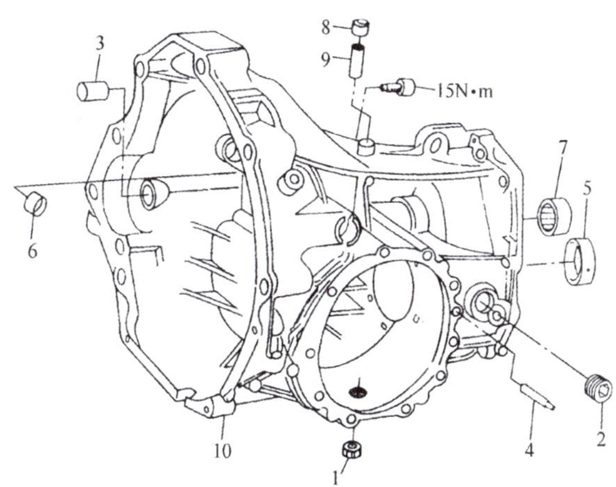

图 3-50　变速器壳体分解图

1—放油螺塞（拧紧力矩 25N·m）　2—注油螺塞（拧紧力矩 25N· m）　3—起动机衬套
4—圆柱销　5—输出轴前轴承外圈　6—离合器分离叉轴右衬套　7—输入轴滚针轴承
8—防护罩　9—通气管　10—变速器壳体

（1）变速器壳体的更换

1）拆卸变速器，将其固定在支架上，如图 3-51 所示。

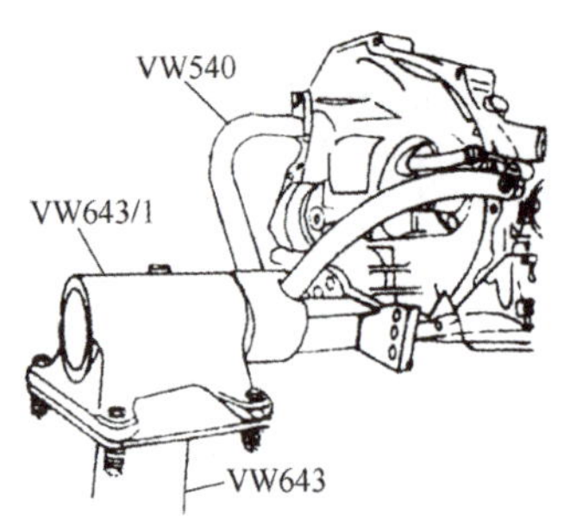

图 3-51 将变速器固定在支架上

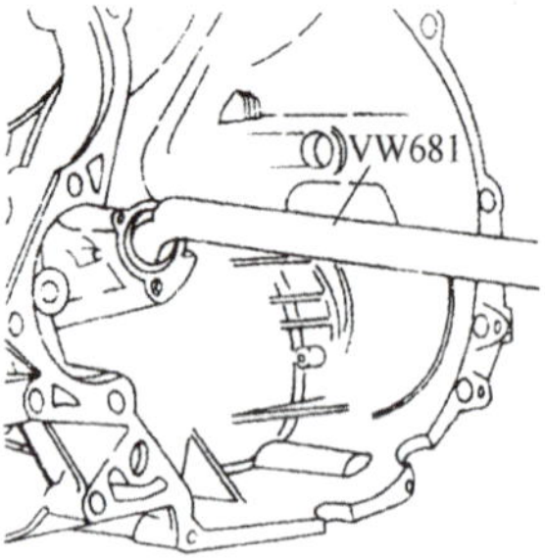

图 3-52 拆下输入轴密封圈

2）将变速器的油全部放光。

3）拆下变速器的后盖，轴承支座。

4）拆下离合器分离叉轴。

5）旋下加油螺塞。拆下差速器。

6）拆下输入轴的密封圈，如图 3-52 所示。密封圈一经拆卸，就应更换。

7）小心取下输入轴的挡油圈，如图 3-53 所示。

8）取下输入轴的滚针轴承，如图 3-54 所示。

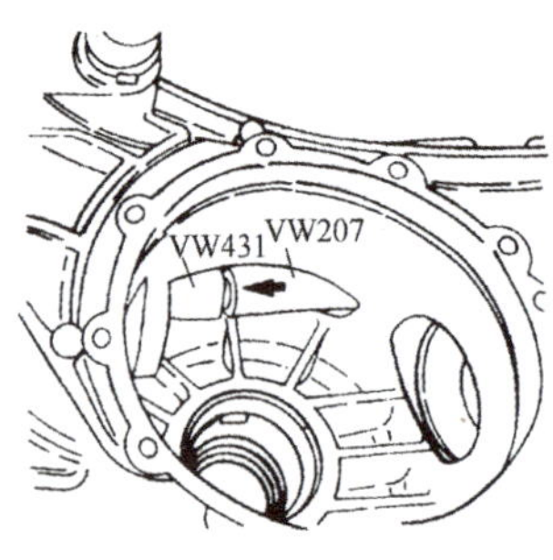

图 3-53 取下输入轴挡油圈

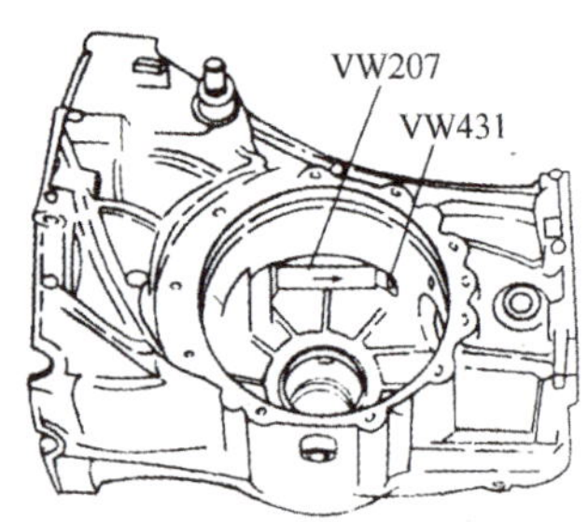

图 3-54 取下输入轴滚针轴承

9）取下输出轴前轴承外圈，如图 3-55 所示。

10）装上输入轴的滚针轴承，如图 3-56 所示。

11）装上输入轴的挡油圈，如图 3-57 所示。

12）用润滑脂润滑衬套。装上离合器分离叉轴。装上左衬套、橡胶衬套和销环。

13）装上输入轴的密封圈，如图 3-58 所示。装上分离套筒和分离轴承。

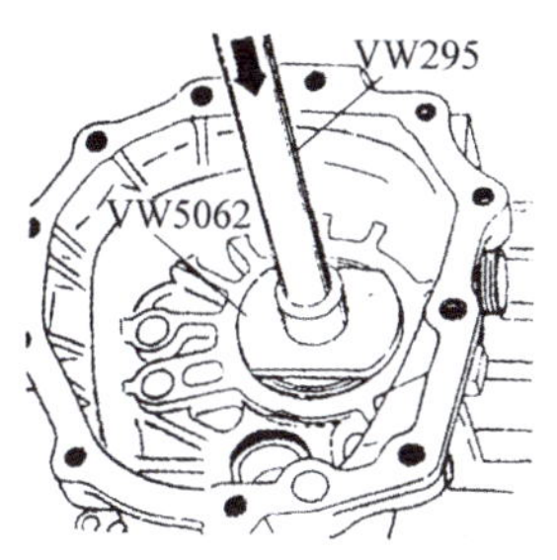

图 3-55　取下输出轴前轴承外圈

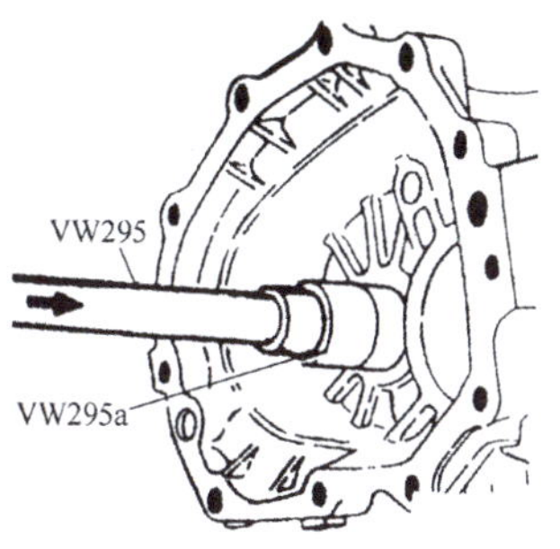

图 3-56　装上输入轴滚针轴承

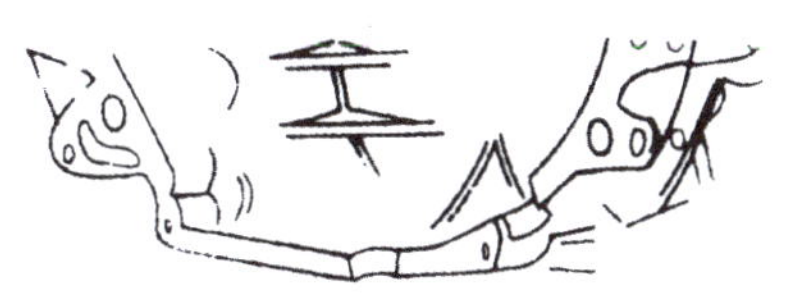

图 3-57　装上输入轴挡油圈

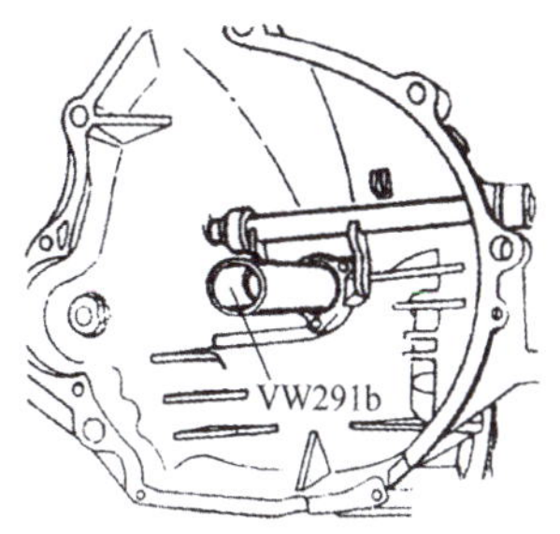

图 3-58　装上输入轴密封圈

14）装上输出轴前轴承的外圈，如图 3-59 所示。

维修提示

◎ 在装上输出轴前轴承外圈时，注意要将外圈上的小孔与壳体上的小孔对准。

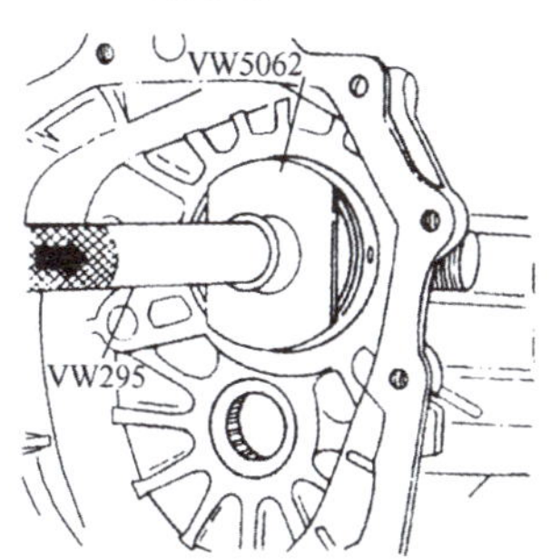

图 3-59　装上输出轴前轴承外圈

15）装上输出轴前轴承外圈的固定圆柱销并封住（圆柱销不应全部插入，头部应突出壳体大约 3.0mm）。

16）计算输出轴调整垫片的厚度。

17）计算主减速器主动齿轮两处调整垫片的厚度。

18）装上有成套齿轮的变速器轴承支座。装上变速器后盖。

19）装上放油螺塞，给变速器加上油。装上注油螺塞，用25N·m的力矩旋紧。

（2）变速器后盖的拆装

1）变速器后盖的拆卸。卸下变速器并将其固定在支架上，将变速器的油放空，拆下后轴承盖（一经拆卸就应更换）。锁住输入轴，如图3-60所示。拆下输入轴的固定螺栓，如图3-61所示。拆下变速器后盖的固定螺栓，取下后盖，如图3-62所示。如有轴承防护罩，需小心取下，并重新装在轴承上。

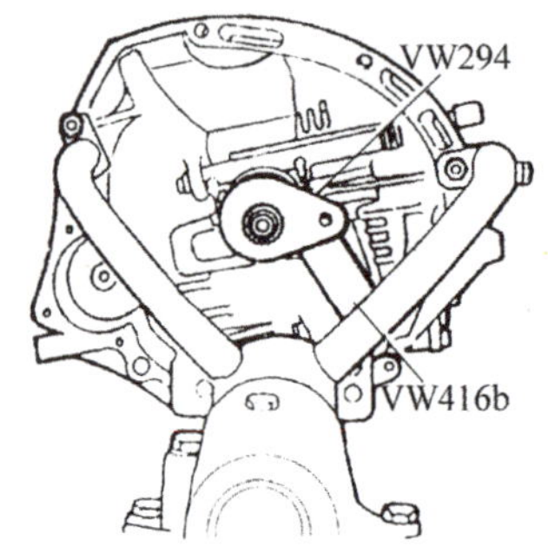

图3-60　锁住变速器输入轴

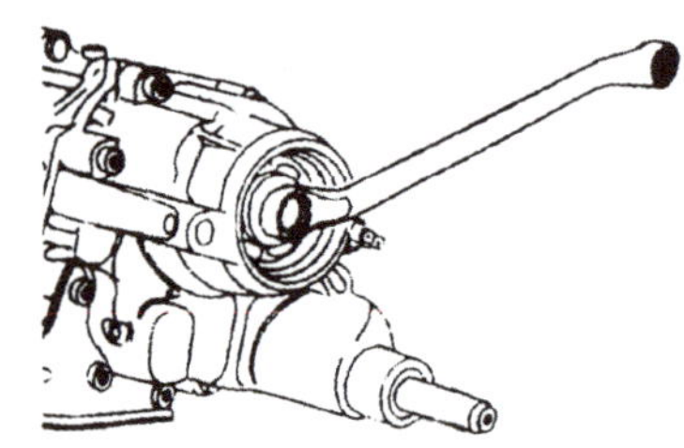

图3-61　拆下变速器输入轴的固定螺栓

2）变速器后盖的安装。在变速器轴承支座和后盖之间装上新的衬垫。将罩盖放在适当位置，插进带螺母的螺旋销A（M10mm×70mm），旋紧螺母，直至罩盖完全顶在变速器上，如图3-63所示。拆下螺旋销，装上输入轴的固定螺栓，用45N·m的力矩旋紧。装上轴承支座和后盖的连接螺栓，用25N·m的力矩旋紧螺栓。

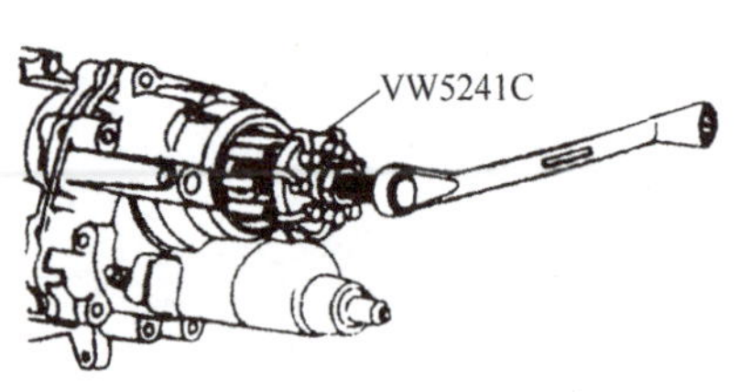

图3-62　拆下变速器后盖固定螺栓

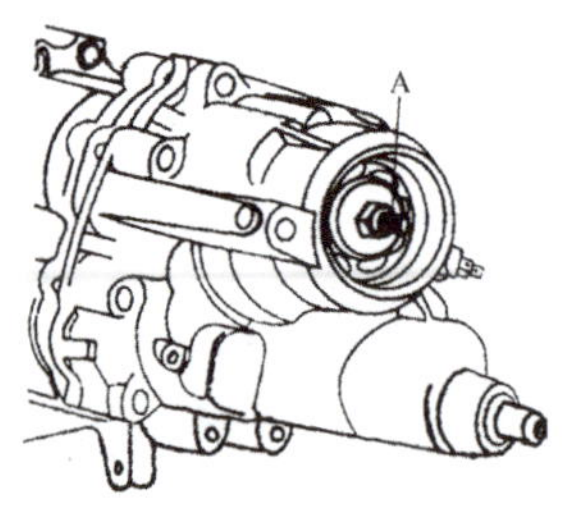

图3-63　变速器后盖的安装

（3）输入轴后轴承的更换

1）拆卸变速器，将油全部放空。

2）拆下变速器后盖，再拆下后盖内换档杆的密封圈。

3）拆下内换档杆的衬套，如图 3-64 所示。

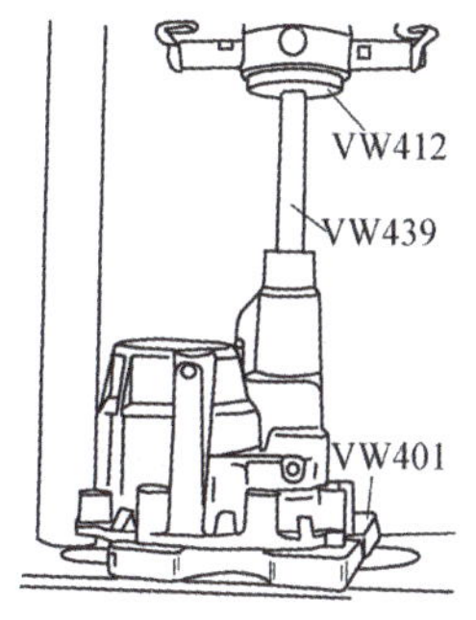

图 3-64 拆下内换档杆衬套

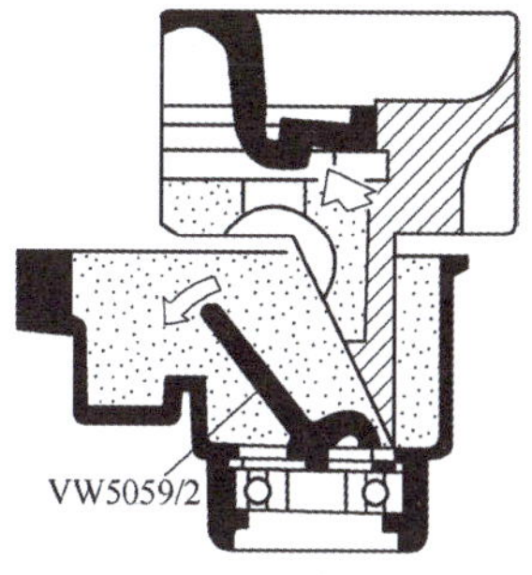

图 3-65 取下挡油圈

4）如图 3-65 所示，取下挡油圈，如有必要可用水泵钳帮助拆卸。

5）拆下锁环及输入轴的后轴承，如图 3-66 所示。

6）将输入轴轴承装在新的后盖上，如图 3-67 所示。

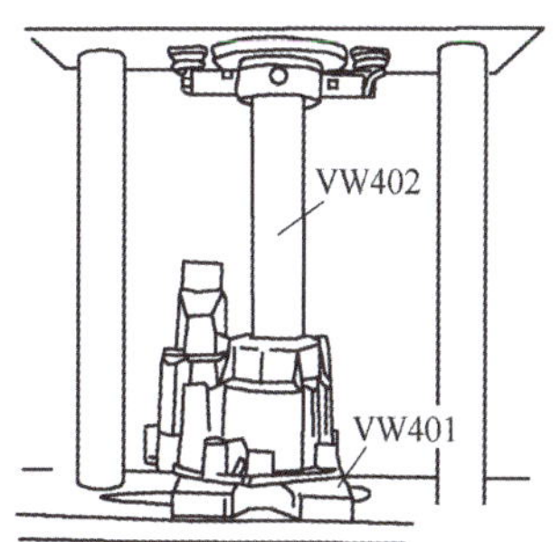

图 3-66 拆下输入轴后轴承

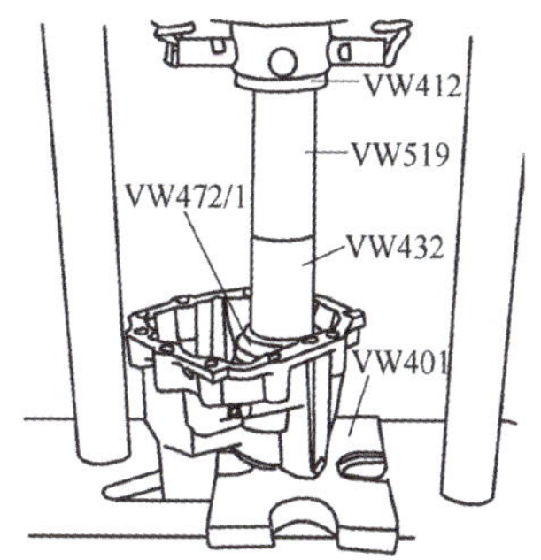

图 3-67 安装新的输入轴轴承

7）装上锁环及新的挡油圈，如图 3-68 所示。挡油圈一经拆卸就应更换，在箭头所指的部位冲压将其固定。

8）装上内换档杆的衬套，装上衬套的密封圈。

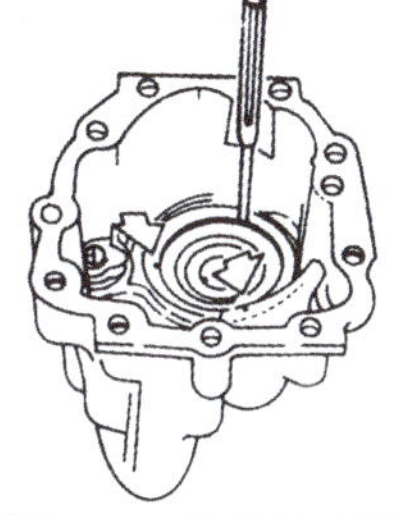

图 3-68 安装挡油圈

（4）变速器轴承支座的更换

1）拆下变速器后盖。

2）拆下 1 档和 2 档拨叉的锁销；接着向左转动拨叉。

3）挂入 2 档，边转边取下拨叉轴，如图 3-69 所示。

4）取下 1 档和 2 档的拨叉。

5）取出锁销，取下拨叉轴和 5 档齿轮的套管。

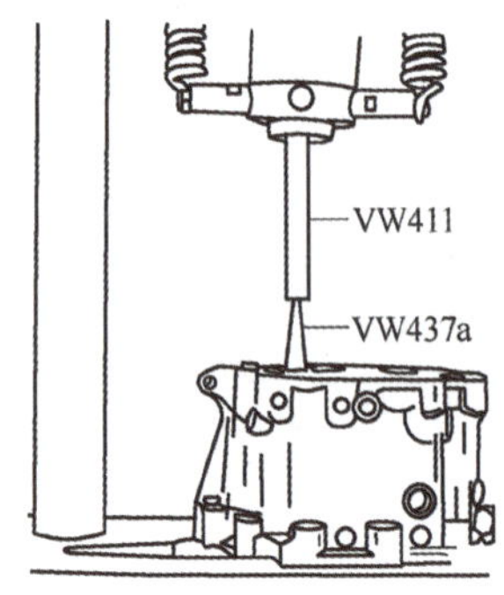

图 3-69 取下拨叉轴

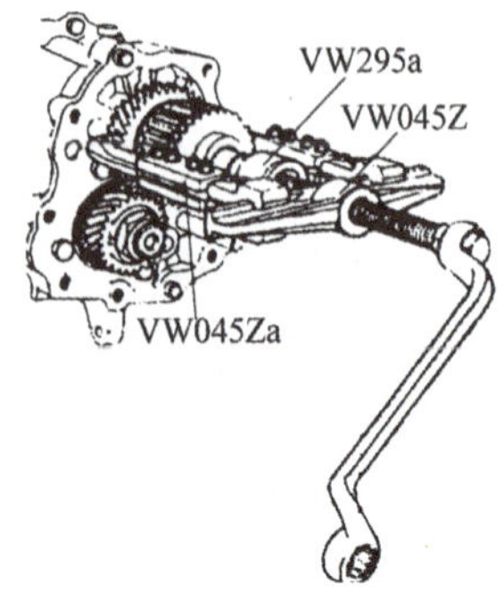

图 3-70 取下同步器和输入轴 5 档齿轮

6）取下同步器和输入轴的 5 档齿轮，如图 3-70 所示。

7）拆下 5 档齿轮滚针轴承内圈和固定垫圈，如图 3-71 所示。

8）挂上 1 档，锁住输入轴，取下输出轴的 5 档齿轮紧固螺母，如图 3-72 所示。拆下 5 档齿轮。如图 3-73 所示。

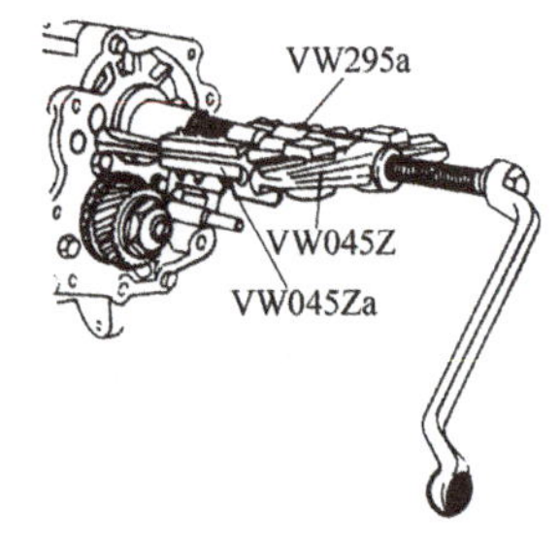

图 3-71 拆下 5 档齿轮滚针轴承内圈和固定垫圈

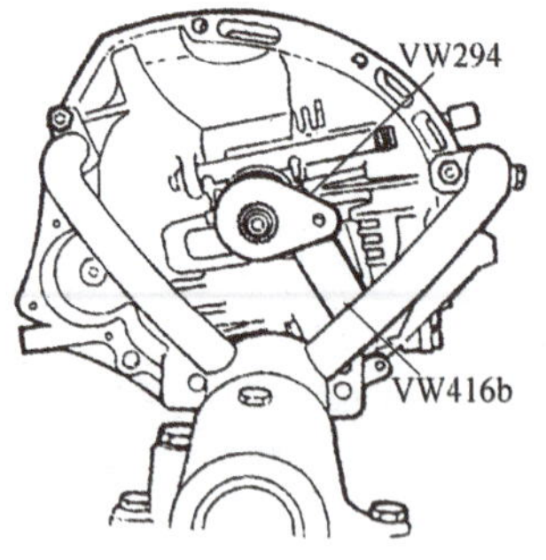

图 3-72 取下输出轴 5 档齿轮紧固螺母

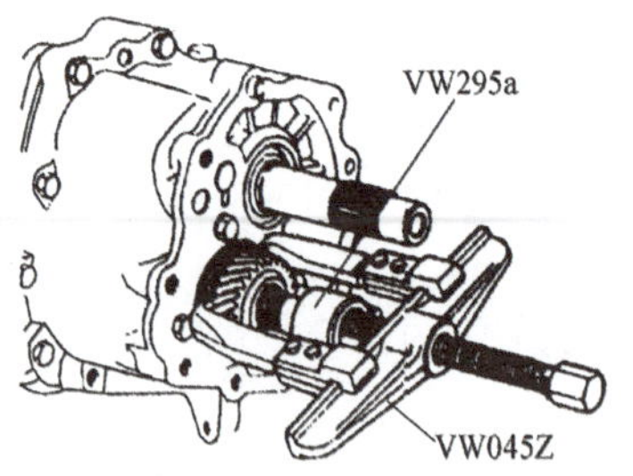

图 3-73 拆下输出轴 5 档齿轮

9）分开导向锁（不用取下），如图 3-74 所示。拆下轴承支座。

10）取下 3 档和 4 档拨叉的锁销和拨叉轴。

11）拆下倒档自锁装置和倒档拨叉轴。

12）拆下输入轴和输出轴，如图 3–75 所示。输出轴的外后轴承也在这次操作中取下。

13）取出倒档轴和齿轮、倒档传动臂。

14）取下输出轴后轴承的止动环。

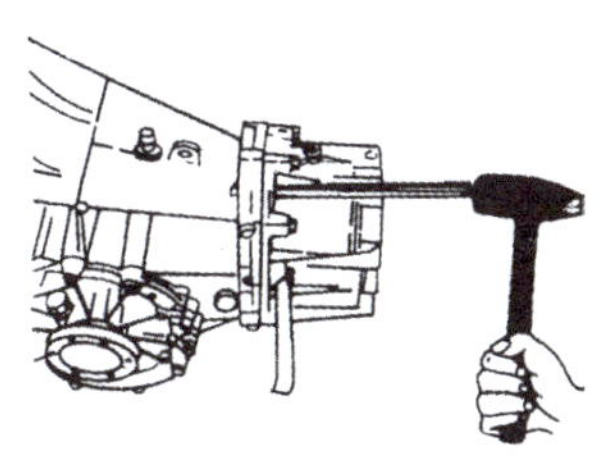

图 3-74　分开导向锁

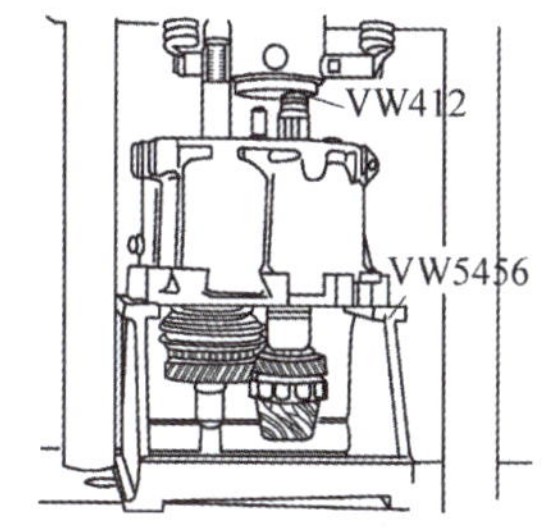

图 3-75　拆下输入轴和输出轴

15）取下拨叉轴衬套，取下互锁销。

16）拆下输入轴中间轴承，如图 3–76 所示。

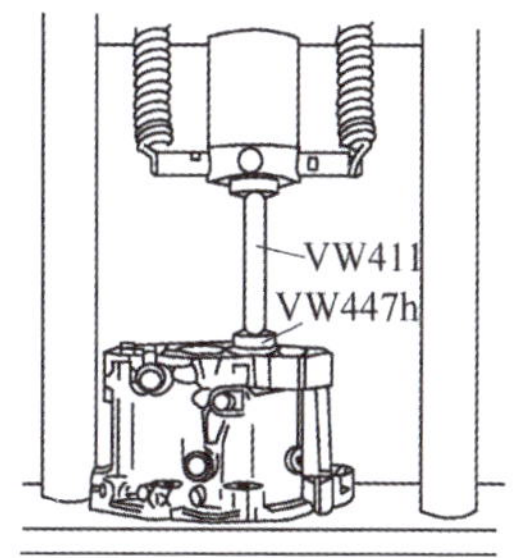

图 3-76　拆下输入轴中间轴承

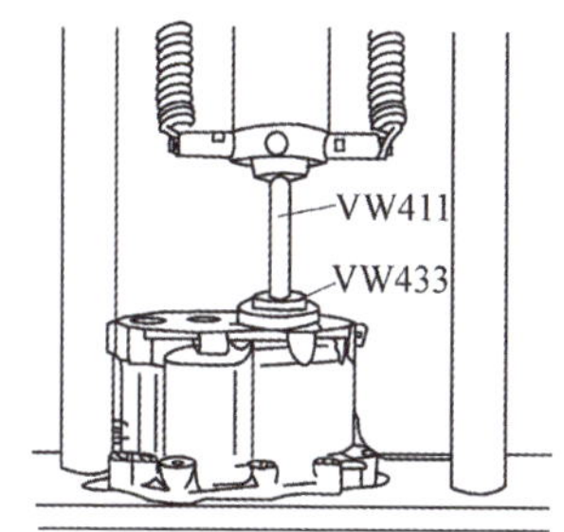

图 3-77　拆下输出轴后轴承外圈

17）拆下输出轴后轴承外圈，如图 3–77 所示。

18）钻一个 6mm 的螺纹，用螺栓将堵塞拆下。拆下自锁弹簧（图 3–78）和分离套筒（只要变速器的罩盖更换了，就必须计算输出轴调整垫片厚度）。

19）将导向套筒和弹簧装在新的轴承支座上。

20）装上输出轴后轴承外圈，如图 3–79 所示。

21）调整主减速器主动齿轮。

22）从变速器的壳体上取下轮承支座。装上锁环。

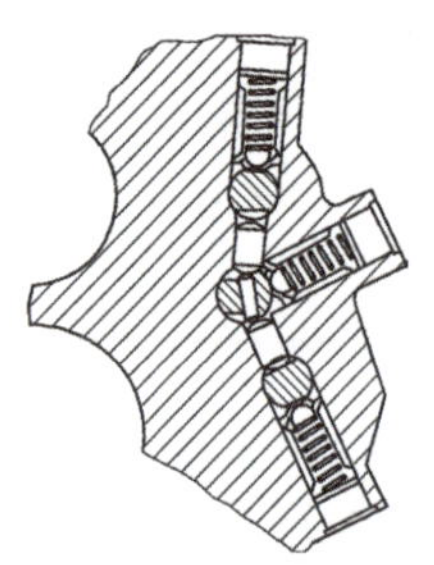

图 3-78　变速器自锁和互锁装置

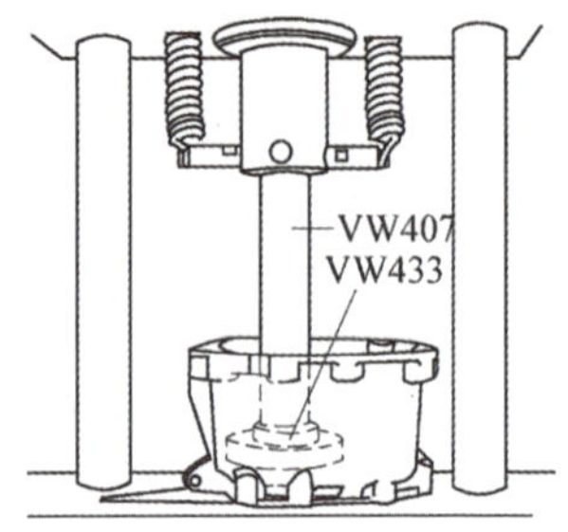

图 3-79　安装输出轴后轴承外圈

23）装上输入轴的中间轴承，如图 3-80 所示。

24）装上后轴承的止动环，用 25N·m 的力矩旋紧螺栓。

25）装上拨叉轴衬套，如图 3-81 所示。

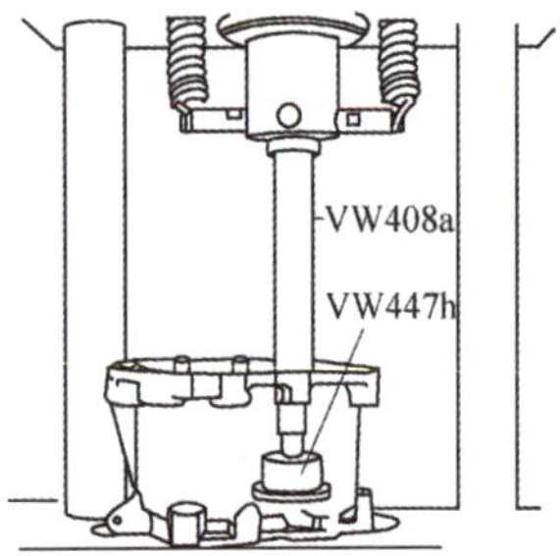

图 3-80　安装输入轴中间轴承

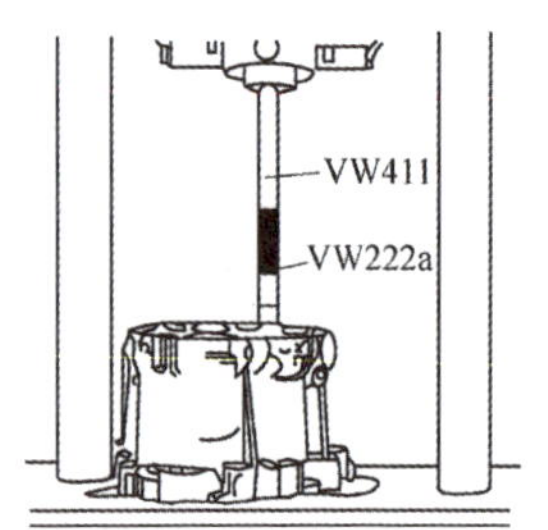

图 3-81　安装拨叉轴衬套

26）装上倒档齿轮、轴和传动臂，再装上垫圈和倒档传动臂的固定螺栓。将传动臂往下（箭头所指）压，并插入螺栓，直至碰到传动臂，如图 3-82 所示。

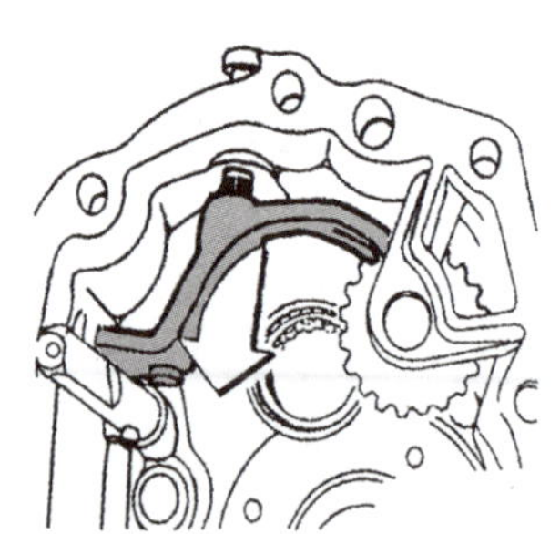

图 3-82　安装倒档传动臂固定螺栓

27）将传动臂朝螺栓压去，旋入螺栓，直至听到螺栓旋入的声音。用 35N·m 的力矩旋紧螺栓，挂倒档几次，并证实在各个位置上操作灵活（如果操作不灵活，挂倒档就不可能，重复第 26）和 27）项的操作）。

28）装上倒档的自锁装置，取下倒档轴和齿轮。

29）将带拨叉的 1 档和 2 档拨叉轴及输出轴装在轴承支座上。

30）装上倒档轴和倒档齿轮。将带 3 档和 4 档拨叉的输入轴及输出轴的外后轴承装在轴承支座上，如图 3-83 所示。

31）装上 3 档和 4 档的拨叉轴和拨叉，并用锁销固定。

32）用 120℃的温度给输出轴的 5 档齿轮、滚针轴承的内圈和同步器的壳体加热。

33）装上固定垫圈和 5 档齿轮滚针轴承的内圈，如图 3-84 所示。使用 VW224b 和锤子正确地将其放在适当的位置。

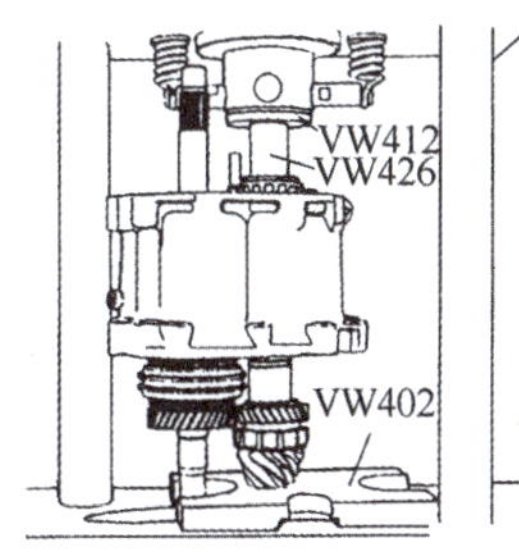

图 3-83　将输入轴和输出轴的外后轴承安装在轴承支座上

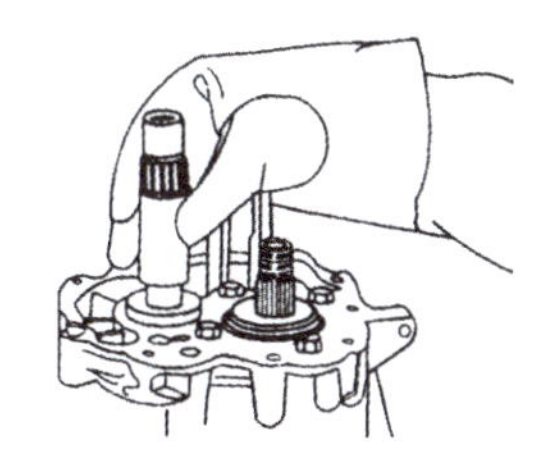

图 3-84　安装固定垫圈和 5 档齿轮滚针轴承内圈

34）将 5 档齿轮装在输出轴上，如图 3-85 所示。将同步器和 5 档拨叉装在输入轴上。

35）将套管装在输入轴上，如图 3-86 所示。

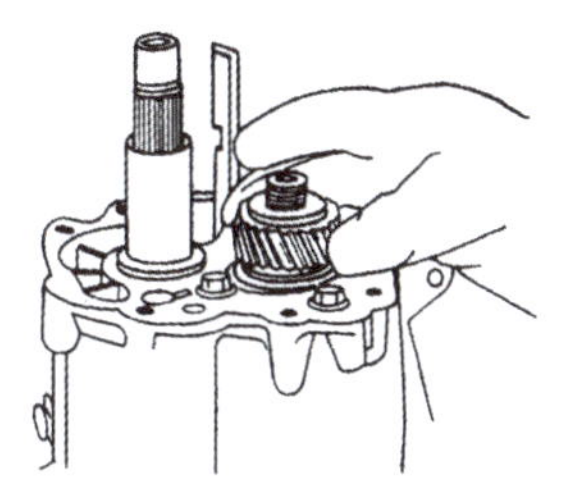

图 3-85　将 5 档齿轮装在输出轴上

图 3-86　将套管装在输入轴上

36）用新的衬垫，将轴承支座装在变速器壳体上，并用 25N•m 的力矩旋紧连接螺栓。

37）挂上1档，锁住输入轴。装上输出轴的螺母，并用100N·m的力矩旋紧。

38）在拨叉轴上装上1档和2档拨叉。

39）将内换档杆装在轴支座上，将弹簧的两端放在3档和4档的拨叉轴上。将凸缘部分与拨叉轴的凹槽对齐（成直线），将内换档杆朝左转动，如图3-87所示。

40）用锁销固定1档和2档拨叉，如图3-88所示。用锁销固定5档拨叉。

41）使用新的密封衬垫，装上变速器的后盖。

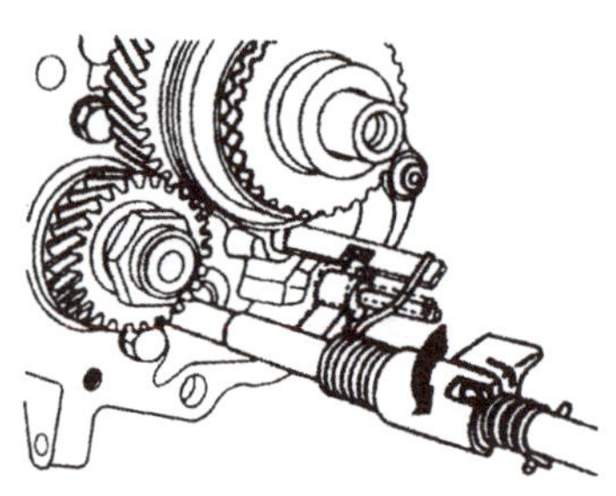

图3-87 安装内换档杆

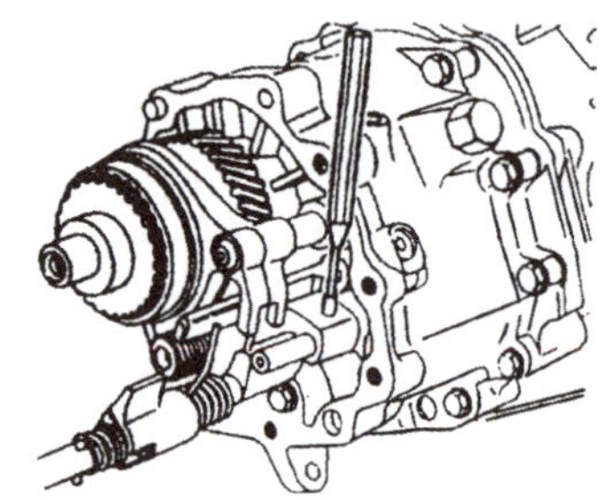

图3-88 用锁销固定1档和2档拨叉

5. 变速传动机构拆装与检查

变速器传动机构由输入轴、输出轴及其上的齿轮组成。输入轴和输出轴的分解分别如图3-89和图3-90所示。

（1）整套齿轮的拆卸

1）拆卸变速器。

2）拆下变速器后盖。

3）拆下轴承支座。

4）拆下整套齿轮。

（2）输入轴的拆卸

1）拆下4档齿轮的有齿锁环。取下4档齿轮、同步环和滚针轴承。

2）拆下同步器锁环，如图3-91所示。

3）取下3档和4档同步器、3档同步环和齿轮，如图3-92所示。取下3档齿轮的滚针轴承。

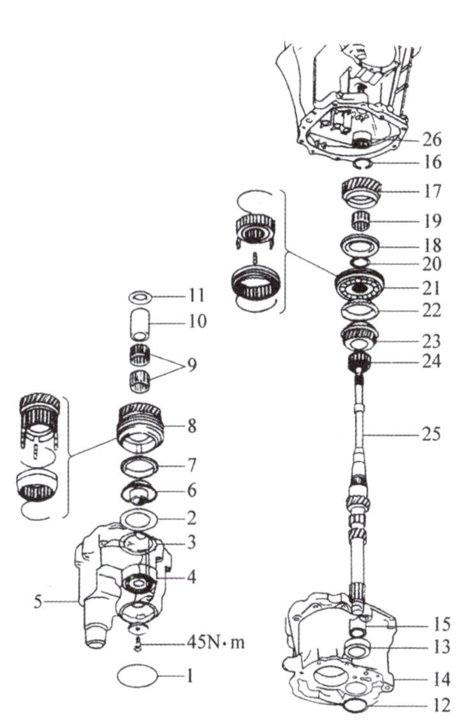

图 3-89 输入轴分解图

1—后轴承的罩盖 2—挡油圈 3、12、20—锁环 4—输入轴后轴承 5—变速器后盖 6—5 档同步器套管 7—5 档同步环 8—5 档同步器和齿轮 9—5 档齿轮滚针轴承 10—5 档齿轮滚针轴承内圈 11—固定垫圈 13—中间轴承 14—轴承支座 15—中间轴承内圈 16—有齿的锁环 17—4 档齿轮 18—4 档同步环 19—4 档齿轮滚针轴承 21—3 档和 4 档同步器 22—3 档同步环 23—3 档齿轮 24—3 档齿轮滚针轴承 25—输入轴 26—输入轴滚针轴承

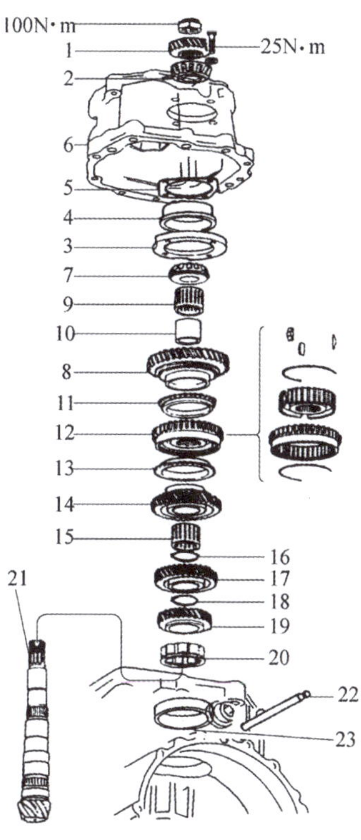

图 3-90 输出轴分解图

1—5 档齿轮 2—输出轴外后轴承 3—轴承保持架 4—后轴承外圈 5—调整垫片 S3 6—轴承支座 7—输出轴内后轴承 8—1 档齿轮 9—1 档齿轮滚针轴承 10—1 档齿轮滚针轴承内圈 11—1 档同步环 12—1 档和 2 档同步器 13—2 档同步环 14—2 档齿轮 15—2 档齿轮滚针轴承 16—挡环（厚度应用测量薄板用的样板测定，可使用的厚度为 1 ~ 5mm 和 1 ~ 6mm） 17—3 档齿轮（凸缘应转向四档齿轮） 18—挡环 19—4 档齿轮（凸缘应转向锥主动齿轮） 20—输出轴前轴承 21—输出轴 22—圆柱销 23—输出轴前轴承外圈

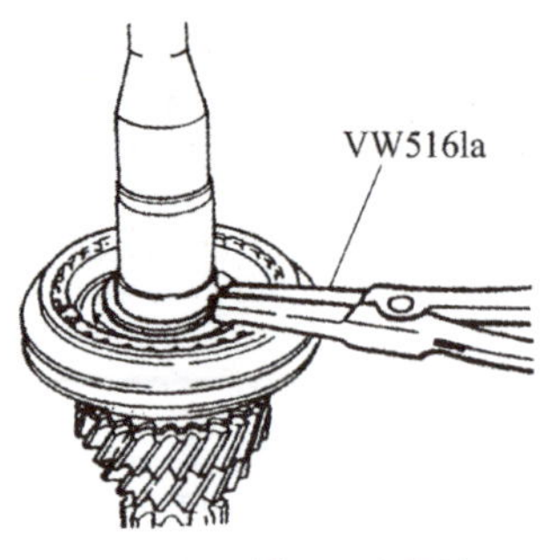

图 3-91　拆下同步器锁环

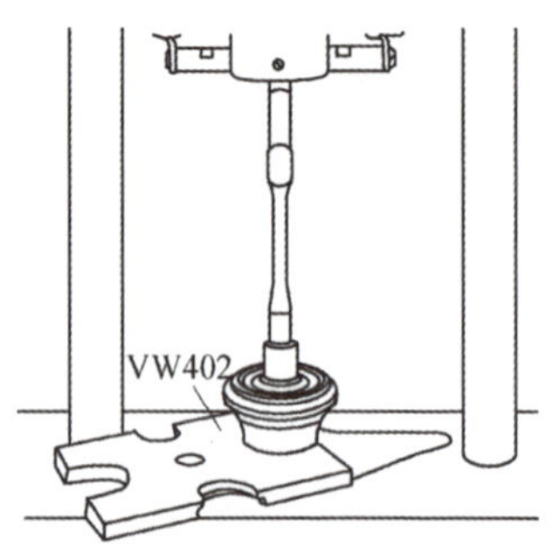

图 3-92　取下 3 档和 4 档同步器、3 档同步环和齿轮

4）取下输入轴的中间轴承内圈，如图 3-93 所示。

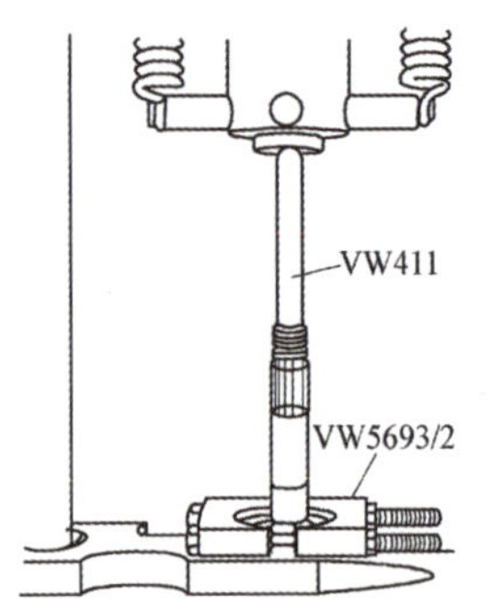

图 3-93　取下输入轴中间轴承内圈

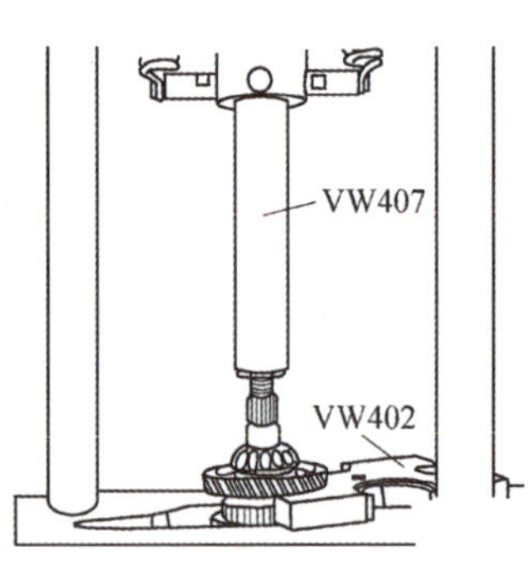

图 3-94　拆下内后轴承和 1 档齿轮

（3）输出轴的拆卸

1）拆下输出轴内后轴承和 1 档齿轮，如图 3-94 所示。取下滚针轴承和 1 档同步环。

2）拆下滚外轴承的内圈、同步器和 2 档齿轮，如图 3-95 所示。取下 2 档齿轮的滚针轴承。

3）拆下 3 档齿轮，如图 3-96 所示。

4）拆下 4 档齿轮，如图 3-97 所示。

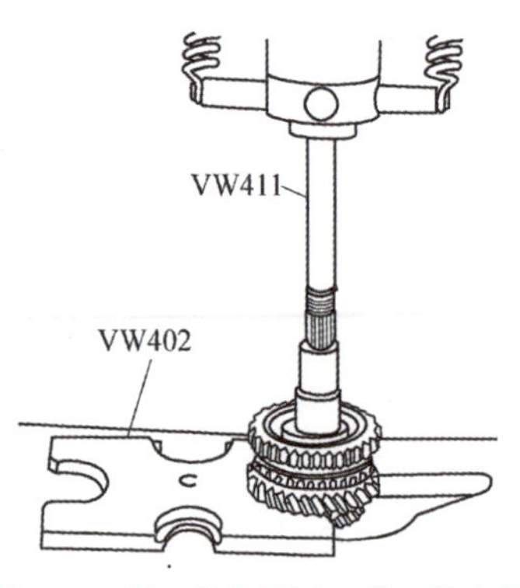

图 3-95　拆下滚针轴承内圈、同步器和 2 档齿轮

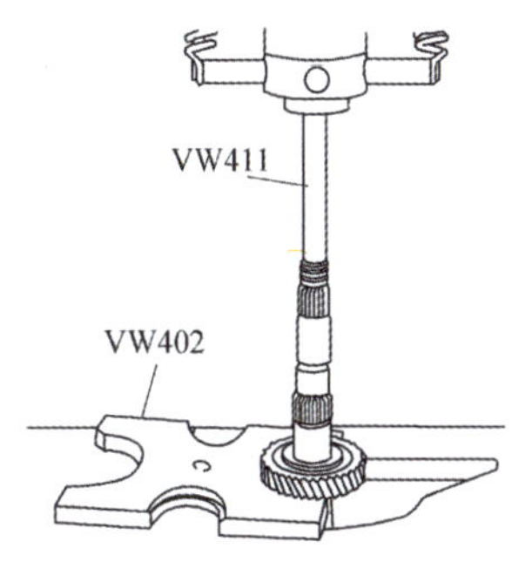

图 3-96　拆下 3 档齿轮

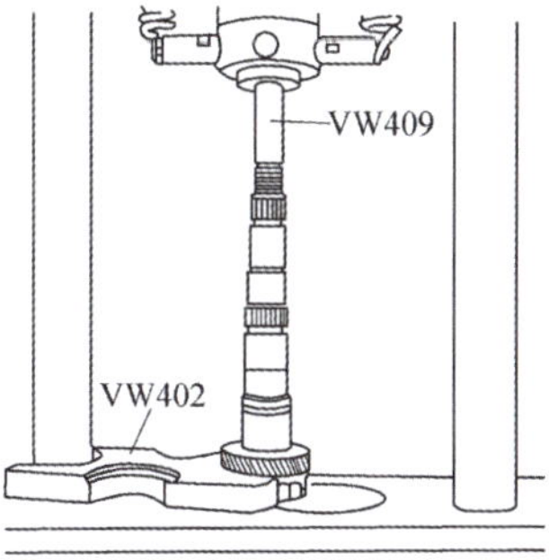

图 3-97　拆下 4 档齿轮

5）拆下输出轴的前轴承。

（4）输入轴、输出轴的安装

1）检查主减速器主动锥齿轮的情况。如果已经损坏，同主减速器从动锥齿轮一起更换，并计算从动锥齿轮和主动锥齿轮调整垫片厚度。

2）检查所有齿轮和轴承的损坏情况。如需要更换，除了更换损坏的外，还需更换其他轴上的相应齿轮。

3）用钢丝刷清洗同步环的内锥面，如图 3-98 所示。

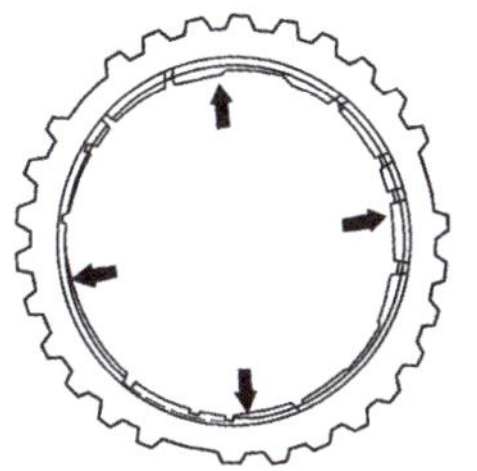

图 3-98　清洗同步环内锥面

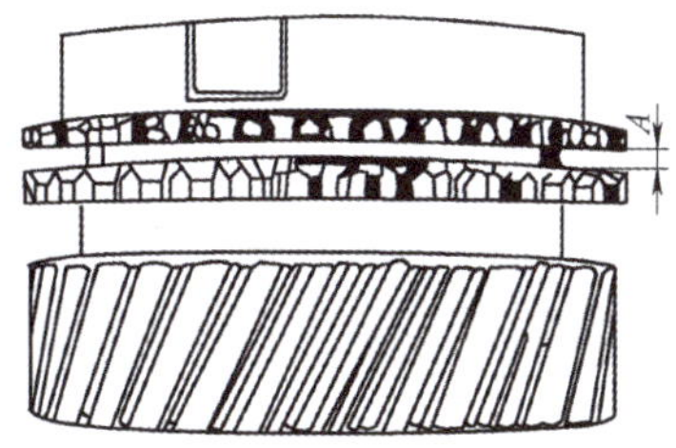

图 3-99　检查间隙

4）在更换 1 档齿轮滚针轴承的内圈或输出轴的后轴承时，计算输出轴的调整垫片厚度。

5）将同步环压在各自齿轮的锥面上，检查间隙 *A* 值，如图 3-99 所示。间隙 *A* 的规定值见表 3-1。将同步环贴在极其平滑的表面上（平板、玻璃等）对其扭曲进行分析。用轻度的压力将同步环装在各自齿轮的锥面上，移动齿轮的锥环，对过度的侧面间隙（成椭圆形）进行分析，如图 3-100 所示。如果出现上述任何一种不正常现象，就应更换同步环。

表 3-1 间隙 A 值 （单位：mm）

同步环	间隙 A	
	新的零件	磨损的限度
1 档和 2 档	1.10 ～ 1.17	0.05
3 档和 4 档	1.35 ～ 1.90	0.05
5 档	1.10 ～ 1.70	0.05

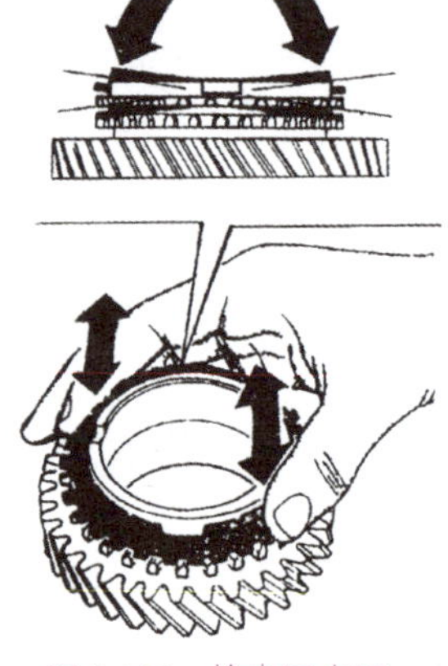

图 3-100 检查同步环

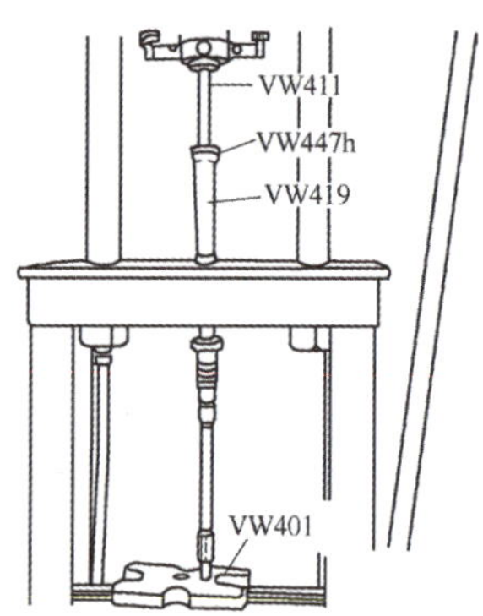

图 3-101 安装中间轴承内圈

6）装上中间轴承的内圈，如图 3-101 所示。将预先润滑过的 3 档齿轮滚针轴承装上，把油槽转向 2 档齿轮。

7）如图 3-102 所示，组装 3 档和 4 档同步器。

图 3-102 组装 3 档和 4 档同步器

8）如图 3-103 所示，装上 3 档齿轮及 3 档和 4 档同步器，装上锁环。

9）装上同步器环、滚针轴承和4档齿轮，再装上有齿的锁环。

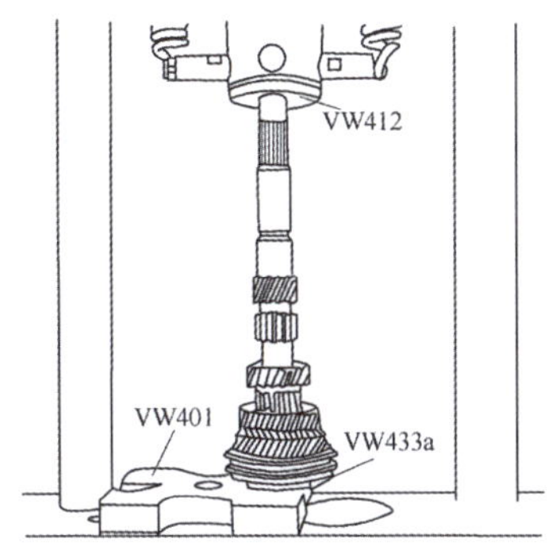

图 3-103　安装 3 档齿轮及 3 档和 4 档同步器

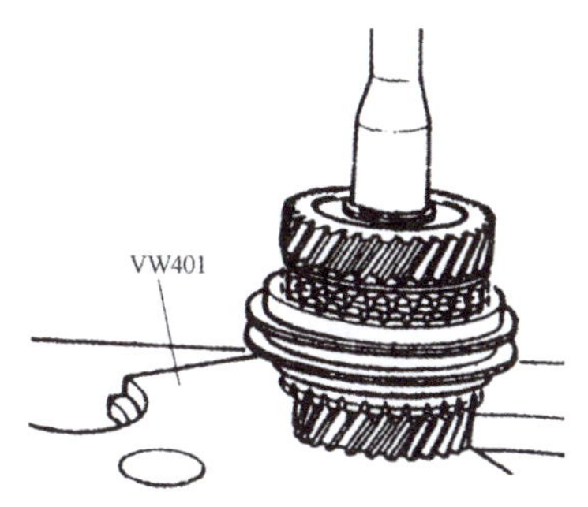

图 3-104　安装 3 档齿轮、同步器和 4 档齿轮

10）如图 3-104 所示，用 2kN 的力将 3 档齿轮、同步器和 4 档齿轮紧紧压在有齿的锁环上，把总成固定好。

11）将前轴承装在输出轴上。

12）如图 3-105 所示，装上 4 档齿轮。用手扶住前轴承，齿轮有凸缘的一边应朝向轴承。

13）利用可供使用锁环中的一个将 4 档齿轮固定好。先从较厚锁环的开始，锁环厚度有 2.35mm、2.38mm、2.41mm、2.44mm 和 2.47mm 几种。

14）如图 3-106 所示，安装 3 档齿轮。凸缘应朝向 4 档齿轮。

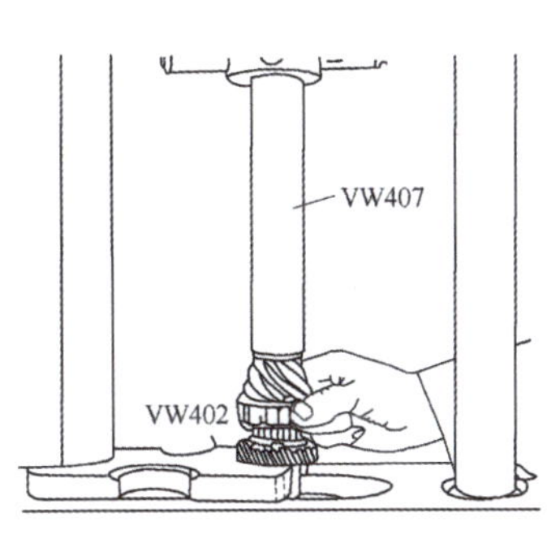

图 3-105　安装 4 档齿轮

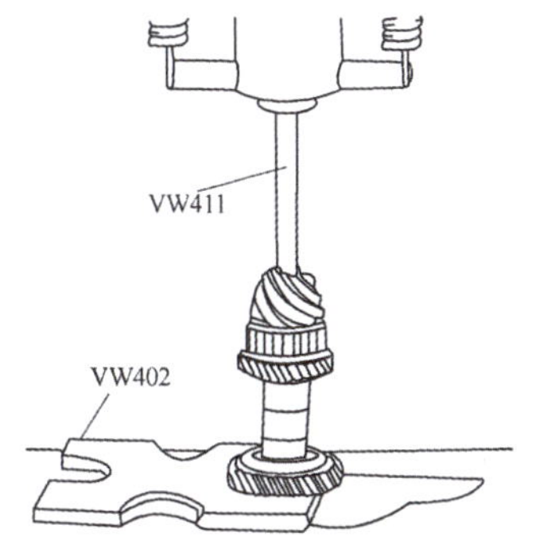

图 3-106　安装 3 档齿轮

15）利用塞尺测量锁环的厚度，如图3-107所示。根据测得的尺寸，选择适当的锁环装上，见表3-2。

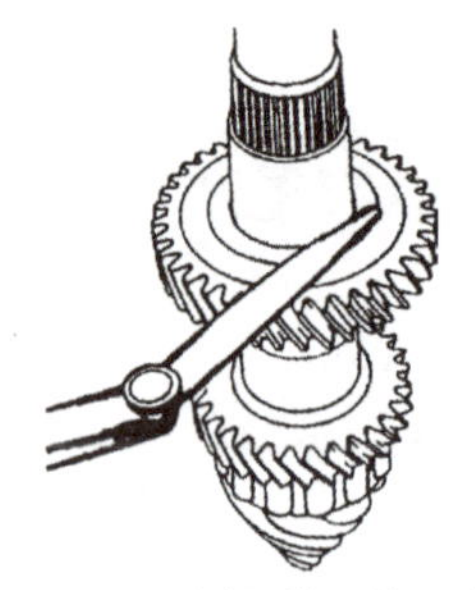

图 3-107　测量锁环的厚度

表 3-2　锁环厚度的选择

测得尺寸	锁环厚度
小于 1.6mm	1.5mm
1.6mm 或大于 1.6mm	1.6mm

16）安装滚针轴承、齿轮和2档同步环。

17）装配1档和2档同步器，如图3-108所示。在同步器的凹槽中的细槽应转向装拨叉槽的对面一边，如图3-109所示。同步器壳体有3个凹口，凹口上有3个凹陷的内齿。在安装中，3个凹口和槽应吻合，这样可以安装锁环，然后，装止动弹簧，相互间隙120°，弯的一端应嵌入锁环中的一个之内，如图3-110、图3-111和图3-112所示。

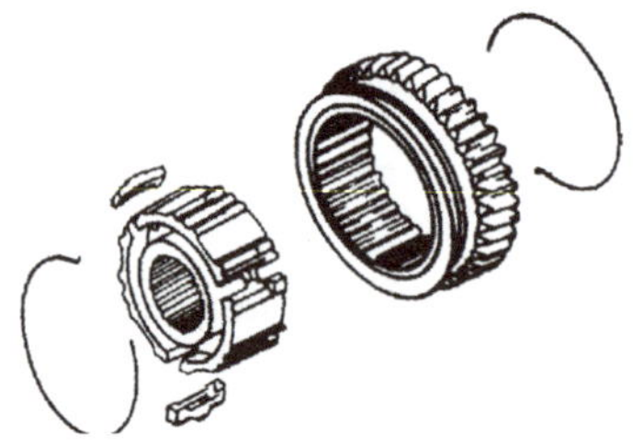

图 3-108　装配1档和2档同步器

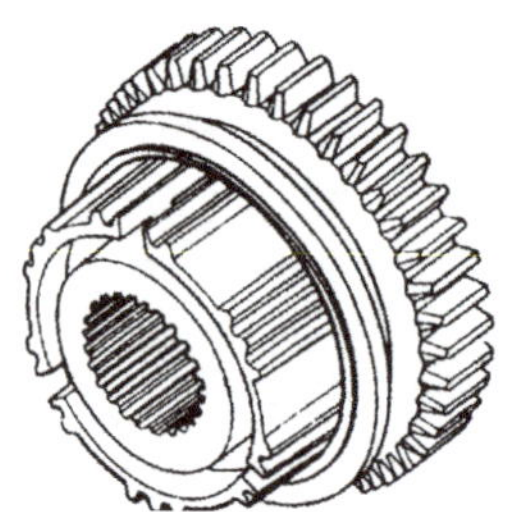

图 3-109　安装同步器 Ⅰ

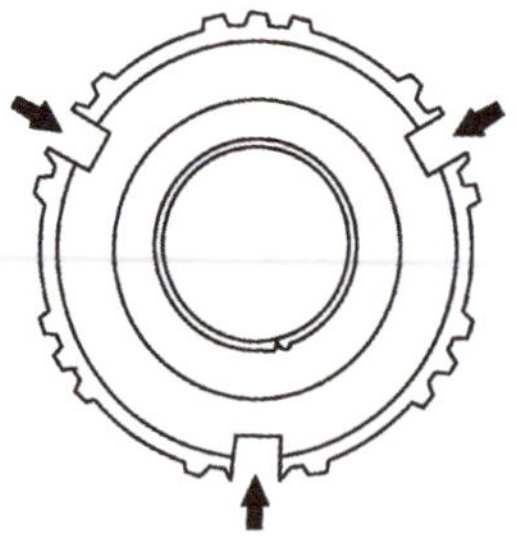

图 3-110　安装同步器 Ⅱ

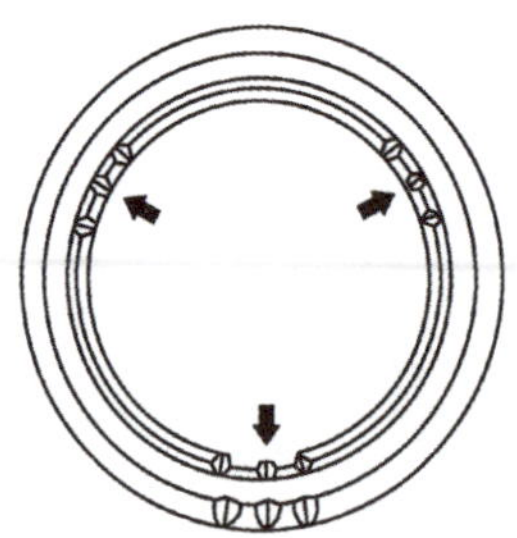

图 3-111　安装同步器 Ⅲ

18）装上 1 档和 2 档同步器，如图 3-113 所示。同步器壳体的槽应朝 1 档齿轮。

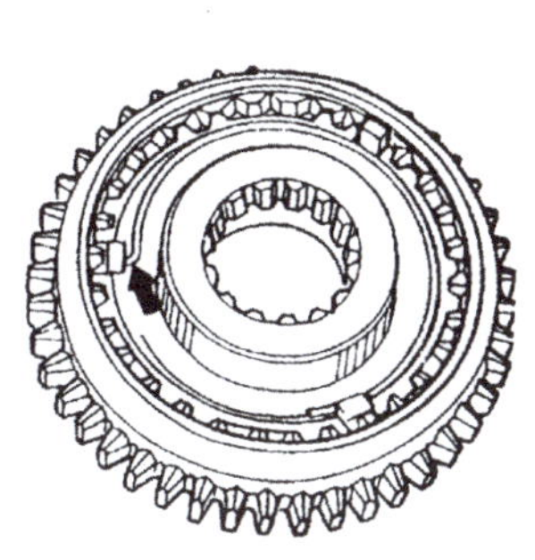

图 3-112 安装同步器Ⅳ

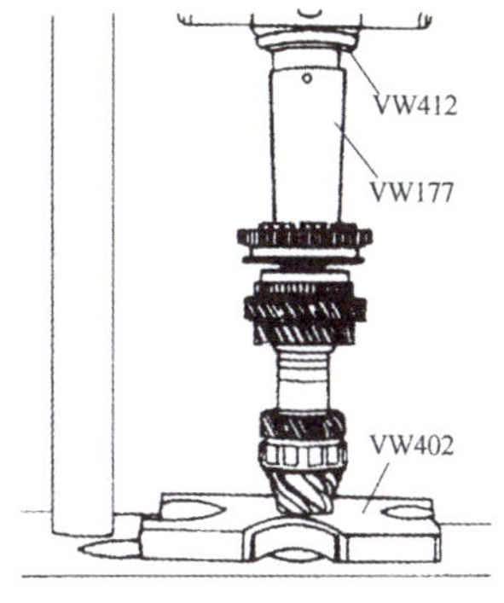

图 3-113 安装 1 档和 2 档同步器

19）装上 1 档齿轮滚针轴承的内圈，如图 3-114 所示。装上 1 档同步环、1 档齿轮、1 档齿轮滚针轴承。只要更换了轴承支座、输出轴后轴承、1 档齿轮的滚针轴承内圈、主减速器从动锥齿轮和主动锥齿轮总成中的任何一个零件，就要计算调整垫片 S_3 的值。

20）装上内后轴承，如图 3-115 所示。

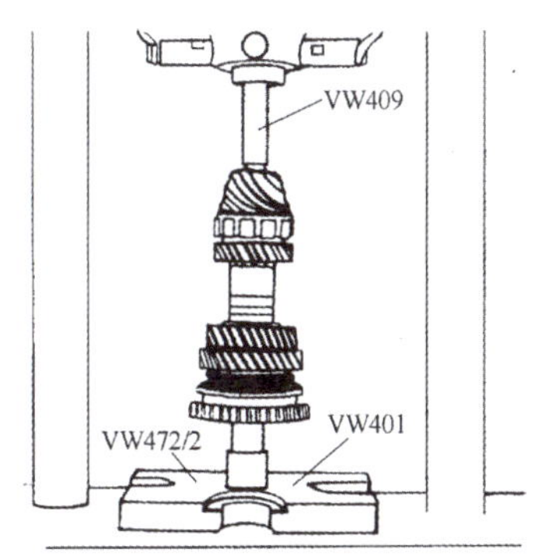

图 3-114 安装 1 档齿轮滚针轴承内圈

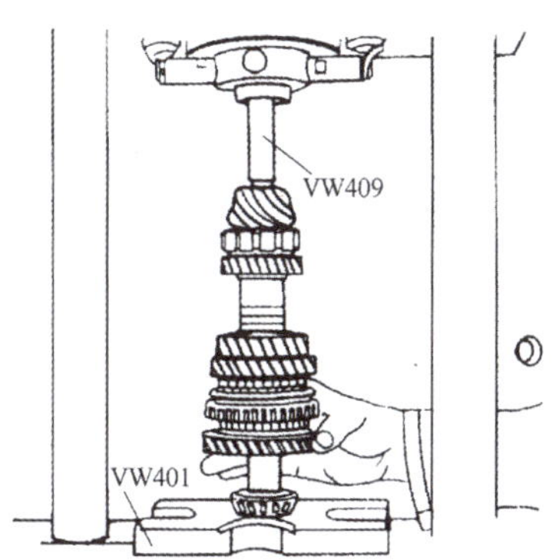

图 3-115 安装内后轴承

21）将输入轴和输出轴装在轴承支座上，将轴承支座装在变速器壳体上。

22）将变速器后盖装在变速器轴承支座上。

第三节 如何维护主减速器和差速器

一、主减速器和差速器的结构

主减速器和差速器的分解如图 3-116 所示。两轴式手动变速器输出轴上的锥齿轮即主减速器的主动锥齿轮，主减速器为单级式，主减速齿轮是一对弧齿锥齿轮，齿面为准双曲面。差速器为行星齿轮式，车速表驱动齿轮安装于差速器壳体上。

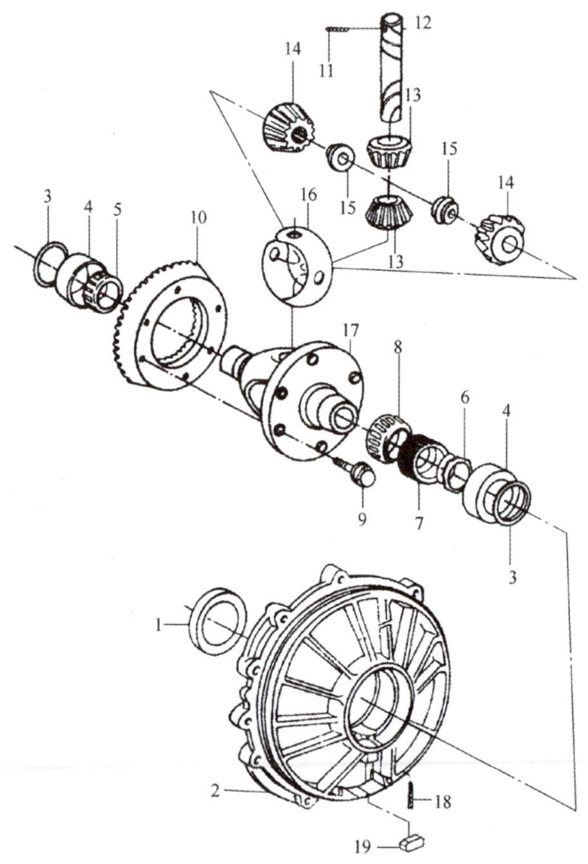

图 3-116 主减速器和差速器分解图

1—密封圈 2—主减速器盖 3—从动锥齿轮的调整垫片（S_1 和 S_2） 4—轴承外圈 5—差速器轴承 6—锁紧套筒 7—车速表主动齿轮 8—差速器轴承 9—螺栓（拧紧力矩 70N·m） 10—从动锥齿轮 11—夹紧销 12—行星齿轮轴 13—行星轮 14—半轴齿轮 15—螺纹管 16—复合式止推垫片 17—差速器壳 18—磁铁固定销 19—磁铁

二、主减速器和差速器的检修

1. 主动锥齿轮和从动锥齿轮总成的更换

（1）主动锥齿轮和从动锥齿轮总成的拆卸

1）拆卸变速器，将其固定在支架上。拆下轴承支座和后盖。

2）取下车速里程表传感器，如图 3–117 所示。

3）锁住传动轴（半轴），拆卸紧固螺栓，如图 3–118 所示。取下传动轴。

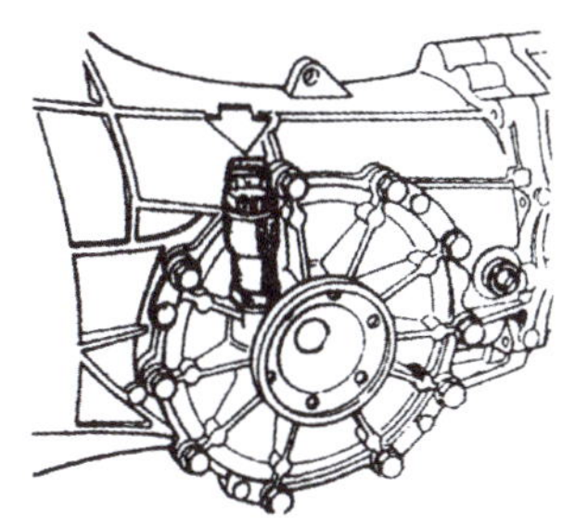

图 3-117　取下车速里程表传感器

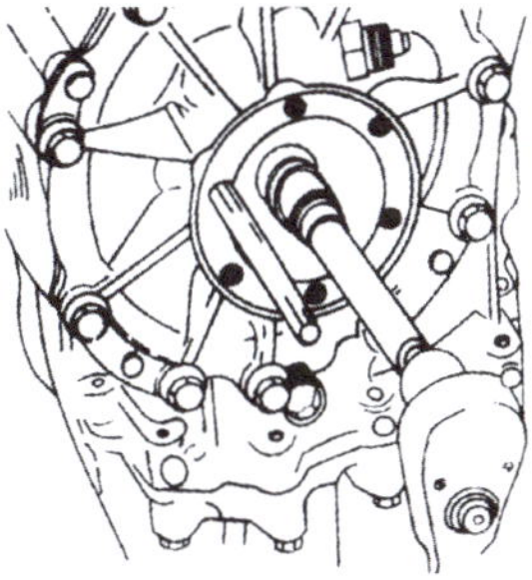

图 3-118　拆卸紧固螺栓

4）取下车速里程表的主动齿轮导向器和齿轮。

5）拆下主减速器盖，如图 3–119 所示。从变速器壳体上取下差速器。

6）用铝质的夹具将差速器壳固定在台虎钳上，拆下从动齿轮的紧固螺栓。从动锥齿轮的紧固螺栓是自动锁紧的，一经拆卸就必须更换。

7）拆卸从动锥齿轮，如图 3–120 所示。

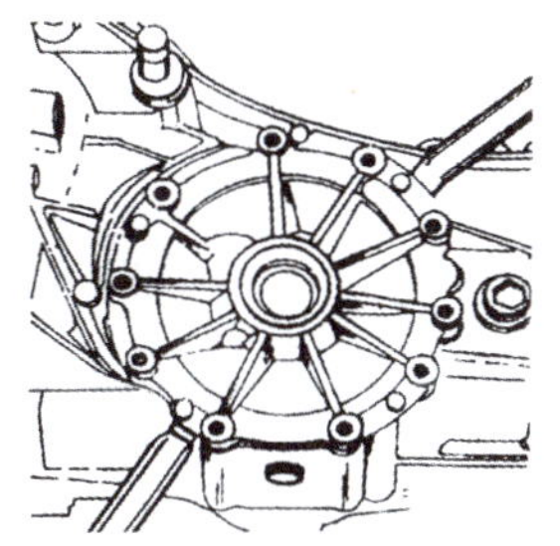

图 3-119　拆下主减速器盖

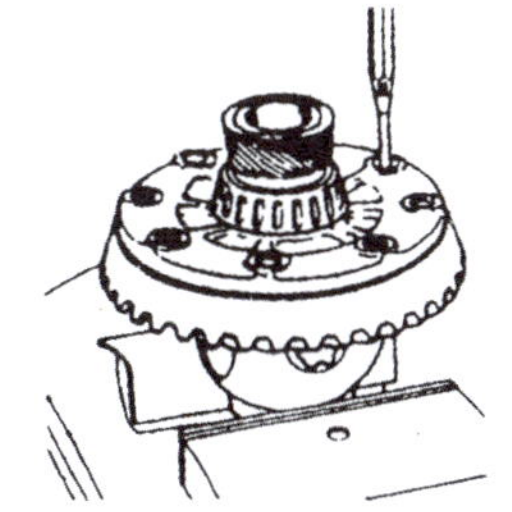

图 3-120　拆卸从动锥齿轮

8）拆下并分解变速器输出轴。仔细检查所有零件，尤其是同步器环和齿轮，对于损坏和磨损的，应进行更换。

（2）主动锥齿轮和从动锥齿轮总成的安装

1）在变速器输出轴上装上所有齿轮、轴承和同步器，计算输出轴的调整垫片的厚度。

2）如图 3-121 所示，用 100℃的温度给从动锥齿轮加热，并将其装在差速器壳上，安装时用两个螺纹销作导向。

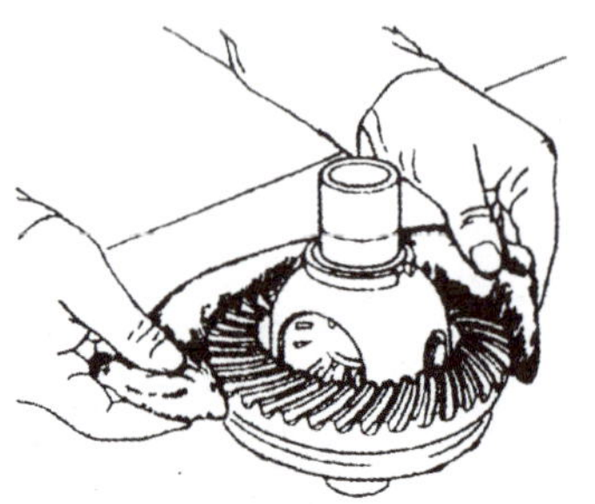

图 3-121 安装从动锥齿轮

3）装上新的从动锥齿轮螺栓，并用 70N·m 的力矩交替旋紧。

4）计算从动齿轮两处调整垫的厚度。把计算好的垫片装在适当的位置上。

5）将轴承支座装在变速器壳体上，并用新的衬垫。装上变速器后盖。

6）将差速器装在变速器壳体上。将主减速器盖装在壳体上，用 25N·m 的力矩旋紧螺栓。

7）装上车速里程表的主动齿轮和导向器。装上车速里程表的传感器。

8）装上半轴凸缘中的一个，用凿子锁住，装上螺栓，用 20N·m 的力矩旋紧。装另一个半轴凸缘。

9）加注齿轮油并装上变速器。

2. 半轴齿轮和行星轮的更换

（1）半轴齿轮和行星轮的拆卸

1）拆卸变速器，拆下差速器，拆下从动锥齿轮。

2）拆下行星轮轴的夹紧套筒，如图 3-122 所示。

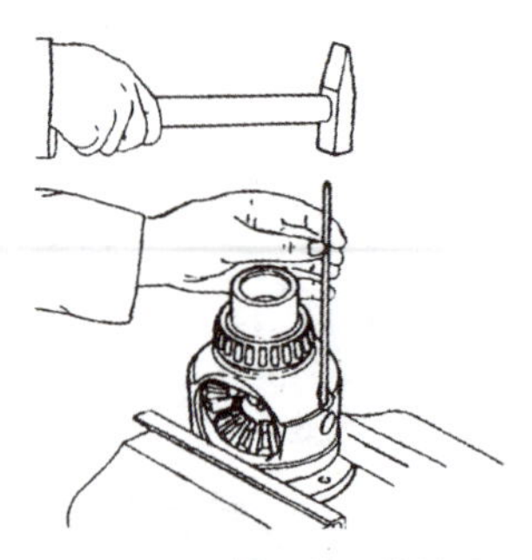

图 3-122 拆下行星轮轴的夹紧套筒

3）取下行星轮轴，再取下行星轮和半轴齿轮。

（2）半轴齿轮和行星轮的安装

1）在安装之前，检查复合式止推垫片有否损坏，如需要应进行更换。通过半轴凸缘将半轴齿轮固定在差速器壳上，如图 3-123 所示。

2）将行星轮放在适当的位置上，接着转动半轴凸缘使行星轮进入差速器壳，如图 3-124 所示。

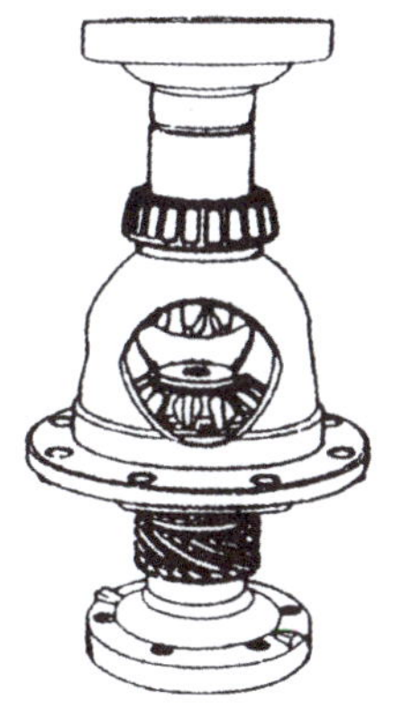

图 3-123　安装半轴齿轮

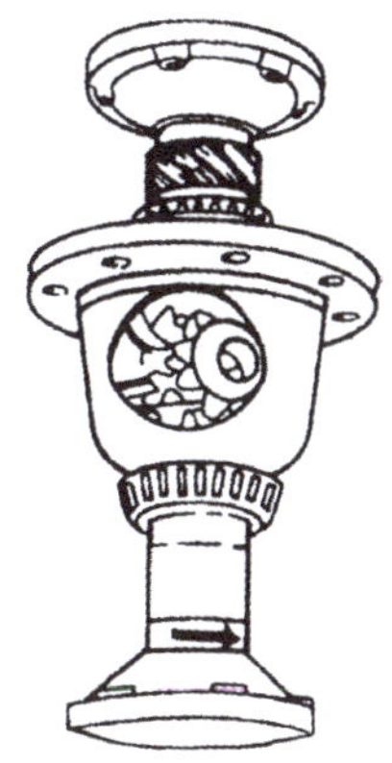

图 3-124　安装行星轮

3）装上行星轮轴，如图 3-125 所示。在行星轮轴上装夹紧销。

4）取下差速器半轴凸缘。用 100℃的温度加热，将从动锥齿轮装在差速器壳上。

5）将差速器装在变速器壳体内。装上半轴凸缘。

6）装上变速器。

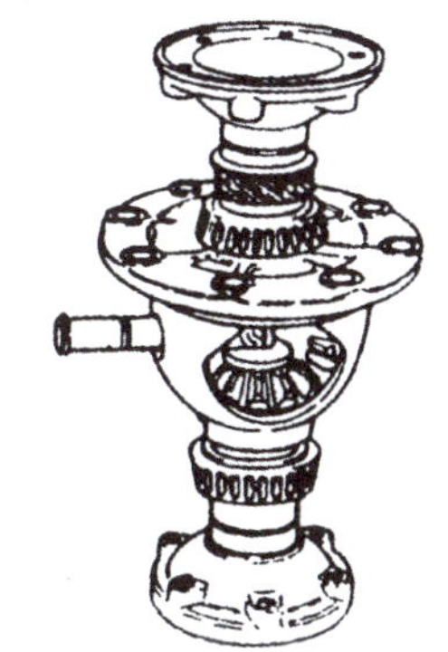

图 3-125　安装行星轮轴

3. 差速器壳的更换

（1）差速器壳的拆卸

1）拆卸变速器，拆下差速器。

2）拆下差速器轴承（与从动锥齿轮相对的一边），如图 3-126 所示。

3）拆下另一边差速器轴承，如图 3-127 所示。同时取下车速表主动齿轮和锁紧套筒。

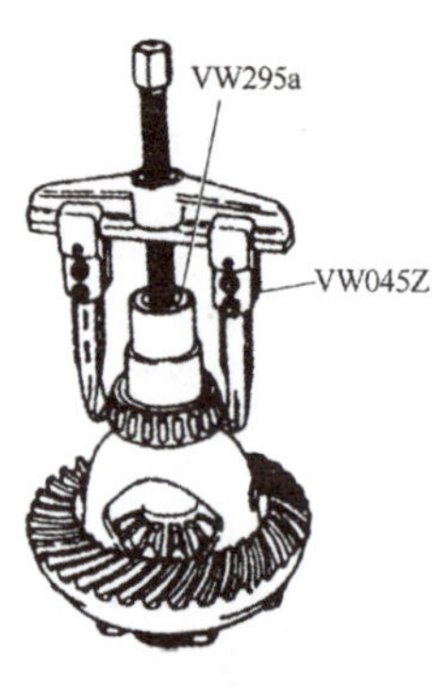

图 3-126　拆下差速器轴承（与从动锥齿轮相对的一边）

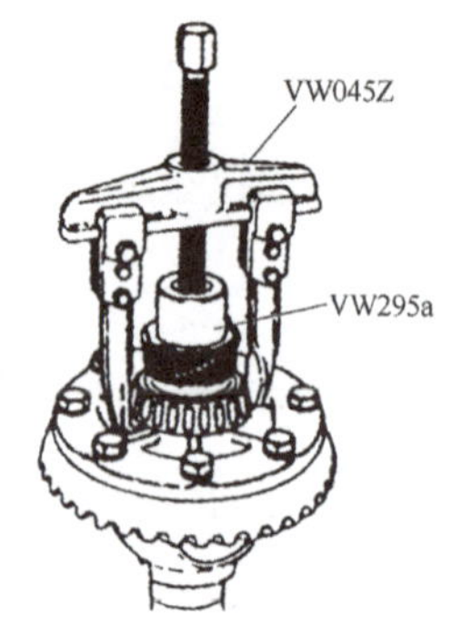

图 3-127　拆下另一边差速器轴承

4）拆下变速器侧面的密封圈，如图 3–128 所示。

5）从主减速器盖上拆下差速器轴承的外圈和调整垫片，如图 3–129 所示。

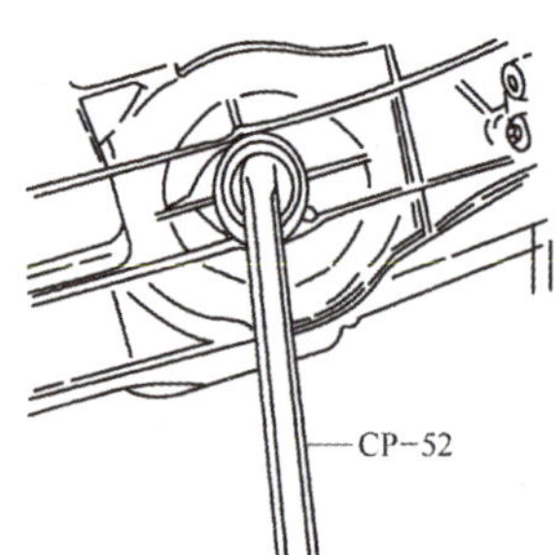

图 3-128　拆下密封圈

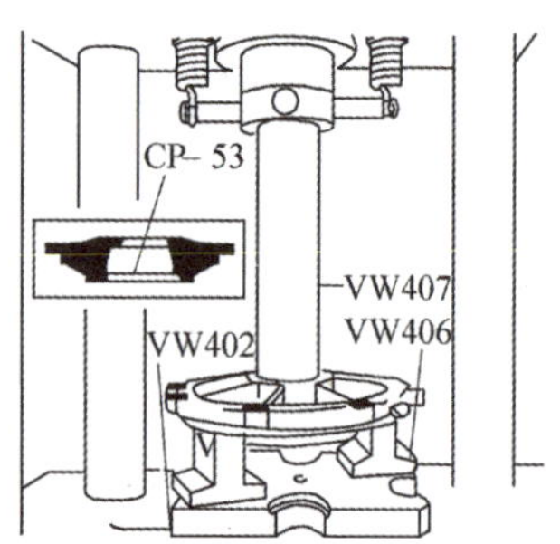

图 3-129　拆下差速器轴承外圈和调整垫片

6）从变速器壳体上拆下差速器轴承的外圈和调整垫片，如图 3–130 所示。当差速器轴承在更换时，外圈需一起更换，同时必须计算出从动齿轮两处调整垫片的厚度。

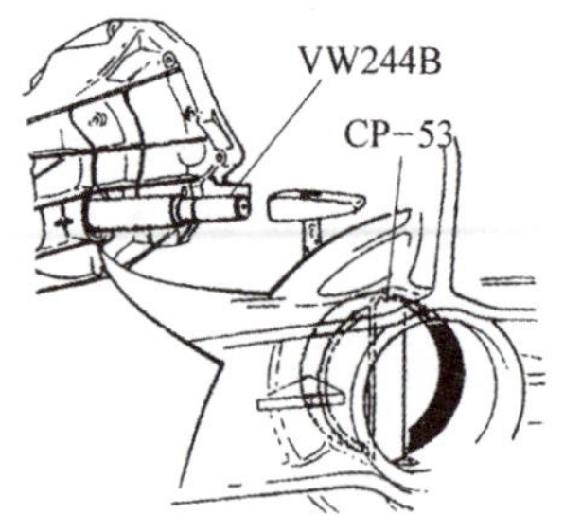

图 3-130　拆下另一边差速器轴承外圈和调整垫片

（2）差速器壳的安装

1）计算从动锥齿轮两处调整垫片的厚度。

2）装上调整垫片和差速器轴承外圈，如图 3–131 所示。

3）装上调整垫片和轴承外圈，如图 3–132 所示。

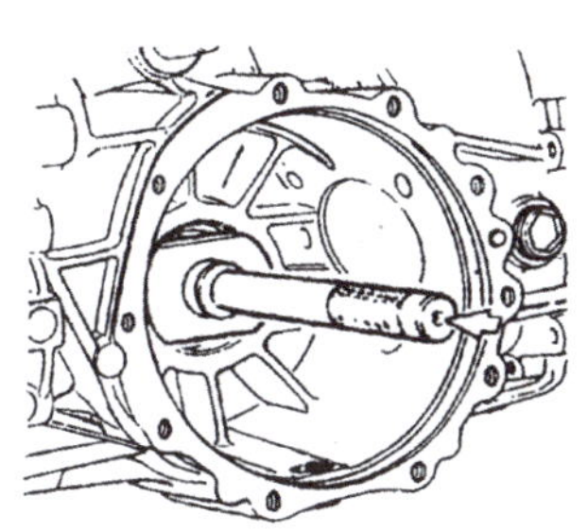

图 3-131　安装调整垫片和差速器轴承外圈

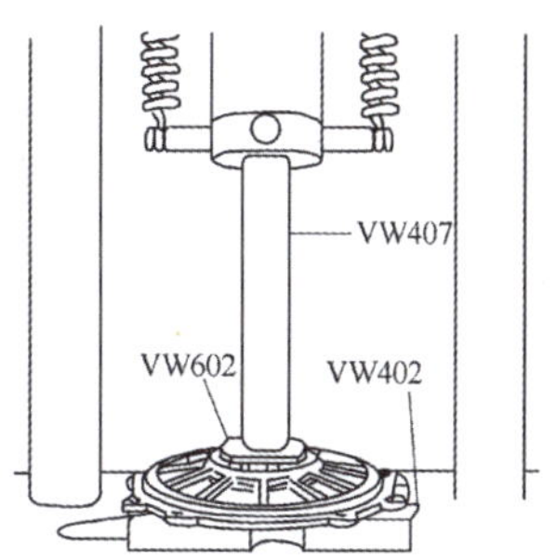

图 3-132　安装调整垫片和轴承外圈

4）装上变速器的侧面密封圈。用 100℃的温度加热差速器轴承（与从动齿轮相对一面）并装在差速器壳上。

5）用 100℃的温度加热差速器另一轴承，并装在差速器罩壳上。将轴承压到位，如图 3–133 所示。

6）装上车速里程表主动齿轮和锁紧套筒，使 X=1.8mm（VW433a 只能支撑在锁紧套筒上，以免齿轮受损），如图 3–134 所示。

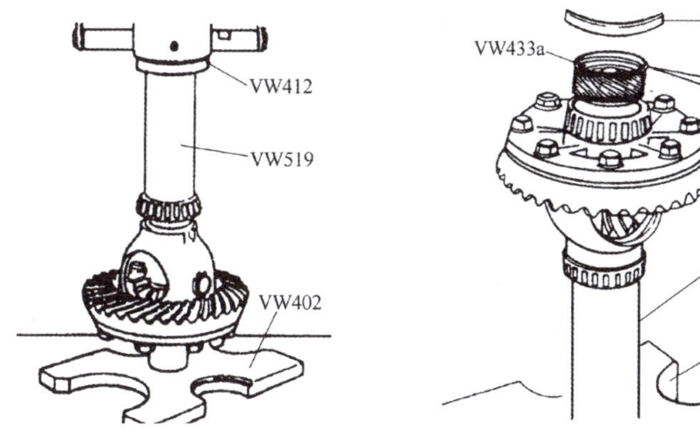

图 3-133　压入轴承

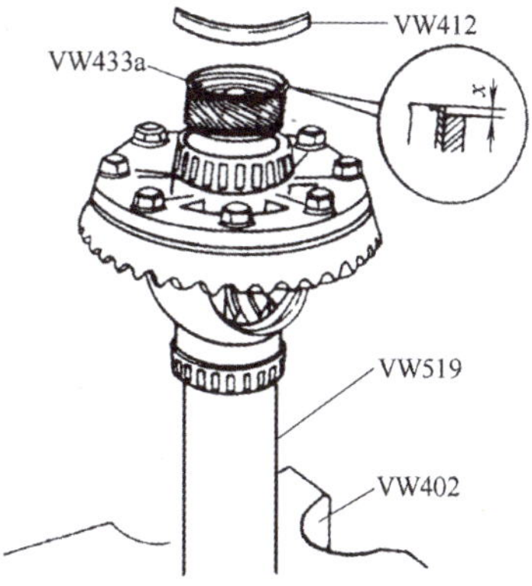

图 3-134　安装车速里程表主动齿轮和锁紧套筒

7）用适当的变速器油润滑差速器轴承。将差速器装入变速器壳体内，装上主减速器盖。拆下变速器后盖和轴承支座。

8）用专用工具 VW521/4 和 VW521/8，同扭力扳手一起装在差速器上，如图 3-135 所示。

9）通过扭力扳手，转动差速器，检查摩擦力矩，对于新的轴承，最小应为 2.5N·m（要检查摩擦力矩，必须将差速器轴承用适当的变速器油润滑）。

10）调整从动锥齿轮。装上变速器后盖和轴承支座。

11）装上半轴凸缘并给变速器加油。装上变速器。

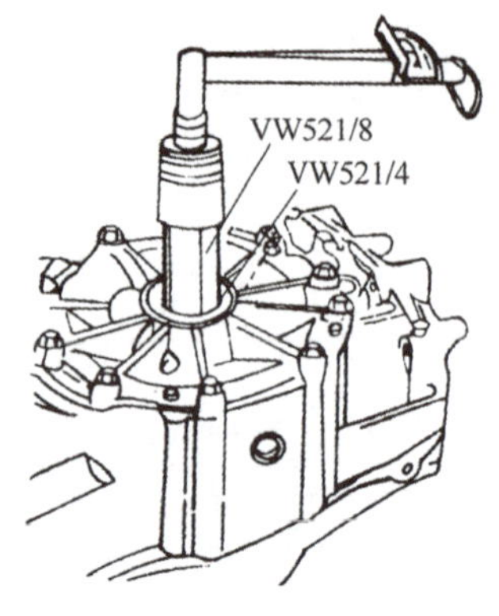

图 3-135 安装专用工具

4. 从动锥齿轮和主动锥齿轮总成的调整

主动锥齿轮和从动锥齿轮的调整正确与否，对于主减速器的使用寿命和运转平稳性起着决定性作用，主减速器和差速器总成拆装后，特别是更换某些零部件后，必须通过精确的测量、计算，选出合适的调整垫片，通过改变垫片的厚度来轴向移动主动齿轮，求得平稳运转的最佳位置，通过改变垫片的厚度来轴向移动变速器输出轴上的从动齿轮，使其啮合承压表面（啮合印痕）在最佳位置，并使啮合间隙在规定的公差范围。

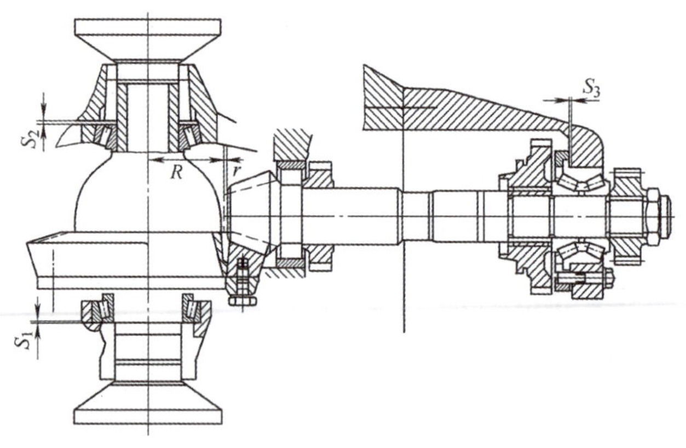

图 3-136 从动锥齿轮和主动锥齿轮总成的调整部位

从动齿轮和主动锥齿轮总成的调整部位如图 3-136 所示。与理论上的尺寸 R 成比例的偏差 r，在生产过程中已经测量好了，并把它刻

在从动锥齿轮的外侧。主动锥齿轮和从动锥齿轮只能一起更换。

S_1 为从动锥齿轮一边调整垫片；S_2 为与从动锥齿轮相对的一边调整垫片；S_3 为输出轴的调整垫片；r 为与理论上的尺寸 R 成比例的偏差（用 1/100mm 来表示，例如，“25” 表明：r=0~25mm）；R 为主动锥齿轮理论上的尺寸（R=50.7mm）。

根据零件的排列情况，会出现“间隙”，这在调整主动锥齿轮和从动锥齿轮时应该考虑。因此，在拆卸变速器之前，最好测量齿面的平均间隙和偏差 r。只要修理影响主动锥齿轮和从动锥齿轮位置的零部件，必须重新测定调整垫片 S_1、S_2 和 S_3。

（1）主动锥齿轮的调整

只要轴承支座、主动锥齿轮的后轴承、一档齿轮的滚针轴承外圈、输出轴的后轴承外圈被更换，就必须通过调整垫片 S_3 来调整主动锥齿轮。

1）装上轴承支座的后轴承外圈（无调整垫片）。装上轴承的保持架，并用 25N·m 的力矩旋紧螺栓。

2）装上输出轴和外后轴承，如图 3-137 所示。

3）将输出轴用铝质的夹具固定在台虎钳上，装上螺母并用 100N·m 的力矩旋紧，如图 3-138 所示。

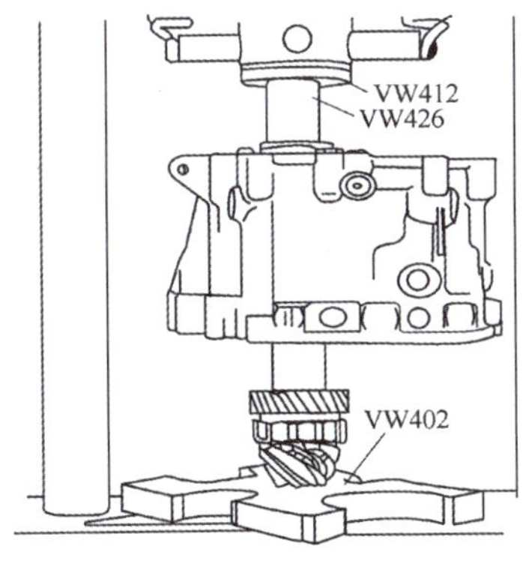

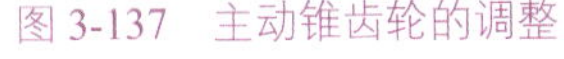
图 3-137　主动锥齿轮的调整 I

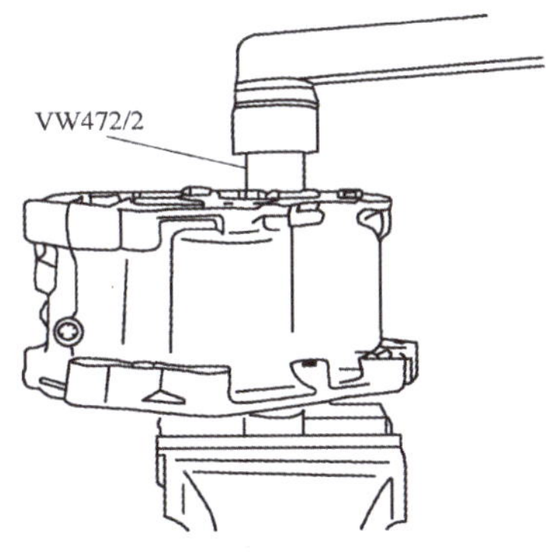

图 3-138　主动锥齿轮的调整 II

4）将变速器后盖装在轴承支座上，用新的衬垫。4 个螺栓将其固定（后轴承应往里放入至挡块）。

5）将专用工具 VW385/1 支撑在 VW406 上，通过调节环测量 A 的尺寸，如图 3-139 所示。再装上专用工具 VW385/2，如图 3-140 所示。

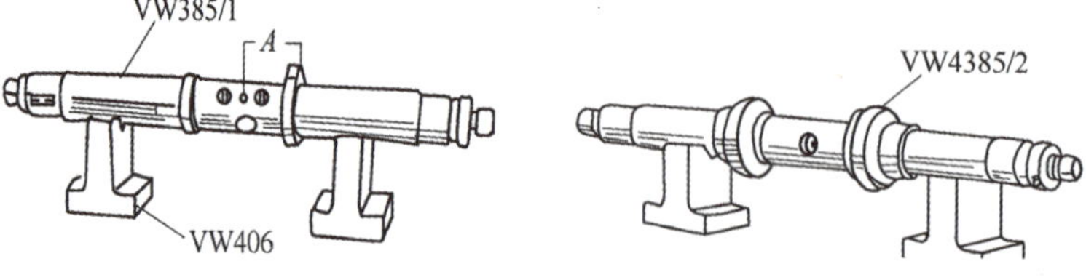

图 3-139　主动锥齿轮的调整Ⅲ　　图 3-140　主动锥齿轮的调整Ⅳ

6）将专用工具 VW5385/D 和 5385/C 装在 VW385/1 上，接着放上无调整垫片 S_1 的主减速器盖。装上百分表，将百分表调到零，应考虑起始压力与离开 20mm 相一致（百分表的表盘和 VW5385/D 应是同一方向，转动螺母将活动调节环移至中心），如图 3-141 所示。

7）将专用磁铁 VW385/17 装在主动锥齿轮上，这样上面的缝隙朝向放油螺塞一边。将专用工具 VW385/1 放入变速器的内部，适当地装配好，如图 3-142 所示。

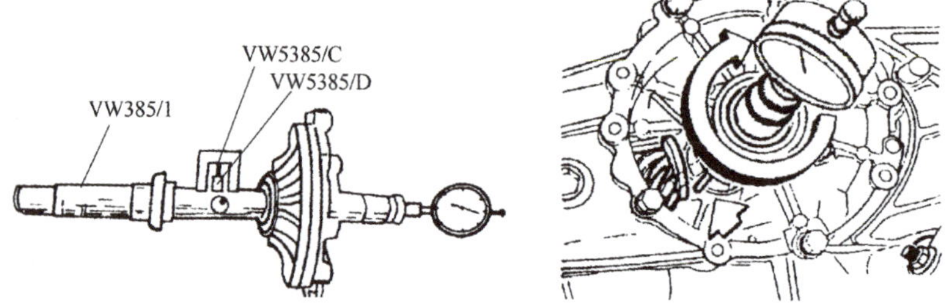

图 3-141　主动锥齿轮的调整Ⅴ　　图 3-142　主动锥齿轮的调整Ⅵ

8）装上垫片和主减速器盖的紧固螺栓，用 25N·m 的力矩旋紧螺栓（不要在盖上敲打，因为这样可能使百分表失灵）。转动螺母调节 VW385/1，保证装配正确。

9）将 VW385/1 转到表的尖头碰到磁板和表的指针，并达到最大偏差（倒转），所取得的值即 e 尺寸（从逆时针方向读看），如图 1-143 所示。当转动 VW385/1 时，表的尖头（VW385/C）应碰到磁板，而总是在缝隙的相对一边。

10）取得 e 尺寸后，取下主减速器盖。将 VW385/1 放在 VW406 上，用 VW5385/C 标准（样板）检查表是否在零位上，要考虑起始压力与离开 2.0mm 一致。如果在测量中有误，重新进行第 5）~ 9）项。

图 3-143 主动锥齿轮的调整Ⅶ

测量主动锥齿轮调整垫片 S_3 的厚度：

$$S_3 = e-r$$

式中 e——测量的结果（用百分表的逆时针刻度检验出的指针最大偏差）；

r——偏差（用 1/100mm 刻在从动齿轮上）。

r 值只用于新的从动锥齿轮和主动锥齿轮。例如，e=0.99mm，r=0.48mm，则 $S_3=e-r$=0．99mm−0.48mm=0.51mm。

要点

如果需要将两只调整垫片连在一起，取得需要的厚度，较薄的调整垫片应装在输出轴轴承外圈和较厚的调整垫片之间。

下列厚度的调整垫片有供应：0.15mm、0.20mm、0.25mm、0.30mm、0.40mm、0.50mm、0.60mm、0.70mm、0.80mm、0.90mm、1.00mm、1.10mm 和 1.20mm。

11）装上输出轴和计算好的调整垫片 S_3。根据第 5）~ 9）项进行调节测量。如果计算好的调整垫片是正确的，百分表现在应指在偏差 r（刻在从动齿轮）值上，公差为 ±0.04mm。

12）如果测量在规定的公差范围内，完成变速器的安装。相反，检查所有零件的状况，更换已损坏的零件，接着重新安装主动锥齿轮。

（2）从动锥齿轮的调整

从动锥齿轮的注意事项如下。

- 最好在拆卸变速器之前，测量齿面的平均间隙。记下这个值，用于从动锥齿轮调整垫片的计算。
- 当主动锥齿轮、从动锥齿轮总成、变速器壳体、主减速器盖、差速器罩壳或轴承更换时，必须对从动齿轮进行调整。

从动锥齿轮调整整片总厚度的测量步骤如下。

1）拆下主减速器盖。

2）拆下密封圈和差速器轴承的外圈，取出调整垫片。

3）将轴承的外圈装在变速器壳体上，同时装上厚度为 1.2mm 的标准（样板）垫片（外圈应装入至挡块）。

4）将轴承的外圈装在主减速器盖上，不用调整垫片（外圈应装入至挡块）。

5）将没有车速里程表主动齿轮的差速器装在变速器壳体上。将主减速器盖装在变速器壳体上，用 25N・m 的力矩旋紧螺栓。

6）根据图 3-144 所示装上专用工具，调节百分表，使其预压缩量为 1.0mm 以上。

7）将专用工具 VW521/8 一起装在与从动齿轮相对的一边，如图 3-145 所示。*A* 为 1.20mm 的调整垫片。

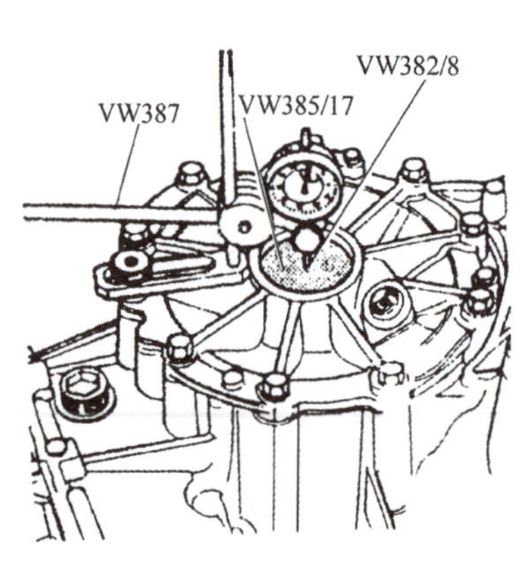

图 3-144　从动锥齿轮的调整 I

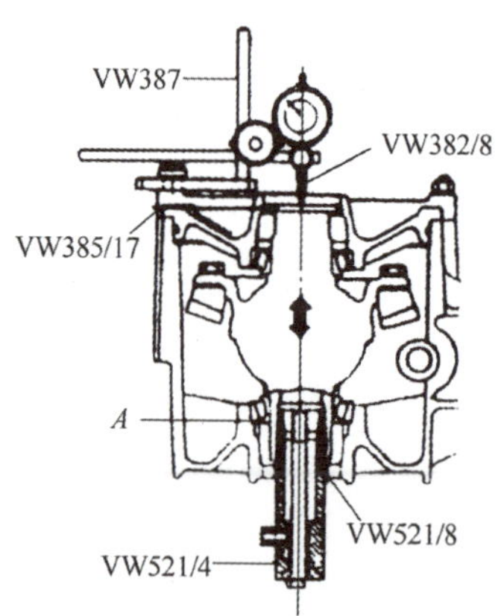

图 3-145　从动锥齿轮的调整 II

8）用专用工具 VW521/4 将差速器向上和向下（箭头）移动，如图 3-146 所示，记下在百分表产生的变化（例如，记下的间隙为

0.50mm）。测量时，不要转动差速器，因为它可能影响测量的结果。

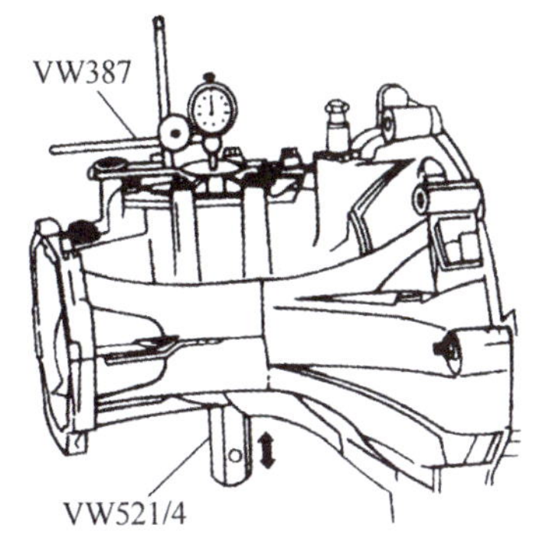

图 3-146　从动锥齿轮的调整Ⅲ

9）将测量的结果记录下来，并将记录的间隙加上 0.04mm 的安装压力（稳定值）。测量结果 0.50mm+安装压力 0.40mm=0.90mm。

这个值再加上标准（样板）调整垫片的厚度（1.20mm）上，结果就是 $S_{合计}$。

测量 $S_{合计}$= 标准（样板）调整垫片的厚度 1.20mm+ 测量结果 0.50mm+ 安装压力 0.40mm=2.10mm。

10）拆下主减速器盖和工具。拆下主减速器盖的轴承外圈。

11）将与测量结果和安装压力的和（0.50mm+0.40mm=0.90mm）一致的调整垫片连同外圈一起装在盖上。

12）装上主减速器盖。将装配好的输入轴装上变速器壳体，用四个螺栓将其固定并用 20N·m 的力矩旋紧。

13）调整从动锥齿轮和主动锥齿轮的齿面间隙，按下列方法进行：

①如图 3-147 所示，装上专用工具。安装的位置：尺寸 A 为 71mm，角 α 约为 90°。

②锁住输入轴，如图 3-148 所示。将从动锥齿轮转至挡块位置，将表的指针对准零，倒转从动齿轮，读出齿面间实际的间隙，将取得的值记录下来。

③松开输入轴，转动专用工具 VW521/4 和 VW521/8 约 90° 结果差速器也转动 90°。重新锁住输入轴。

④旋松 VW521/4 的螺栓，将其退回约 90°，直至 VW521/8 碰到百分表的尖头，旋紧 VW521/4 的螺栓。

⑤将第②～④项反复操作 4 次，并记录下取得的值。

如果在这些测量中，测量的值偏差超过 0.05mm，可能从动锥齿轮没有装对或者从动锥齿轮和主动锥齿轮总成情况不好。在这种情况下，如需要应更换从动锥齿轮和主动锥齿轮总成。

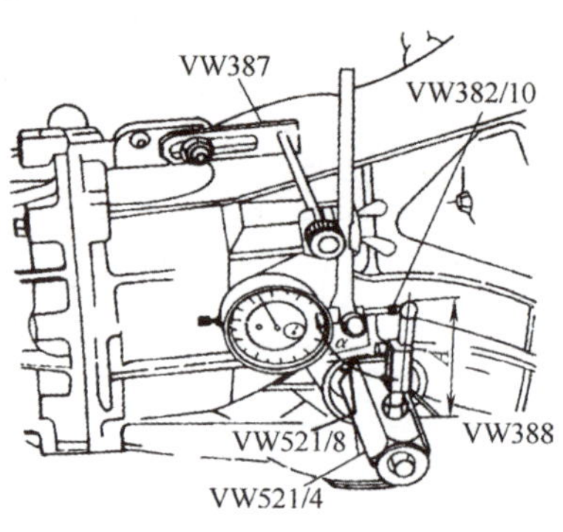

图 3-147 从动锥齿轮的调整Ⅳ

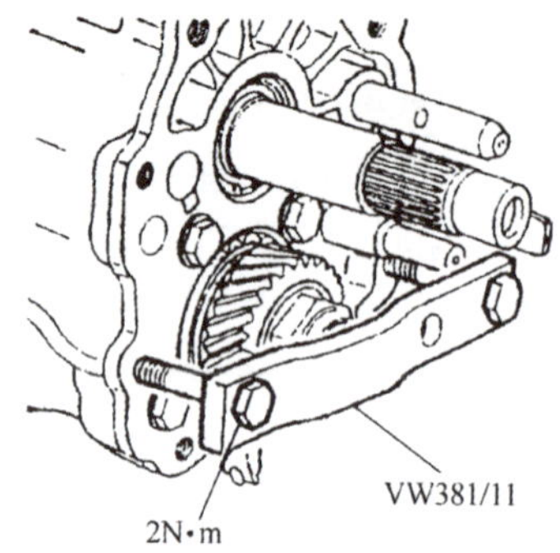

图 3-148 从动锥齿轮的调整Ⅴ

14）计算齿面间隙的平均间隙：第 1 次测量 0.39mm+ 第 2 次测量 0.40mm+ 第 3 次测量 0.39mm+ 第 4 次测量 0.42mm=1.60mm，平均间隙 =1.60mm ÷ 4=0.40mm。

15）计算调整垫片 S_2 的厚度（与从动锥齿轮相对的一面）。S_2= 标准（样板）调整垫片 − 平均间隙 + 抬起（稳定值）。

如果不更换从动锥齿轮和主动锥齿轮总成，使用在拆下前测得的平均间隙值。

例如，S_2= 标准（样板）调整垫片 1.20mm− 平均间隙 0.40mm+ 抬起（稳定值）0.15mm=0.95mm。

16）计算调整垫片 S_1 的厚度（从动锥齿轮一面）。$S_1=S_{合计}-S_2$，即 S_1=2.10mm− 0.95mm=1.15mm。

下列厚度的调整垫片可供选择：0.15mm、0.20mm、0.25mm、0.30mm、0.40mm、0.50mm、0.60mm、0.70mm、0.80mm、0.90mm、1.00mm、1.10mm 和 1.20mm。

17）拆下差速器和差速器轴承的外圈。将调整垫片 S_2 装在主减速器盖上，将 S_2 同轴承外圈一起装在壳体上。

18）将密封圈装在主减速器盖和壳体上，如图 3−149 所示。

19）装上车速里程表的主动齿轮和锁紧套筒（图 3−134），并使图中 X=1.8mm（大约）。

20）装上差速器，重新测量齿面间隙。

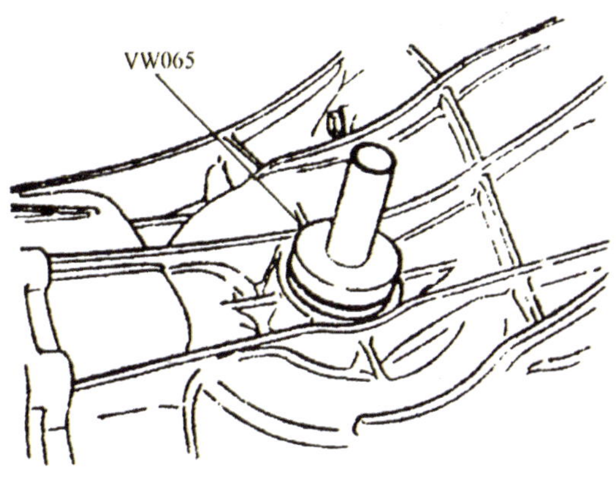

图 3-149　从动锥齿轮的调整Ⅵ

21）根据第 13）项的步骤，检查 4 个不同位置上的间隙。各次测量的间隙偏差不超过 0.05mm。如果调整垫片 S_1 和 S_2 装配正确，那么齿面间的平均间隙应在 0.10 ~ 0.20mm 之间。

CHAPTER 4

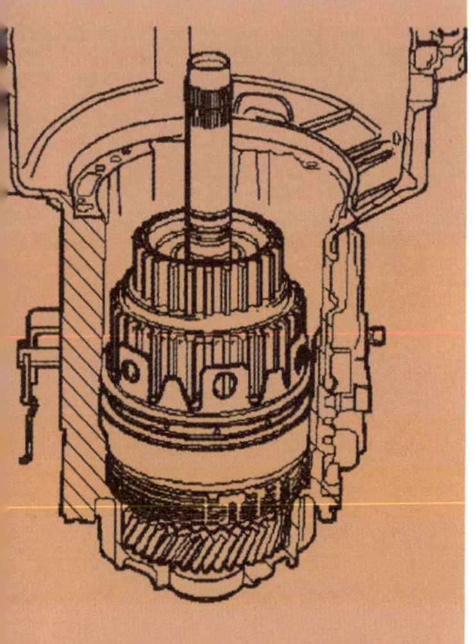

第四章 如何进行自动变速器维护

第一节 如何拆装自动变速器

一、自动变速器结构简介

由于篇幅所限，本章只对大众拉威娜行星齿轮自动变速器进行介绍，辛普森式、平行轴式等类型的自动变速暂不作介绍。大众典型拉威娜行星齿轮自动变速器的结构如图4-1所示，它由拉威娜行星齿轮机构和离合器、制动器、单向离合器组成。

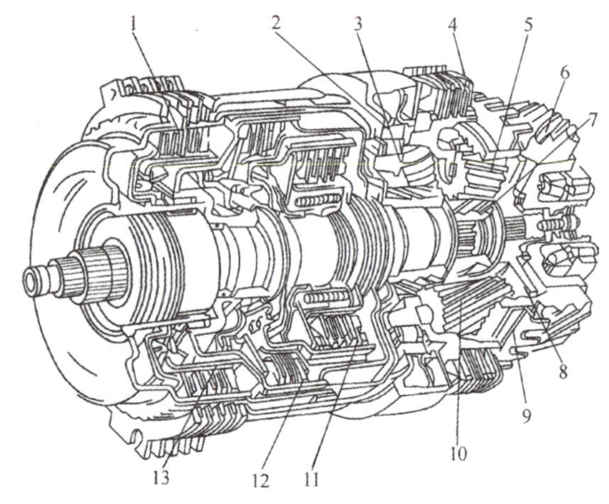

图4-1 拉威娜行星齿轮变速器

1—2档和4档制动器（B_2） 2—单向离合器 3—大太阳轮 4—倒档制动器（B_1） 5—短行星轮 6—主动锥齿轮 7—小太阳轮 8—行星架 9—车速传感器齿轮 10—长行星轮 11—3档和4档离合器（K_3） 12—倒档离合器（K_2） 13—1档到3档离合器（K_1）

二、自动变速器的拆装

此部分内容以大众01M拉威娜自动变速器为例进行介绍。

1. 行星齿轮机构的解体

1）拆下自动变速器油冷却器和加油管，如图 4-2 所示。

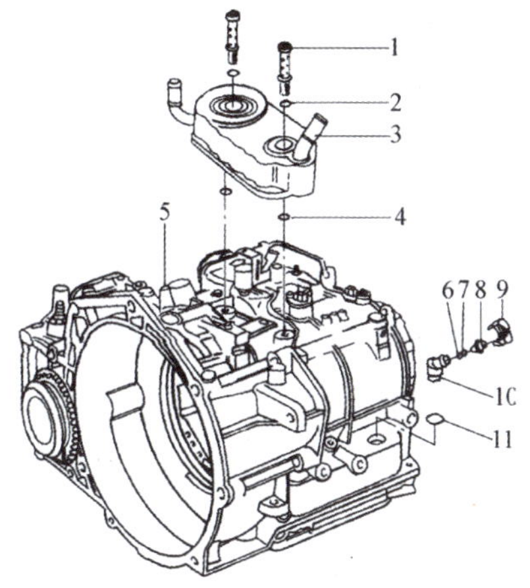

图 4-2　拆下自动变速器油冷却器和加油管

1—空心螺栓（35N·m）　2、4、6、7、11—O 形密封圈　3—自动变速器油冷却器　5—变速器壳体　8—油塞　9—端盖　10—自动变速器加油管

维修提示

- O 形密封圈一旦拆下，就应更换。

2）拆下自动变速器 ATF 溢流管 1 和螺塞 2，将 ATF 排放到容器中，如图 4-3 所示。

3）关闭自动变速器油冷却器油口。拆下液力变矩器。

4）用螺栓 1 和 2 将自动变速器固定到翻转架上，如图 4-4 所示。

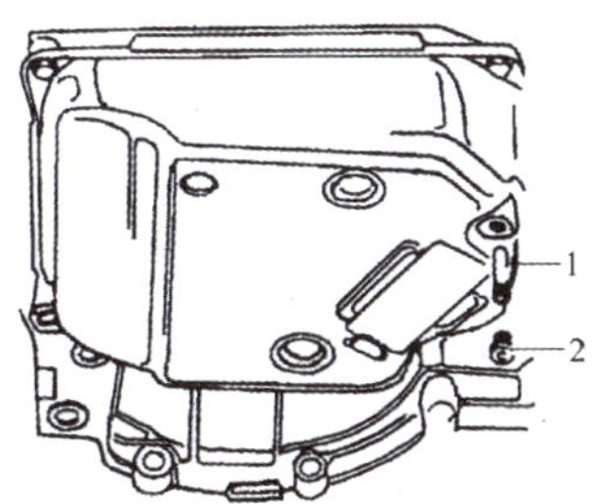

图 4-3　拆下自动变速器 ATF 溢流管和螺塞

1—溢流管　2—螺塞

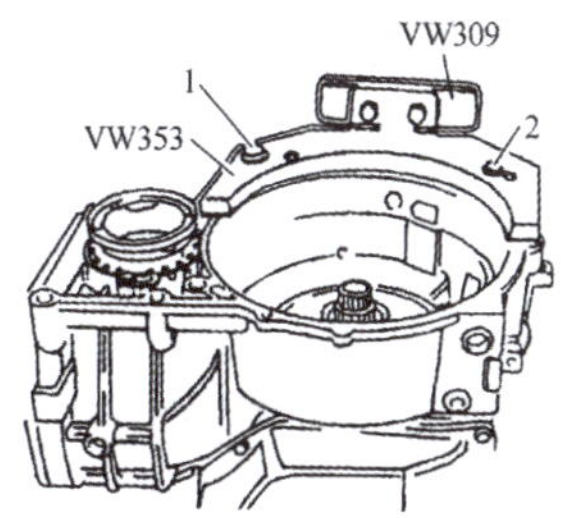

图 4-4　固定自动变速器

1、2—螺栓

5）拆下变速器壳体上带密封垫的端盖，如图 4-5 箭头所示。

6）拆下油底壳，拆下 ATF 滤网。

7）拆下带传输线的滑阀箱，如图 4-6 所示。

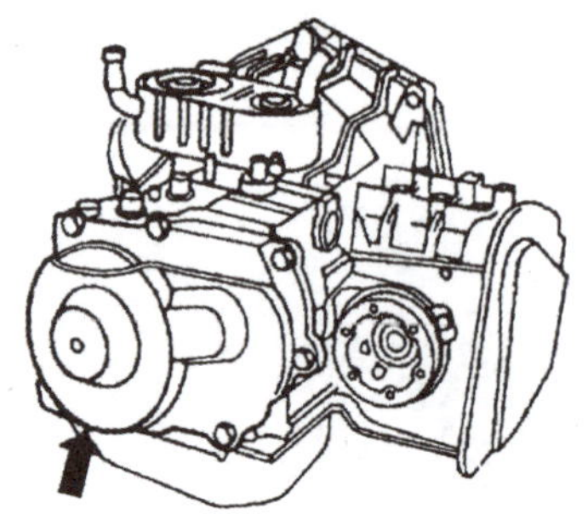

图 4-5　拆下变速器壳体上的端盖

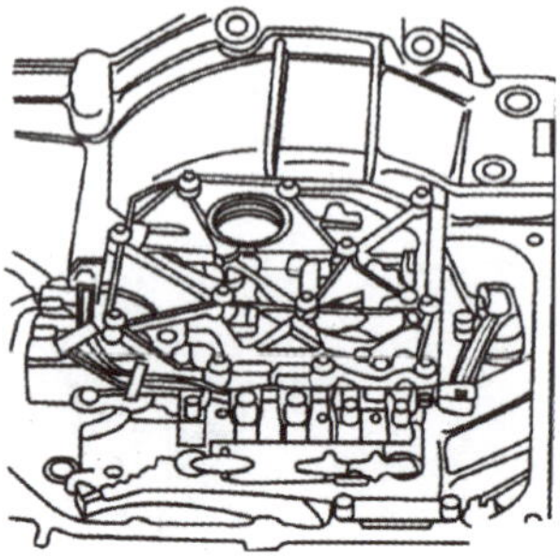

图 4-6　拆下带传输线的滑阀箱

8）拆下 B_1 的密封圈，如图 4-7 箭头所示。

9）拆下自动变速器油泵螺栓，如图 4-8 箭头所示。

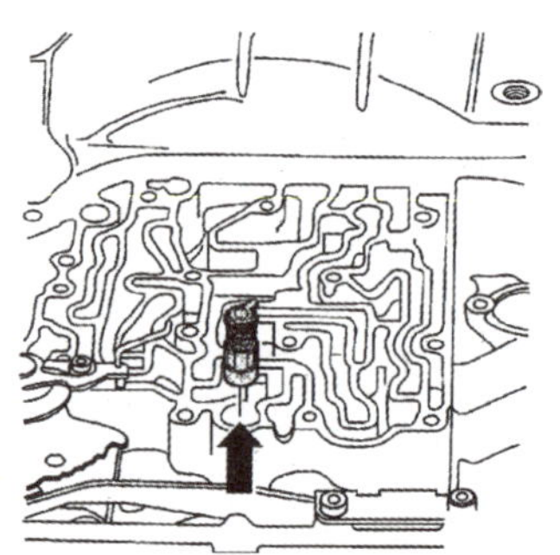

图 4-7　拆下 B_1 的密封圈

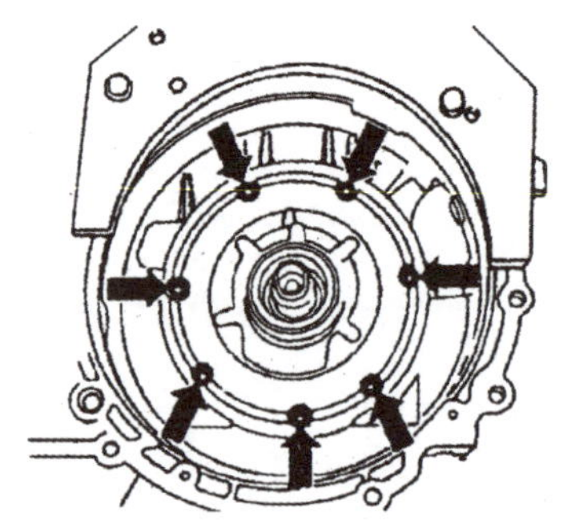

图 4-8　拆下自动变速器油泵螺栓

10）将两个螺栓 A（M8）拧入自动变速器油泵螺栓孔内，将自动变速器油泵从变速器壳体中压出，如图 4-9 所示。

11）向上提起涡轮轴，将隔离管、B_2 制动片和所有离合器拔出，如图 4-10 所示。

12）制动器 B_2 的分解如图 4-11 所示，离合器 K_2、K_1 和 K_3 的分解如图 4-12 所示。

13）将旋具插入大太阳轮的孔内，以固定行星齿轮机构，从变速器后端松开小输入轴螺栓，如图 4-13 所示。

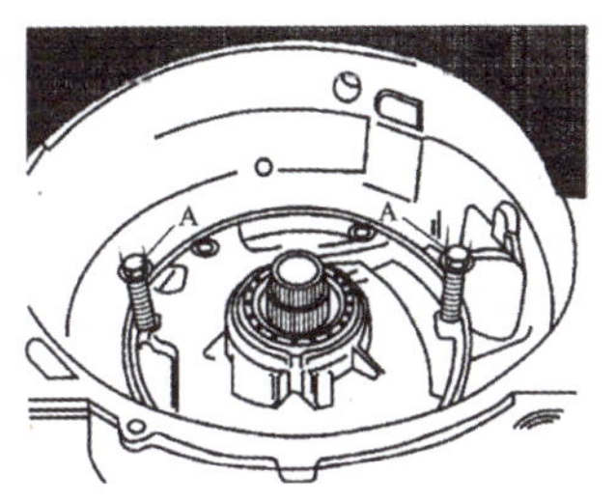

图 4-9　将两个螺栓 A 拧入自动变速器油泵螺栓孔

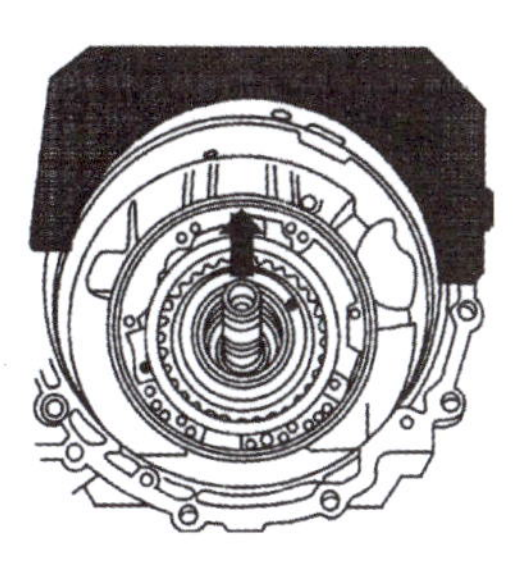

图 4-10　拆下隔离管、B_2 所有离合器

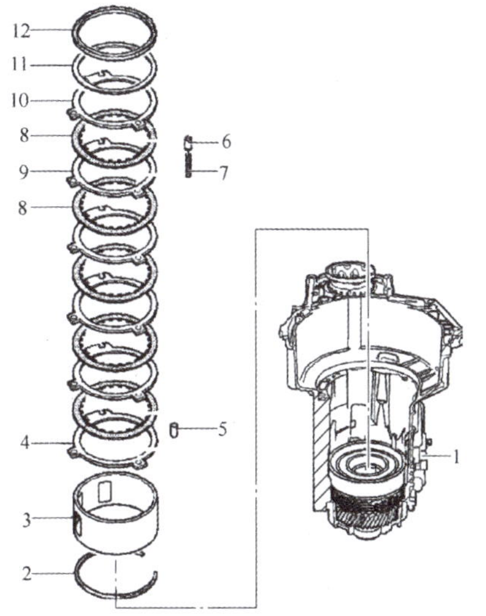

图 4-11　制动器 B_2 的分解图

1—变速器壳体　2—卡环　3—隔离管　4—隔离管上 B_2 外片（3 mm）　5、6—弹簧盖（6 个）　7—弹簧（3 个）　8—B_2 外片　9—B_2 内片　10—B_2 外片（2 mm）　11—压盘　12—波形弹簧垫圈

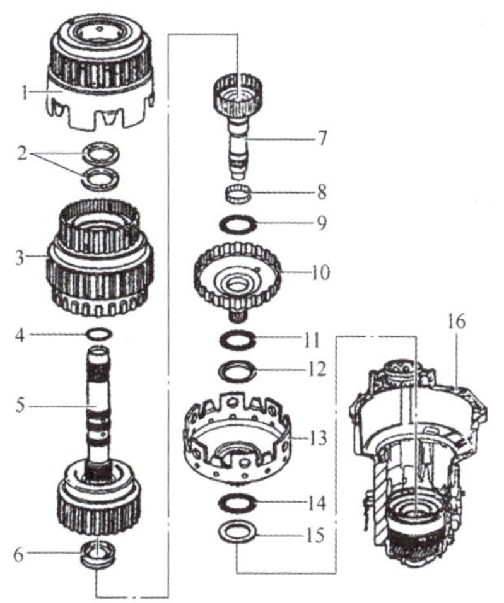

图 4-12　离合器 K_2、K_1 和 K_3 的分解图

1—倒档离合器 K_2　2—调整垫圈　3—1 档到 3 档离合器 K_1　4—O 形密封圈　5—带涡轮轴的 4 档离合器 K_3　6、9、11、14—推力滚针轴承　7—小输入轴　8—滚针轴承　10—大输入轴　12、15—推力滚针轴承垫圈　13—大太阳轮　16—变速器壳体

14）取出小输入轴、大输入轴和前排大太阳轮。

15）拆下变速器转速传感器，拆下隔离管卡环 a 和单向离合器卡环 b，用钳子夹在单向离合器的定位楔上，拉出单向离合器，如图 4-14 所示。

16）拆下带碟形弹簧的行星架，如图 4-15 所示。

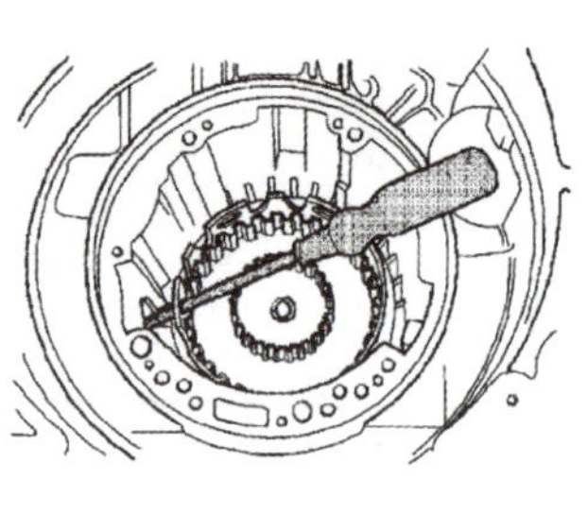

a）

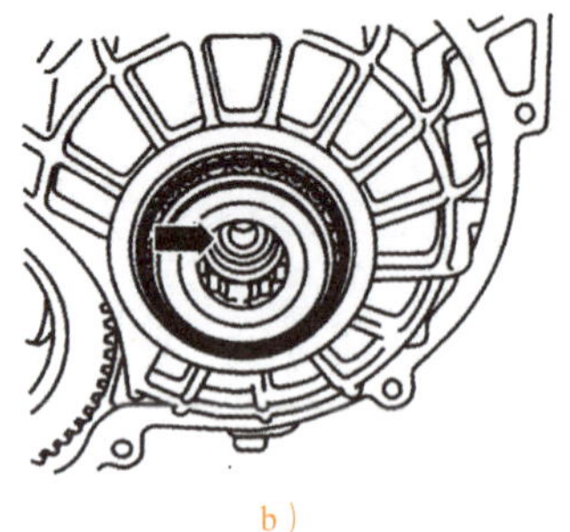

b）

图 4-13　松开小输入轴螺栓

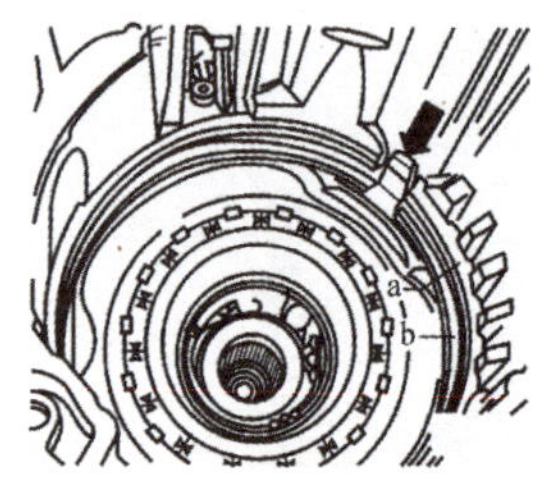

图 4-14　拆卸单向离合器

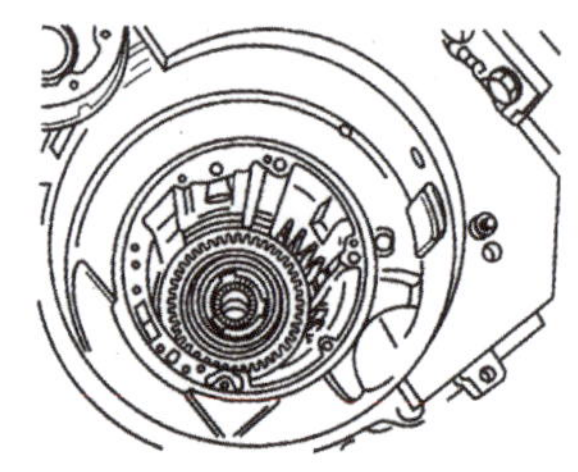

图 4-15　拆下带碟形弹簧的行星架

17）取出倒档制动器 B_1 的摩擦片，如图 4-16 所示。

2. 行星齿轮机构的装配

1）将新的 O 形密封圈装入行星架，如图 4-17 所示。更换行星架时需要调整该支架。

2）将带垫圈的推力滚针轴承和行星架装入主动齿轮（齿圈），如图 4-18 所示。

3）将垫圈和推力滚针轴承装到行星架的小太阳轮上，与小太阳轮中心对齐，如图 4-19 所示。

4）装入倒档制动器 B_1 的内、外片。装入压盘，扁平面朝向制动片。

要 点

- 压盘厚度按制动片数量不同有所不同。
- 装入碟形弹簧，凸起面朝向单向离合器。
- 如果更换变速器壳体、单向离合器、倒档制动器 B_1 活塞和摩擦片，则需要调整倒档制动器 B_1。

5）用专用工具张开单向离合器滚子并装上单向离合器。安装单向离合器卡环，卡环的开口对在定位楔上。安装隔离管卡环。

6）安装变速箱转速传感器，测量制动器 B_1。

7）将大太阳轮到小输入轴部件装入变速器壳体，如图 4-20 所示。

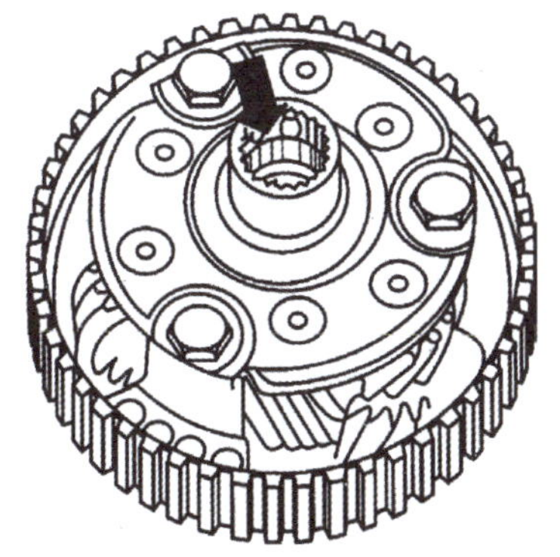

图 4-17　将新的 O 形密封圈装入行星架

8）安装带有垫圈和调整垫片的小输入轴螺栓，如图 4-21 所示。螺栓的拧紧力矩为 30 N•m。

9）用 ATF 沾湿推力滚针轴承垫圈，以便安装到 4 档离合器 K_3 上。

10）装入 1 档至 3 档离合器 K_1、3 档和 4 档离合器 K_3，如图 4-22 所示。

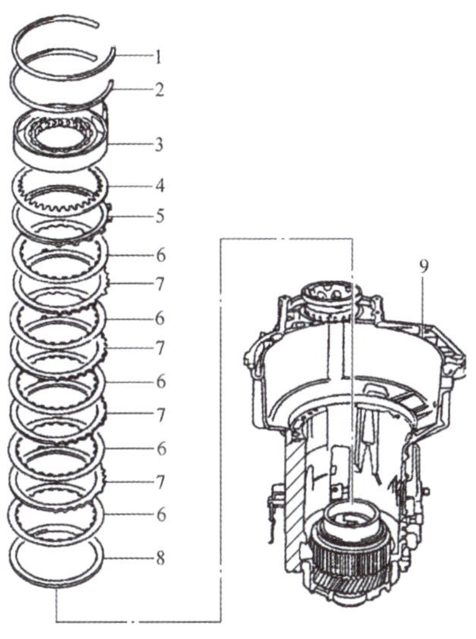

图 4-16　取出倒档制动器 B_1 的摩擦片

1—隔离管卡环　2—单向离合器卡环
3—单向离合器（带 B_1 活塞）　4—碟形弹簧
5—压盘　6—内片　7—外片　8—调整垫片
9—变速器壳体

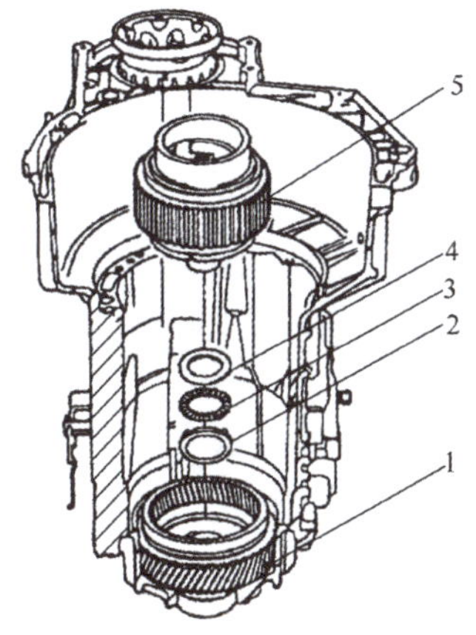

图 4-18　安装带垫圈的推力滚针轴承和行星架

1—主动齿轮（齿圈）　2、4—推力滚针轴承垫圈　3—推力滚针轴承　5—装有 O 形密封圈的行星架

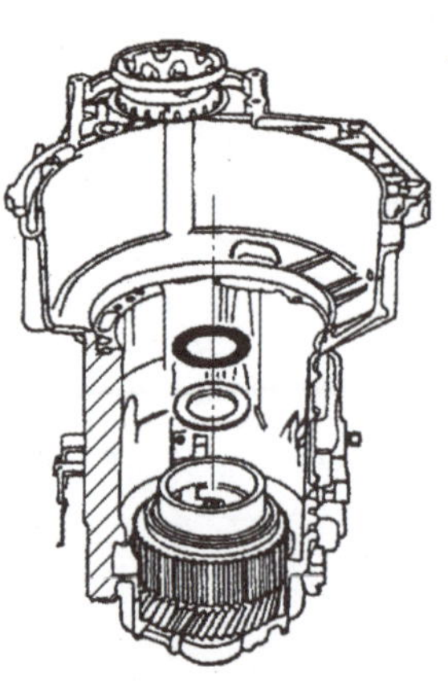

图 4-19　将垫圈和推力滚针轴承装到小太阳轮上

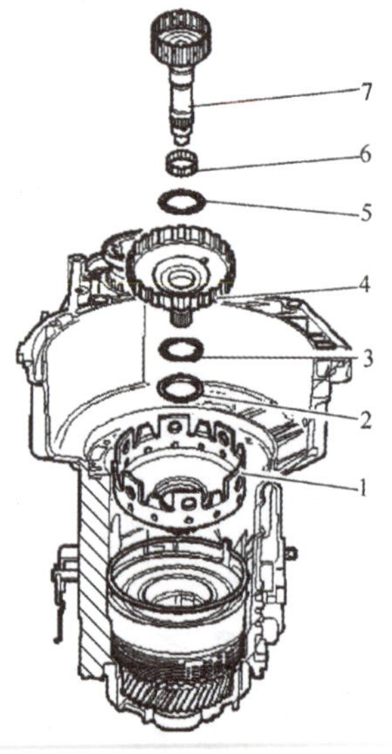

图 4-20　将大太阳轮到小输入轴部件装入变速器壳体
1—大太阳轮　2—推力滚针轴承垫圈（台肩朝向大太阳轮）　3、6—推力滚针轴承　4—大输入轴　5—推力滚针轴承　7—小输入轴

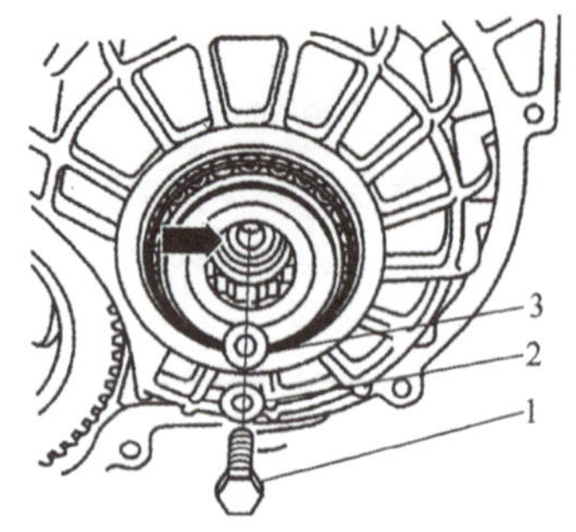

图 4-21　安装小输入轴螺栓
1—小输入轴螺栓　2—垫圈　3—调整垫片

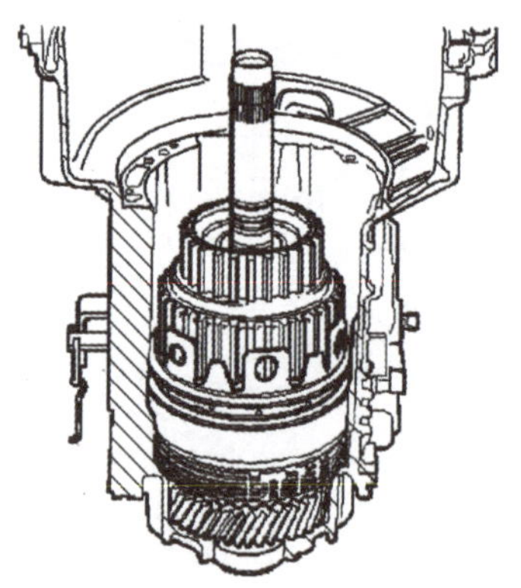

图 4-22　装入离合器 K_1 和 K_3

11）将调整垫片装到离合器 K_1 上，如图 4-23 箭头所示。当更换 K_1、K_2 和自动变速器油泵时应测量调整垫片，以调整离合器 K_1 和 K_2 之间的间隙。

12）装入倒档离合器 K_2，如图 4-24 所示。装入制动器 B_2 的隔离管，使隔离管上的槽进入单向离合器的定位楔内。

13）安装 B_2 的制动片，如图 4-25所示。先装上一个 3mm 厚外片；

将 3 个弹簧盖装入外片；插入压力弹簧（箭头所示）；除最后一个外片外，装上所有片子，把 3 个弹簧盖装到压力弹簧上。装入最后一个 3mm 的外片，安装调整垫片，将垫圈安装到调整垫片上且光滑面朝向调整垫片。

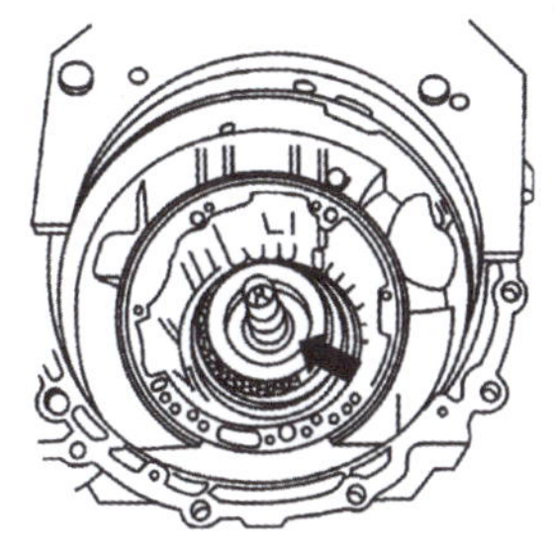

图 4-23　将调整垫片装到离合器 K_1 上

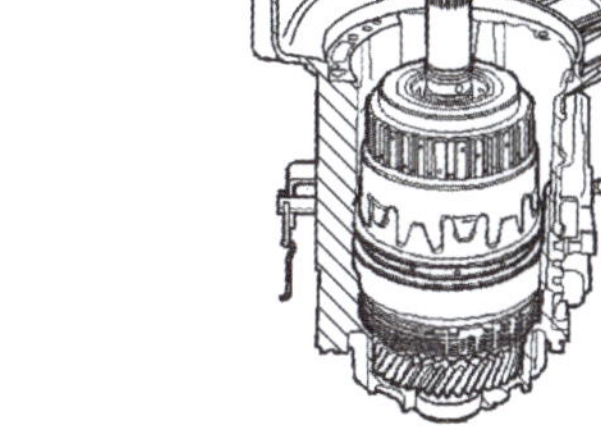

图 4-24　装入倒档离合器 K_2

要点

- 如果更换了隔离管、自动变速器油泵、制动片，则应调整制动器 B_2。

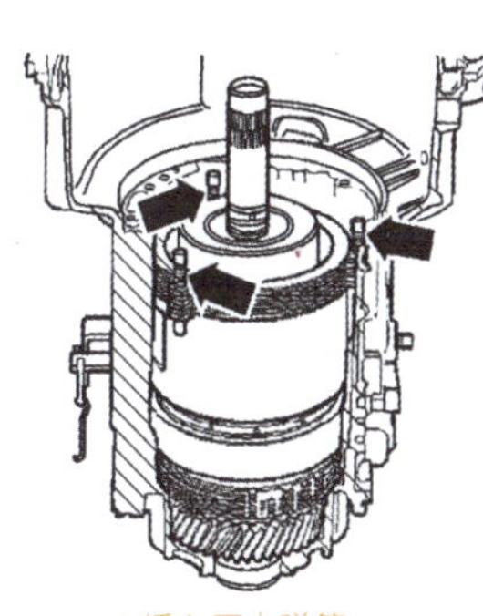

a) 插入压力弹簧

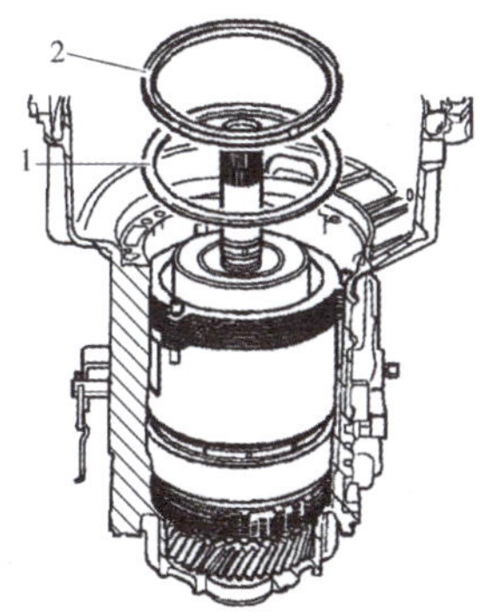

b) 安装调整垫片和垫圈

图 4-25　安装 B_2 的制动片

1—调整垫片　2—垫圈

14）安装自动变速器油泵密封垫。将 O 形密封圈装到自动变速器油泵上，安装油泵。均匀交叉拧紧油泵螺栓。

维修提示

- 注意：不要损坏 O 形密封圈，螺栓拧紧力矩为 8N·m，螺栓拧紧后再拧 90°，此时可分几步进行。

15）将油塞连同滑阀箱和油底壳一同装上。装上带密封垫和隔套的端盖。装上自动变速器溢流管和螺塞。

3. 换档执行元件和行星齿轮机构的调整

维修提示

换档执行元件和行星齿轮机构有 4 处间隙需要调整，分别是倒档制动器 B_1 间隙、2 档和 4 档制动器 B_2 间隙、行星架间隙和离合器 K_1 和 K_2 之间的间隙。

（1）调整行星架

1）行星齿轮机构部件分解图。行星齿轮机构部件分解图如图 4-26 所示，调整行星架时，不需装上调整垫片 17。

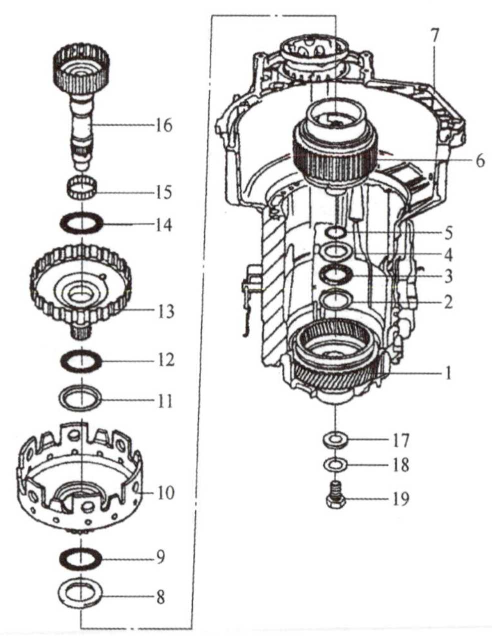

图 4-26 行星齿轮机构部件分解图

1—主动齿轮（齿圈） 2—推力滚针轴承垫圈（光滑面装入主动齿轮） 3、9、12、14—推力滚针轴承 4—推力滚针轴承垫圈 5—O 形密封圈 6—行星架 7—变速器壳体 8—垫圈 10—大太阳轮 11—垫圈 13—大输入轴 15—滚针轴承 16—小输入轴 17—调整垫片 18—垫圈 19—小输入轴螺栓（30N·m）

2）确定调整垫片 A 的厚度。调整垫片 A 的位置如图 4-27 所示。

①调整行星架时，将所有部件装入变速器壳体。

②将旋具插入大太阳轮孔内，以便紧固小输入轴螺栓。

③装上带垫圈的小输入轴螺栓，不用装调整垫片，如图 4-28 所示。

④以 1mm 预紧量将千分表装到螺栓头中间，如图 4-29 所示。

⑤将千分表置“0”，上下移动小输入轴并读出测量值。

⑥按表 4-1 确定调整垫片厚度并按备件目录查找零件号。

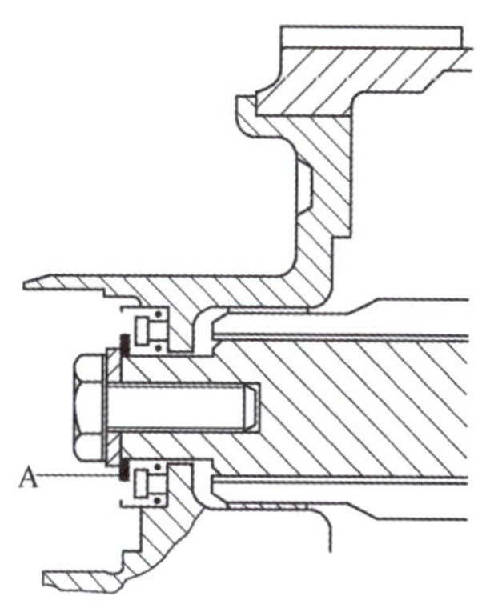

图 4-27　调整垫片 A 的位置

A—调整垫片

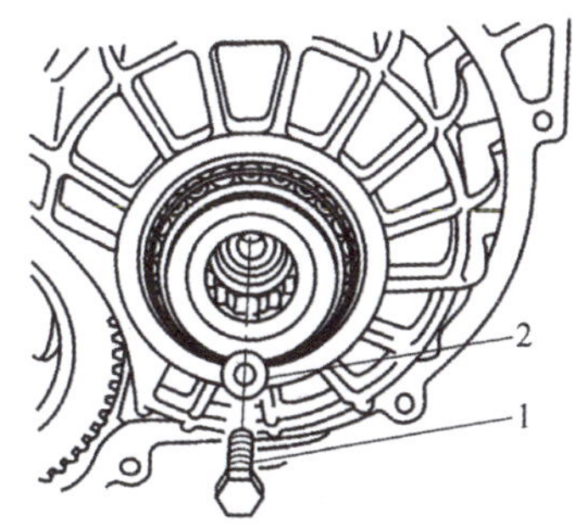

图 4-28　装上带垫圈的小输入轴螺栓

1—小输入轴螺栓（30N·m）　2—垫圈

图 4-29　安装千分表

表 4-1　调整垫片的规格　（单位：mm）

测量值	调整垫片	测量值	调整垫片
1.26 ～ 1.35	1.0	2.26 ～ 2.35	2.0
1.36 ～ 1.45	1.1	2.36 ～ 2.45	2.1
1.46 ～ 1.55	1.2	2.46 ～ 2.55	2.2
1.56 ～ 1.65	1.3	2.56 ～ 2.65	2.3
1.66 ～ 1.75	1.4	2.66 ～ 2.75	2.4
1.76 ～ 1.85	1.5	2.76 ～ 2.85	2.5
1.86 ～ 1.95	1.6	2.86 ～ 2.95	2.6
1.96 ～ 2.05	1.7	2.96 ～ 3.05	2.7
2.06 ～ 2.15	1.8	3.06 ～ 3.15	2.8
2.16 ～ 2.25	1.9	3.15 ～ 3.25	2.9

举例来说，如果测量值是 2.00m，则装入 1.7mm 厚的调整垫片。

⑦拆下小输入轴螺栓。

⑧将已确定的调整垫片装到小输入轴上，将小输入轴螺栓连同垫圈一同拧紧，拧紧力矩为 30N·m。

⑨重新安装千分表，并测量间隙值。间隙最小为 0.23mm，最大为 0.37mm。

（2）调整倒档制动器 B_1

1）倒档制动器 B_1 的零件分解图。倒档制动器 B_1 的零件分解图如图 4-16 所示。

2）确定调整垫片 A 的厚度。如图 4-30 所示，调整垫片厚度由间隙值 x 决定，并按表 4-2 选用。

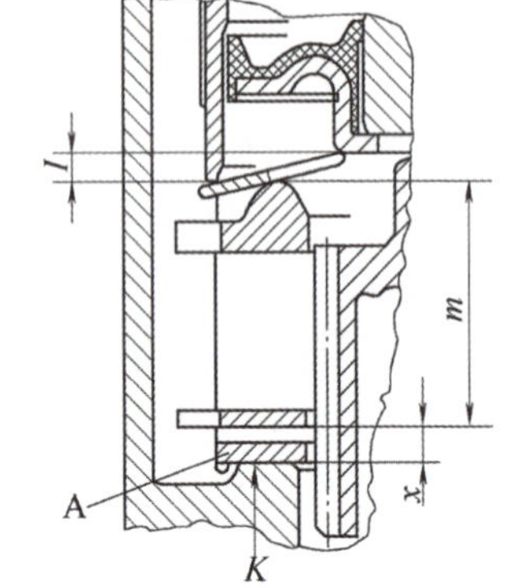

图 4-30　确定调整垫片 A 的厚度

A 为调整垫片，x 为间隙值，$x=K+I/2-m$；I= 单向离合器内活塞位置；m= 带压盘的片组高度；K= 恒定值 =26.8mm，由变速器内的结构高度确定且不可调。

①确定 I 的尺寸。按箭头方向将活塞压到挡块处，如图 4-31 所示，将导板 A 放到单向离合器外环上，用深度尺 B 测量活塞内棱。

②举例来说，如图 4-32 所示，如果测量值为 73.5mm，则 m= 测量值 - 导板厚度 =73.5mm-48.2mm=25.3mm。

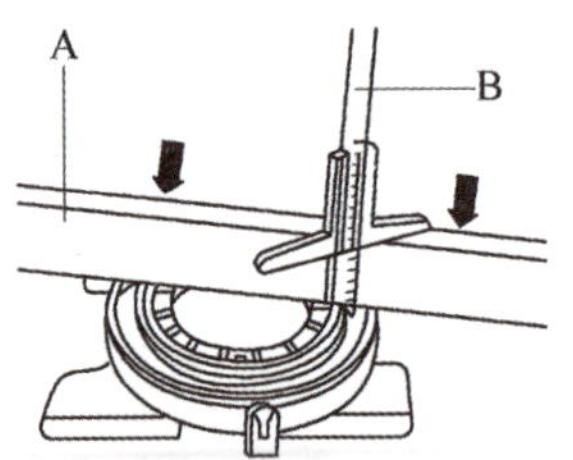

图 4-31　确定 I 的尺寸

A—导板　B—深度尺

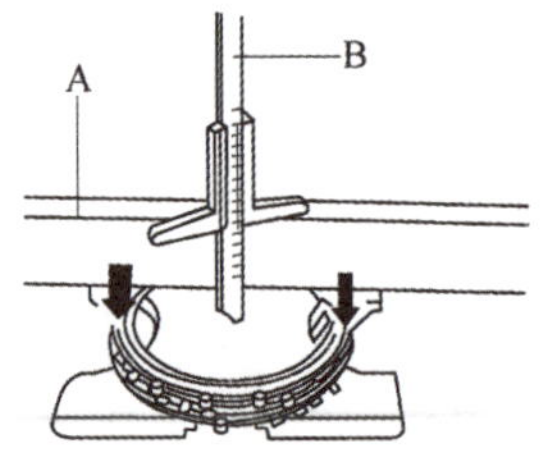

图 4-32　确定 m 的尺寸

A—导板　B—深度尺

③计算间隙值 x。$x=K+I/2-m=(26.8+3.6/2-25.3)$ mm=3.3mm。根据间隙值确定调整垫片尺寸，见表 4-2，调整垫片的厚度为 1.9mm。

表 4-2　调整垫片的规格　（单位：mm）

间隙值 x	调整垫片	间隙值 x	调整垫片
2.36 ～ 2.45	1.0	3.36 ～ 3.45	1.0+1.0
2.46 ～ 2.55	1.1	3.46 ～ 3.55	1.0+1.1
2.56 ～ 2.65	1.2	3.56 ～ 3.65	1.1+1.1
2.66 ～ 2.75	1.3	3.66 ～ 3.75	1.1+1.2
2.76 ～ 2.85	1.4	3.76 ～ 3.85	1.2+1.2
2.86 ～ 2.95	1.5	3.86 ～ 3.95	1.2+1.3
2.96 ～ 3.05	1.6	3.96 ～ 4.05	1.3+1.3
3.06 ～ 3.15	1.7	4.06 ～ 4.15	1.3+1.4
3.16 ～ 3.25	1.8	4.16 ～ 4.25	1.4+1.4
3.26 ～ 3.35	1.9		

3）测量倒档制动器 B_1。装配制动器 B_1，并用塞尺 A 测量制动片之间的间隙，如图 4-33 所示。规定值为 1.20 ~ 1.80mm。

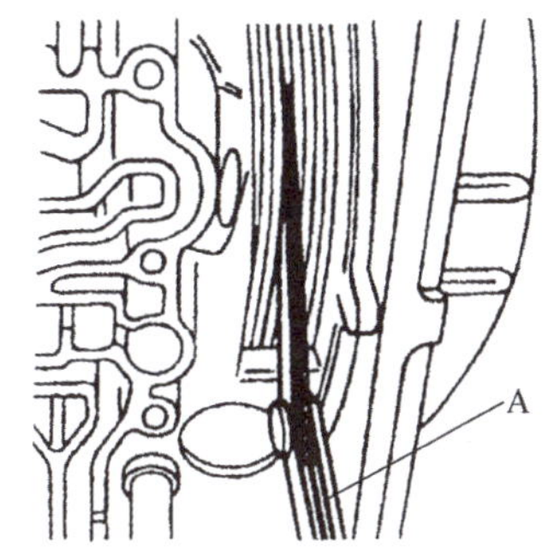

图 4-33　测量倒档制动器 B_1 的间隙

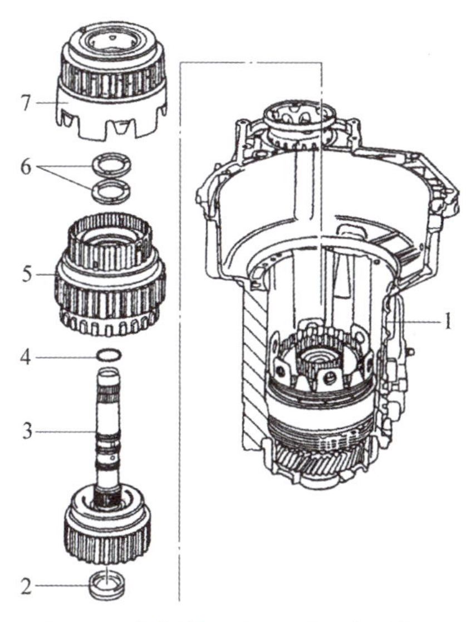

图 4-34　离合器 K_1 和 K_2 的零件分解图

1—变速器壳体　2—带垫圈的推力滚针轴承　3—4 档离合器 K_3　4—O 形密封圈　5—1 档到 3 档离合器 K_1　6—调整垫圈　7—倒档离合器 K_2

（3）调整离合器 K_1 和 K_2 之间间隙

1）离合器 K_1 和 K_2 的零件分解图。离合器 K_1 和 K_2 的零件分解图如图 4-34 所示。

2）测量调整垫片 A。测量调整垫圈 A 的厚度如图 4-35 所示，其厚度由间隙 x 决定，$x=a-b$。

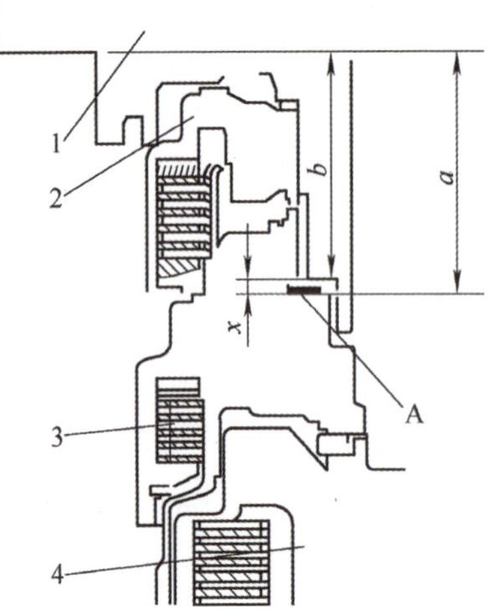

图 4-35 测量调整垫圈 A 的厚度

A—调整垫片 1—自动变速器油泵
2—倒档离合器 K_2 3—1 档到 3 档离合器 K_1
4—4 档离合器 K_3

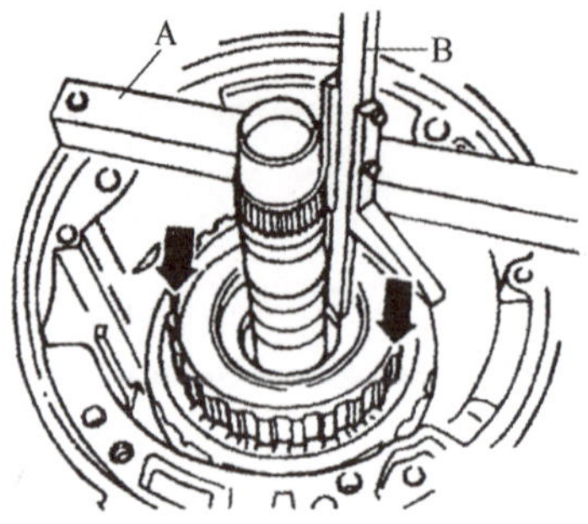

图 4-36 用深度尺 B 测量 K_1

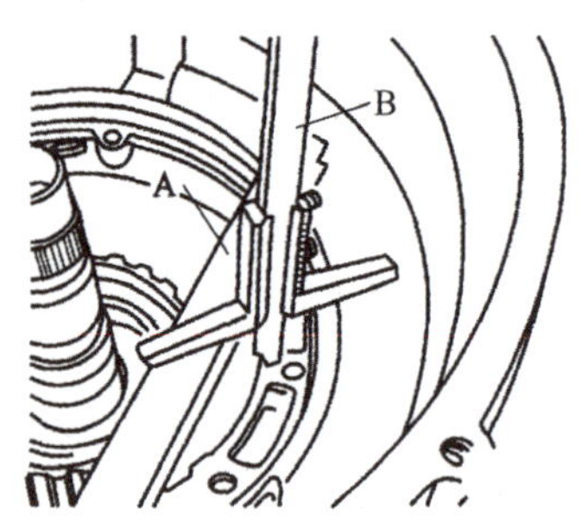

图 4-37 用深度尺 B 测量变速器壳体上的油泵法兰

①确定尺寸 *a*。将导板 A 放到变速器壳体上，如图 4-36 所示，按箭头方向向下压 K_1 并用深度尺 B 测量 K_1。举例：测量值 $_1$=88.5mm。

用深度尺 B 测量变速器壳体上的油泵法兰，如图 4-37 所示。举例：测量值 $_2$=34.3mm。

则 *a*= 测量值 $_1$- 测量值 $_2$=88.5mm-34.3mm=54.2mm。

②确定尺寸 *b*。将导板 B 装到导轮支座（箭头所示）上，用深度尺 A 测量油泵法兰密封垫，如图 4-38 所示。举例：测量值为 70.5mm，导板厚度为 19.5mm，则 *b*= 测量值 - 导板厚度 =70.5mm-19.5mm=51.0mm。

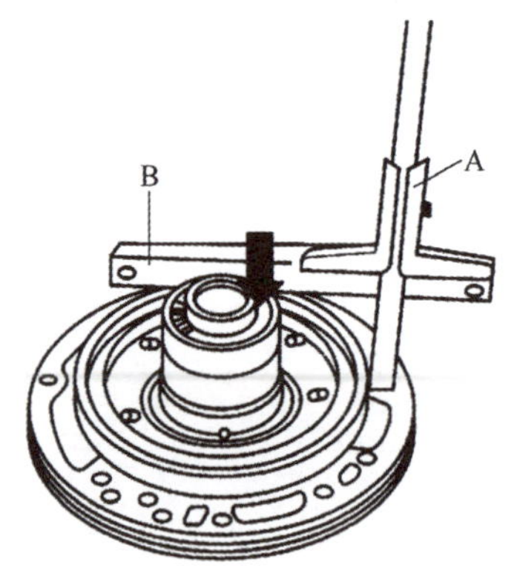

图 4-38 确定尺寸 *b*

③计算间隙 $x=a-b$=54.2mm−51.0mm=3.2mm。根据表 4-3 确定调整垫片的厚度为 2×1.2mm。

表 4-3　调整垫片的规格　　（单位：mm）

间隙值 x	调整垫片	间隙值 x	调整垫片
～2.45	1.4	3.90～4.29	1.6+1.6
2.55～3.09	1+1	4.30～4.69	1.8+1.8
3.10～3.49	1.2+1.2	4.70～5.04	1.2+1.2+1.6
3.50～3.89	1.4+1.4	5.05～5.26	1.2+1.2+1.8

3）测量离合器间隙。只有装上自动变速器油泵后才能测量离合器间隙。将千分表支座固定到变速器壳体上，并以 1mm 预紧量将千分表装到涡轮轴上，将千分表置 0，移动涡轮轴并读出测量值，如图 4-39 所示。规定间隙值为 0.5～1.2mm。

(4) 调整 2 档和 4 档制动器 B_2

1）制动器 B_2 的零件分解图。制动器 B_2 的零件分解图如图 4-11 所示。

2）确定最后一个外片 A 的厚度。最后一个外片 A 厚度的示意图如图 4-40 所示。该外片厚度由间隙值 x 决定，$x=a-b-3.2$mm。

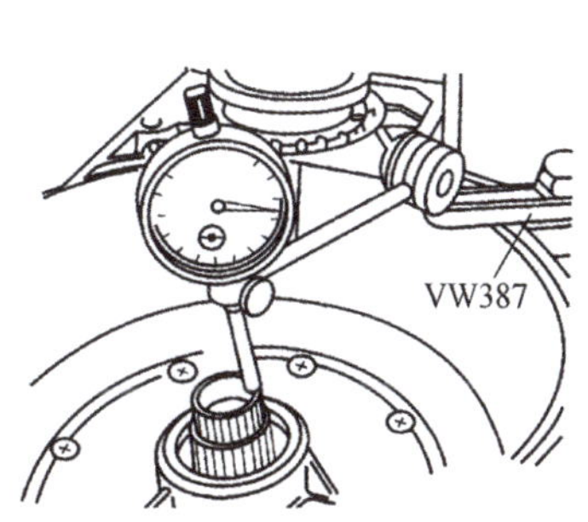

图 4-39　测量离合器间隙

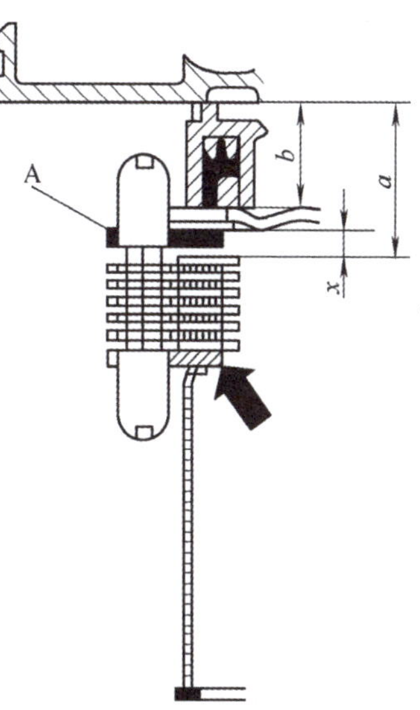

图 4-40　间隙测量示意图

①确定尺寸 *a*。从油泵法兰处用深度尺 A 测量到最后一个内片的距离，如图 4-41 所示。

例如，测量值 *a*=30.2mm。

②确定尺寸 *b*。将导板 B 装到导轮支座下部（箭头所示），并用深度尺 A 测量油泵法兰密封圈，如图 4-42 所示。如测量值为 40.1mm，则 *b*= 测量值 - 导板厚度 =40.1mm-19.5mm=20.6mm。

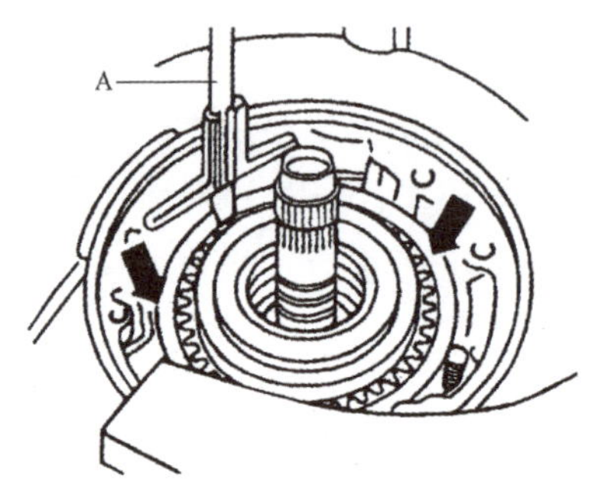

图 4-41　确定尺寸 *a*

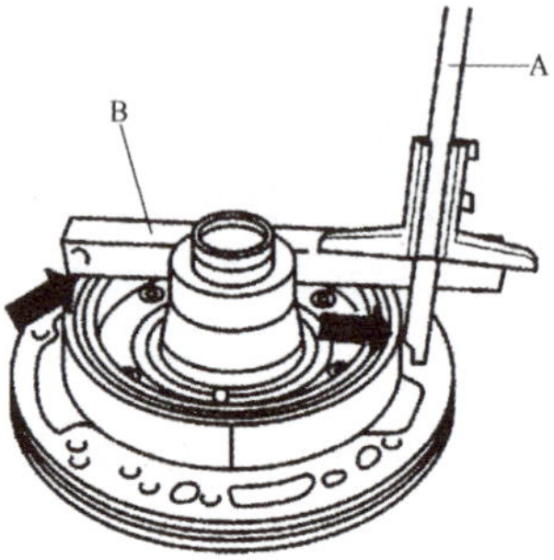

图 4-42　确定尺寸 *b*

③计算间隙值 *x*。*x*=*a*-*b*-3.2mm=30.2mm-20.6mm-3.2mm=6.4mm。根据表 4-4 确定外片的厚度，为两个外片，一个厚度为 2.25mm，另一个厚度为 2.5mm。

表 4-4　外片厚度规格　（单位：mm）

间隙值 *x*	制动外片	间隙值 *x*	制动外片
4.25 ～ 4.49	2.75	5.75 ～ 5.99	2.00+2.25
4.50 ～ 4.74	3.00	6.00 ～ 6.24	2.25+2.25
4.75 ～ 4.99	3.25	6.25 ～ 6.49	2.25 ～ 2.50
5.00 ～ 5.24	3.50	6.50 ～ 6.74	2.50+2.50
5.25 ～ 5.49	3.75	6.75 ～ 7.00	2.50+2.75
5.50 ～ 5.74	2.00+2.00		

第二节　如何维护自动变速器

一、检查 ATF 液位

1. 检查条件

1）变速器未处于紧急运行状态，ATF 温度不高于约 30℃。

2）汽车水平放置。

3）变速杆位于P位。

2. 检查步骤

1）使得ATF温度达到测试温度（35～45℃）。

2）拆下油盘（图4-43中箭头1）上的ATF检查螺塞。溢流管（图4-44中箭头2）内的ATF将流出。若没有ATF流出，则需要补充ATF。

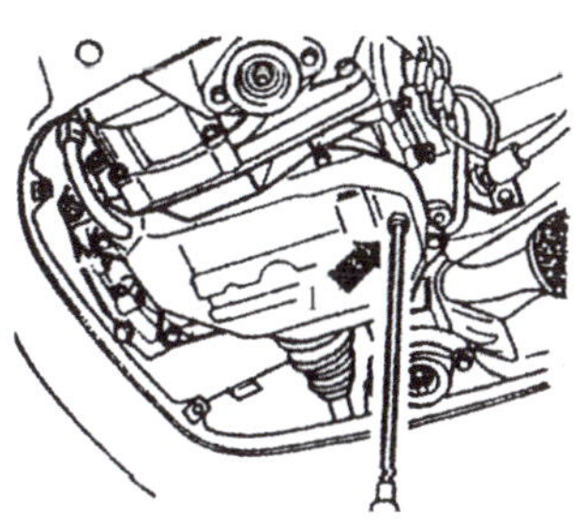

图4-43　拆下ATF检查螺塞

1—油盘

3）在检查螺塞上安装新的密封圈（图4-45）并拧紧至15N·m。

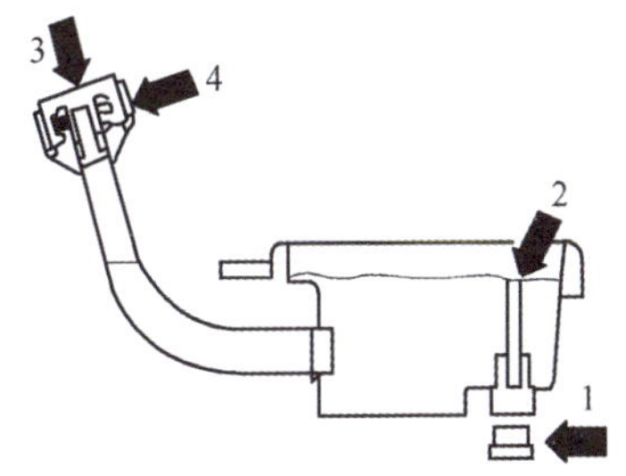

图4-44　ATF从孔中滴出

1—放油螺塞　2—溢流管
3—密封塞　4—固定端盖

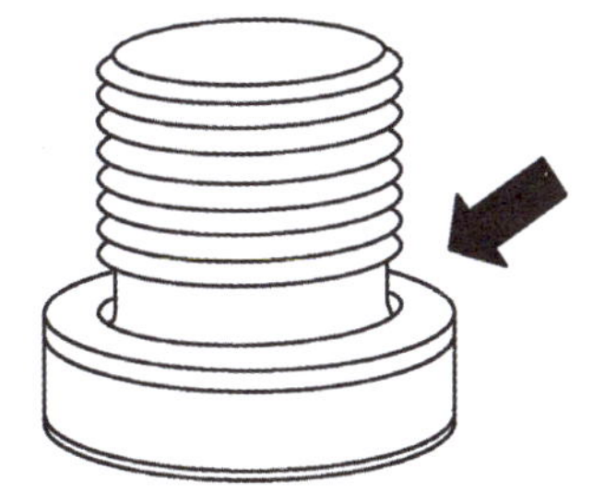

图4-45　更换ATF检查螺塞的密封圈

二、补充ATF

1）用螺钉旋具撬去密封塞的防松盖，如图4-46所示。由于防松盖锁止装置被损坏，所以每次都应更换新的防松盖。

2）用V.A.G1924注入ATF，直到ATF从检查孔中流出，如图4-47所示。

3）在液位密封塞上安装新的密封圈并且拧紧至15N·m。

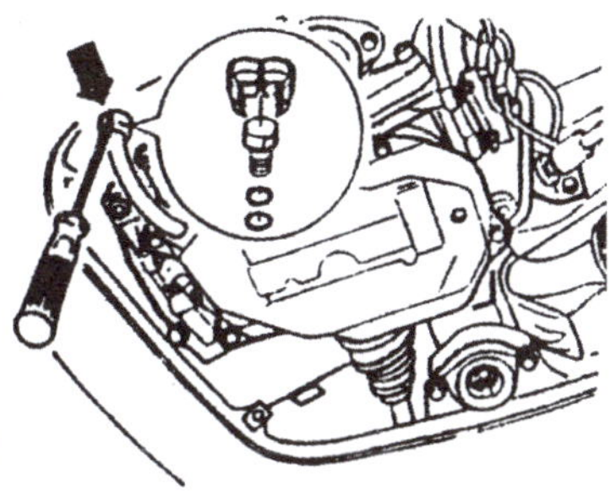

图4-46　撬去密封塞的防松盖

4）把密封塞装入加注管并且用一个新的防松盖锁定，如图 4-48 所示。

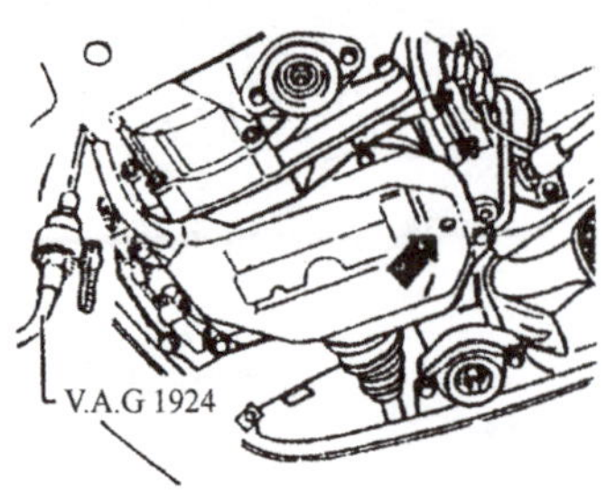

图 4-47 注入 ATF

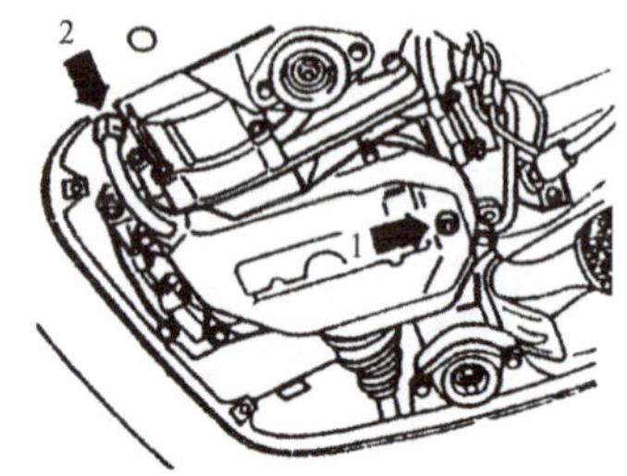

图 4-48 更换密封圈和防松盖
1—放油螺塞 2—溢流管

三、更换 ATF

1）在变速器下面放置一个容器。

2）拆下油盘上的 ATF 检查螺塞和液位检查孔中的溢流管。

3）排空 ATF。装上溢流管。用手旋紧液位螺塞。

4）用旋具撬去密封塞的防松盖。拔去注液管中的封闭塞，从加油管中加入 3L 的 ATF。

5）起动发动机并且在汽车静止状态下，把变速杆移至所有档位。

第五章　如何进行行驶系统维护

CHAPTER 5

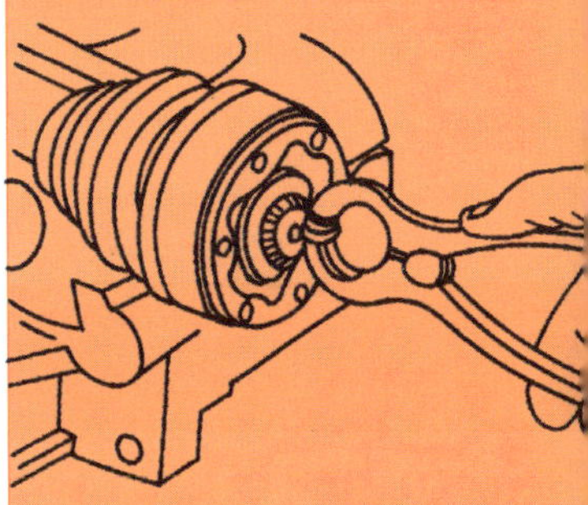

汽车行驶系统主要功用是：支承汽车的总质量；接受由发动机经传动系统传来的转矩，并通过驱动轮与地面之间的附着作用，产生驱动力，以保证汽车正常行驶；传递并支承路面作用于车轮上的各种反力及其所形成的力矩；尽可能地缓和不平路面对车身的冲击和振动，保证汽车平顺行驶。汽车（轮式汽车）行驶系统一般由车架、车桥、车轮和悬架等部分组成。车轮分别支承着车桥，车桥又通过弹性悬架与车架相连接。车架是整个汽车的基体，它将汽车和各相关总成连接成一个整体，构成汽车的装配基础。

第一节 如何维护前桥及前悬架

前桥及前悬架总成的分解图，如图 5-1 所示。

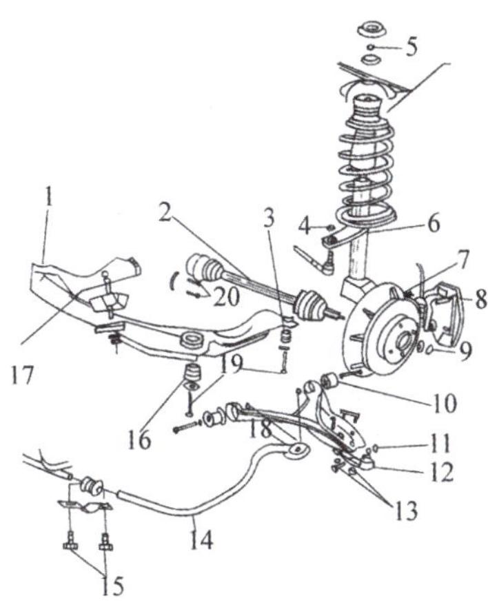

图 5-1　前桥及前悬架总成的分解图

1—副车架　2—传动轴　3—副车架后橡胶支承　4—螺母（拧紧力矩 30N·m）　5—自锁螺母（拧紧力矩 60N·m）　6—减振器支柱　7—螺栓（拧紧力矩 70N·m）　8—制动钳　9—自锁螺母（拧紧力矩 230N·m）　10—下摇臂下支座　11—自锁螺母（拧紧力矩 50N·m）　12—球头销　13—自锁螺母（拧紧力矩 65N·m）　14—横向稳定杆　15—螺栓（拧紧力矩 25N·m）　16—副车架前橡胶支承　17—自锁螺母（拧紧力矩 40N·m）　18—自锁螺母（拧紧力矩 60N·m）　19—螺栓（拧紧力矩 70N·m）　20—螺栓（拧紧力矩 45N·m）

一、前悬架总成的拆装

前悬架总成的分解图，如图 5-2 所示。

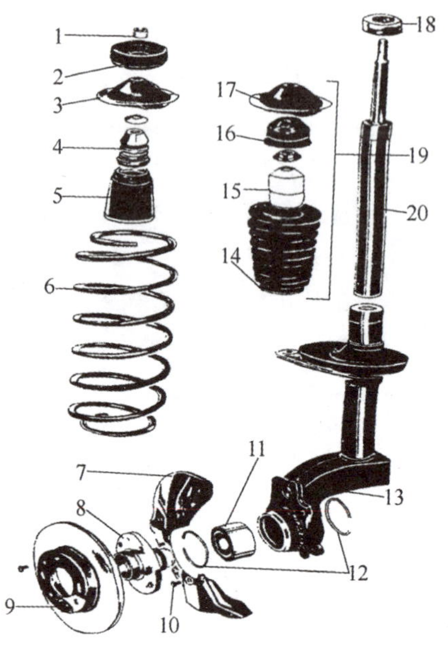

图 5-2　前悬架分解图

1—开槽螺母　2—悬架支承轴轴承（只能整件更换）　3—弹簧护圈　4—限位缓冲器　5—护套　6—螺旋弹簧　7—挡泥板　8—轮毂　9—制动盘　10—紧固螺栓（拧紧力矩 10N·m）　11—车轮轴承　12—卡簧　13—车轮轴承壳　14—辅助橡胶弹簧　15—限位缓冲器　16—波纹管盖　17—弹簧护圈带通气孔　18—螺母盖（拧紧力矩 150N·m）　19—崎岖路面选装件（M103）　20—减振器

1. 前悬架总成的拆卸

1）取下车轮装饰罩。

2）旋下轮毂与传动轴的紧固螺母（拧紧力矩 230N·m）。

> **维修提示**
>
> 注意：车轮必须着地。

3）卸下垫圈，拧松车轮紧固螺母（拧紧力矩 110N·m），拆下车轮。

4）旋下制动钳紧固螺栓（拧紧力矩 70N·m），如图 5-3 所示。

取下制动盘。

5）取下制动软管支架，并用铁丝将制动钳固定在车身上，如图5-3中上部箭头所示。

维修提示

● 注意：不要损坏制动软管。

6）拆下球头销紧固螺栓，如图5-3中下部箭头所示。

7）压出转向横拉杆接头（拧紧力矩30N·m），如图5-4所示。

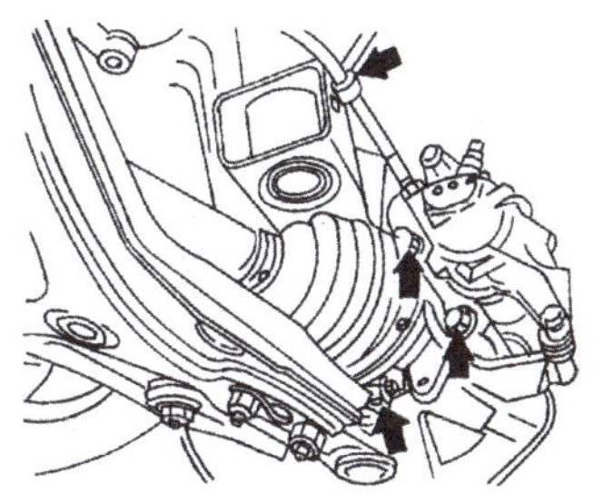

图5-3　拧下制动钳紧固螺栓

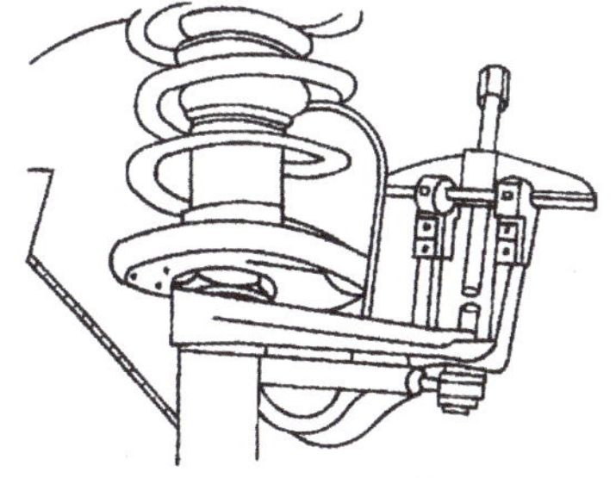

图5-4　压出转向横拉杆接头

8）拧下横向稳定杆的紧固螺栓（拧紧力矩25N·m），如图5-5所示。

9）拆下传动轴（VL节）与轮毂的固定螺母。

10）向下撬压前悬架下摇臂，从车轮轴承壳内拉出传动轴；或利用两个固定车轮凸缘上的螺孔，将压力装置V.A.G1389固定在轮毂上，用液压装置从轮毂中拉出传动轴，如图5-6所示。拆下传动轴后，卸下压力装置。

11）取下盖子，支撑减振器支柱下部或者沿反方向固定。旋下活塞杆螺母，用内六角扳手阻止活塞杆的转动，如图5-7所示。

2. 安装

前悬架总成安装的顺序与拆卸时相反，但在安装时应注意以下事项。

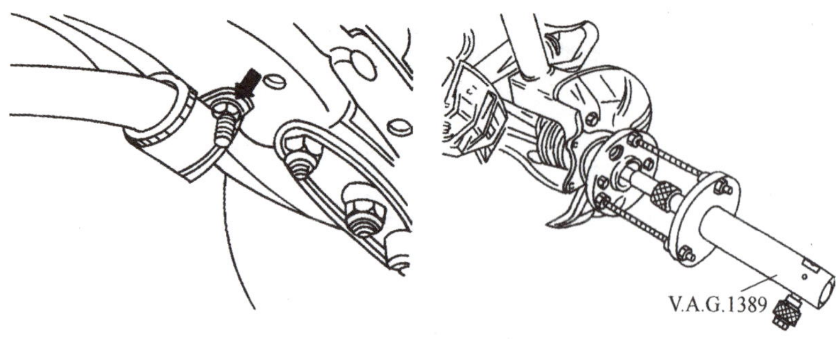

图 5-5　拆卸横向稳定杆　　　图 5-6　拉出传动轴

- 不允许对前悬架总成进行焊接或整形处理，不合格的零部件总成应进行更换。
- 安装传动轴时，应擦净传动轴与花键齿面上的油污，去除防护剂的残留物。在外万向节 (RF 节) 花键齿面上涂上一圈 5mm 宽的防护剂 D_6，然后进行传动轴装配，如图 5–8 所示。涂防护剂 D_6 的传动轴安装后应停车 60 min，然后才可使用。
- 所有螺栓和螺母应按规定力矩拧紧。
- 所有自锁螺母，必须更换新件。

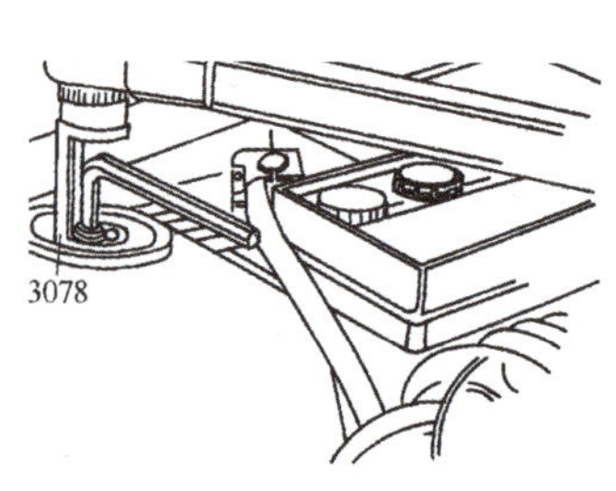

图 5-7　旋下活塞杆螺母

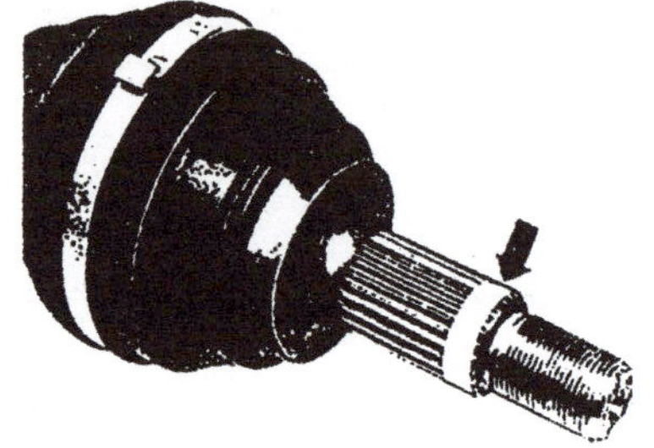

图 5-8　外万向节花键轴安装前涂防护剂

二、传动轴（半轴）总成的拆装

传动轴（半轴）总成的分解图，如图 5–9 所示。

1. 拆卸

1）在车轮着地时，拧下传动轴与轮毂的紧固螺母。

2）拧下传动轴凸缘上的紧固螺栓，如图 5–10 中箭头所示。

3）将传动轴与凸缘分开。

4）从车轮轴承壳内拉出传动轴；或者利用压力装置 V.A.G1389 拉出传动轴。

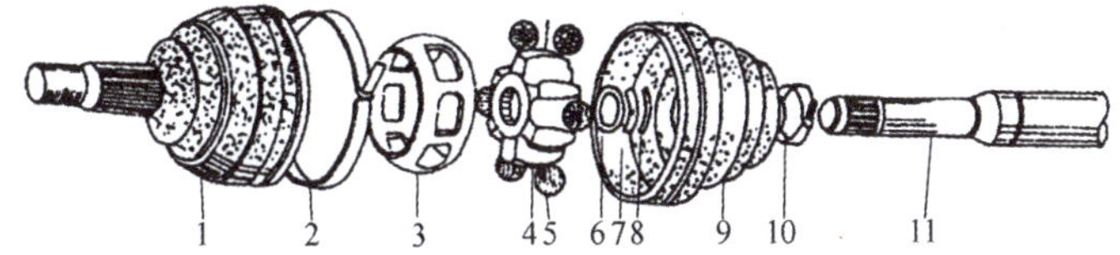

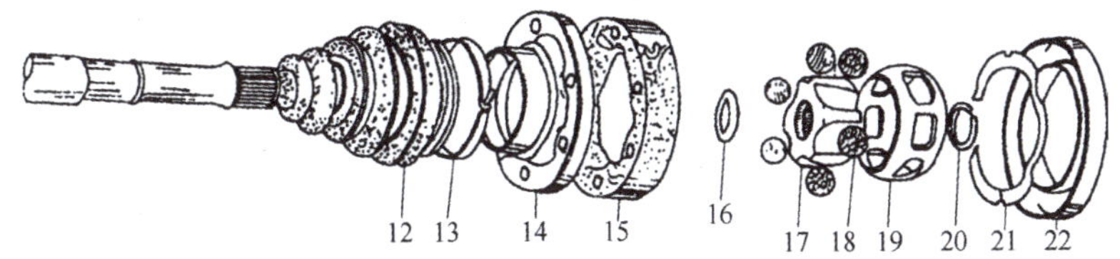

图 5-9 传动轴总成

1—RF 节外星轮 2、10、13—夹箍 3—RF 节球笼 4—RF 节内星轮
5、18—钢球 6、20—锁圈 7—中间挡圈 8、16—碟形座圈 9、12—橡胶护套
11—花键轴 14—VL 节护盖 15—VL 节外星轮 17—VL 节内星轮
19—VL 节球笼 21—密封垫片 22—塑料护罩

维修提示

注意：拆卸传动轴时，轮毂绝对不能加热，否则会损坏车轮轴承，原则上应使用拉具。拆掉传动轴后，应装上一根连接轴来代替传动轴，防止移动卸掉传动轴的车辆时，损坏前轮轴承总成。

2. 安装

1）擦净传动轴和花键上的油污，涂上锂基润滑脂。

2）在外万向节（RF 节）的花键上涂上一圈 5mm 的防护剂 D6，然后装上传动轴花键套。涂防护剂后的传动轴安装后应停车 60 min，然后才可使用汽车。

3）如图 5-11 所示，将球头销重新装配在原位置，并拧紧螺母。在安装球头销时，不能损坏波纹管护套。

4）必要时检查前轮外倾角。

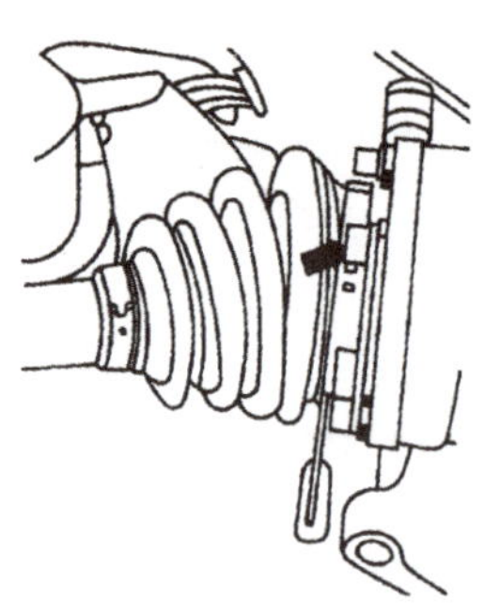

图 5-10　拧下传动轴凸缘上的紧固螺栓

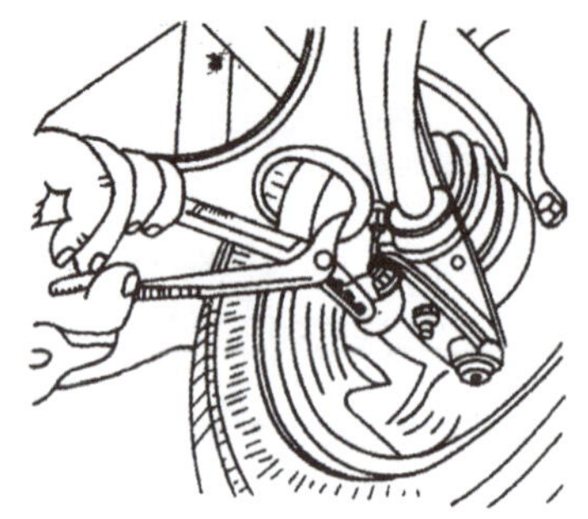

图 5-11　安装球头销

5）车轮着地后，拧紧轮毂固定螺母。

三、副车架、下摇臂和横向稳定杆的拆装

1. 拆卸

1）拧下副车架与车身固定的前支承橡胶垫螺栓（拧紧力矩 70N·m），拆下副车架下摇臂与横向稳定杆组合件。

2）拧松下摇臂与副车架连接橡胶轴承的连接螺栓的紧固螺母（拧紧力矩 60N·m），拆卸下摇臂。

3）拧松横向稳定杆与下摇臂连接螺栓的紧固螺母，并且拆下固定在副车架上的支架螺栓（拧紧力矩 25N·m），拆下横向稳定杆。

4）用专用工具压出副车架前后 4 个橡胶支承，如图 5-12 和图 5-13 所示。

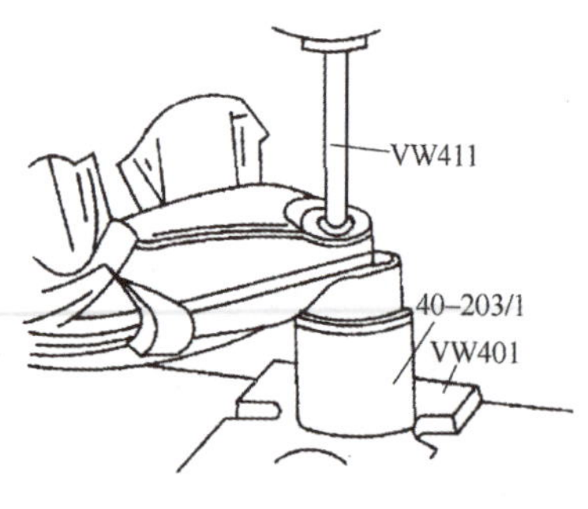

图 5-12　压出副车架前端橡胶支承

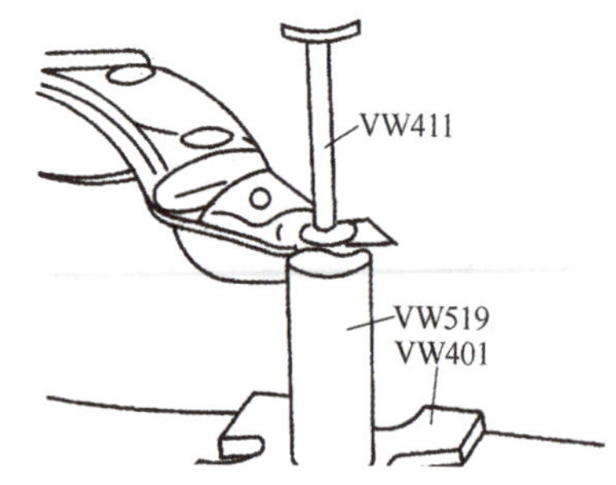

图 5-13　压出副车架后端橡胶支承

5）用专用工具压出下摇臂两端橡胶轴承，如图 5-14 所示。

2. 安装

1）用专用工具压入下摇臂橡胶轴承，如图 5-15 所示。

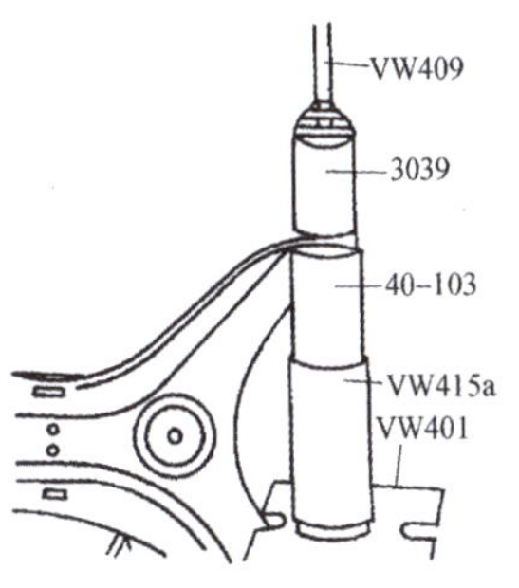

图 5-14　压出下摇臂两端橡胶轴承

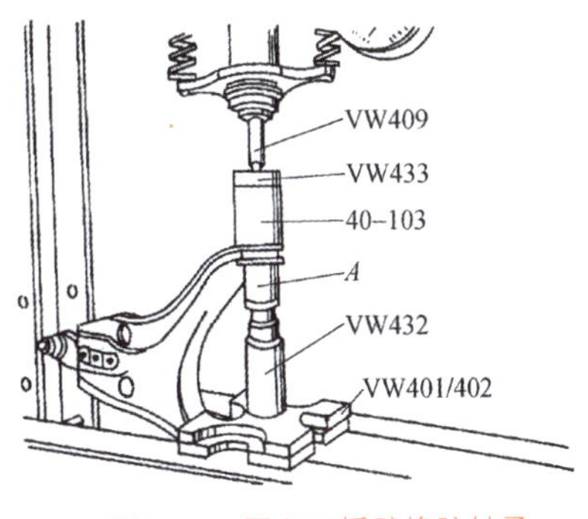

图 5-15　压入下摇臂橡胶轴承

2）用专用工具压入副车架前后端 4 个橡胶支承，如图 5-16 和图 5-17 所示。

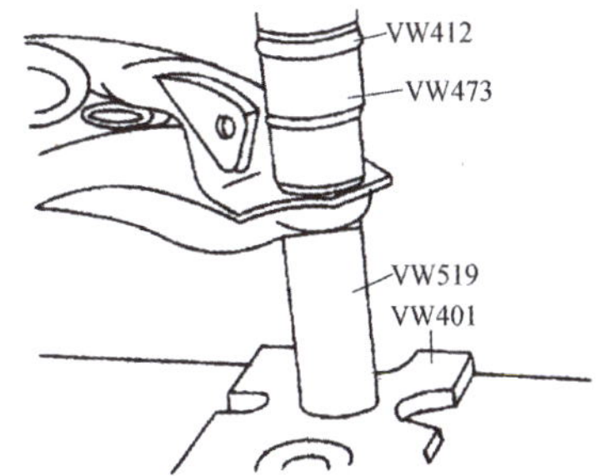

图 5-16　压入副车架前端橡胶支承

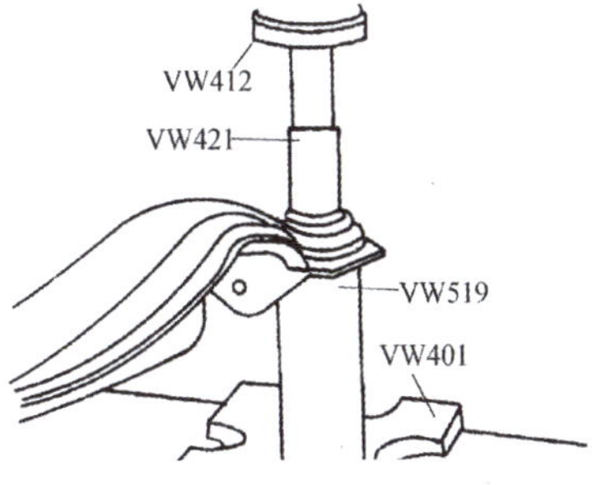

图 5-17　压入副车架后端橡胶支承

3）安装横向稳定杆，其正确位置是弯管向下弯曲。

要点

◎ 如果安装位置不留出适当的余量，那么卡箍就很难装在橡胶垫支座上。正确的安装方法是先装上较松的卡箍，然后进行短距离试车，这时橡胶支座就会自动滑入规定的位置，然后用 25N·m 的力矩固定螺栓。进一步进行调整时应将车辆开到举升台上，然后紧固稳定杆。

4）拧紧固定下摇臂与副车架的连接螺栓螺母（拧紧力矩 60N·m）。

5）发动机悬架安装之后，发动机悬架内部要用防腐剂处理。

6）副车架安装固定在车身上，其固定螺栓按车辆行驶方向拧紧顺序为后左、后右、前左、前右，拧紧力矩为 70N·m。

7）安装之后，副车架内部必须进行防腐处理。如果要装一个新的副车架，在前悬架下摇臂安装之后，在新的副车架内部必须用防护蜡处理。

维修提示

◎ 注意：凡用过的自锁螺母，必须全部更换新件，不允许反复使用拆下的旧螺母。有规定拧紧力矩的螺母，必须按规定值拧紧，不得过紧或过松。

四、减振器的检查和更换

在车辆行驶过程中，如减振器发出异常的响声，则说明该减振器已损坏，必须更换。

要 点

◎ 一般减振器是不进行修理的，如有很小的渗油现象不必调换，如有漏油多可通过拉伸和压缩减振器来检查渗油现象。漏出的减振器油不能再加入减振器内重新使用，漏油的减振器不能再使用。

更换减振器的方法如下。

1）用拉具压住弹簧座圈，压缩压紧弹簧，如图 5-18 所示。如果没有专用工具 V.A.G1403，可用专用工具 VW340 代替。

2）松开开槽螺母，放松弹簧，可以用扳手 A 阻止活塞杆的转动，以便松开螺母，如图 5-19 所示。

3）拆卸减振器，如图 5-20 所示。

4）按照拆卸相反的顺序安装减振器。

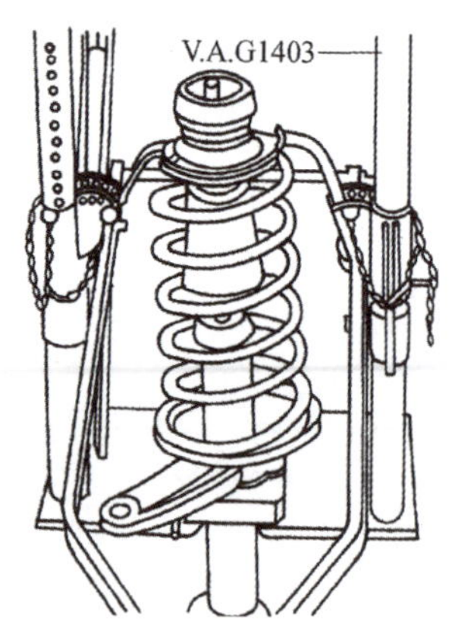

图 5-18　用拉具压缩弹簧

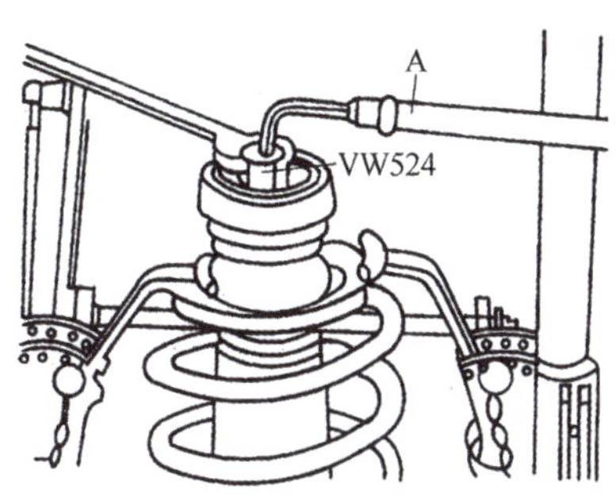

图 5-19 松开开槽螺母

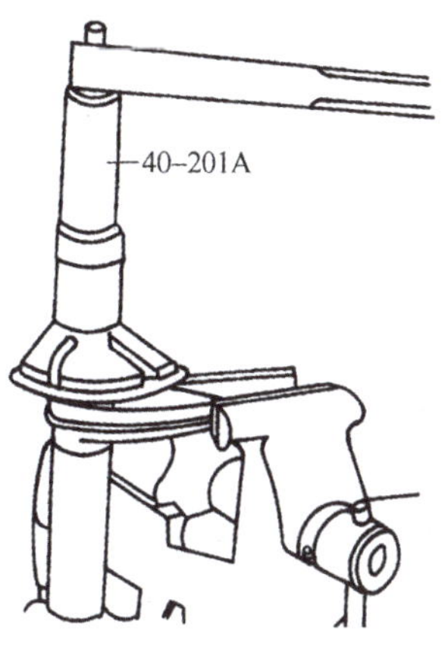

图 5-20 拆卸减振器

五、前悬架支柱总成的拆装与检查

1. 拆卸

1）拆下制动盘。

2）拆下挡泥板。

3）压出轮毂，如图 5-21 所示。

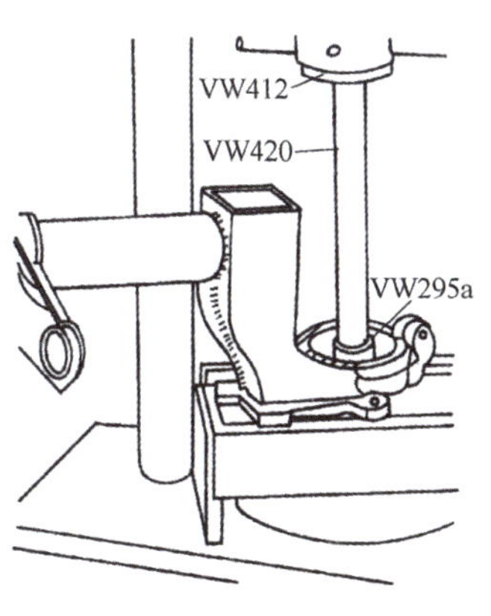

图 5-21 压出轮毂

维修提示

● 注意：压出轮毂时，车轮轴承有可能会损坏。

4）拆下两侧弹簧挡圈，压出车轮轴承，如图 5-22 所示。

5）拉出轴承内圈，如图 5-23 所示。

维修提示

● 注意：只能使用带箍圈的拉具，拉具上的钩子表面在使用前要用砂纸打磨。

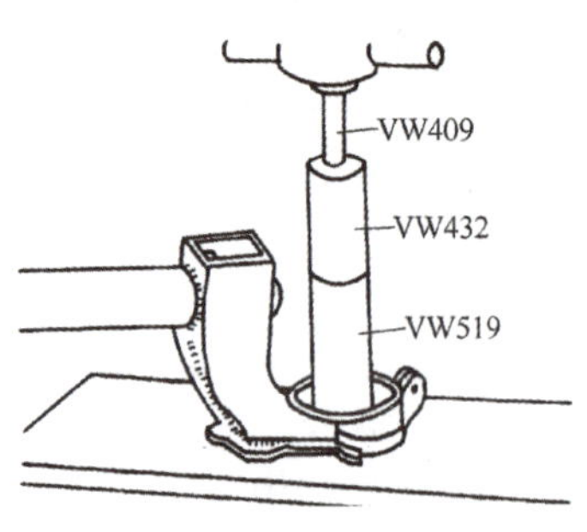

图 5-22　压出车轮轴承

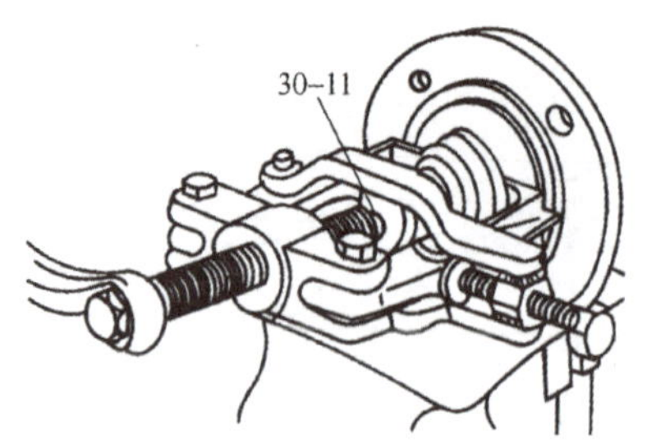

图 5-23　拉出轴承内圈

2. 检查

在零件全部解体后，应进行清洗、检查，必要时测量。如有下列情况，必须更换新件。

要点

- 制动盘工作面严重磨损，超出规定，或表面出现裂纹。
- 挡泥板严重扭曲变形。
- 轮毂花键松旷，磨损严重。
- 弹簧挡圈失效。
- 车轮轴承损坏（注意：需要更换整套轴承）。
- 前悬架支柱件任何一条焊缝出现裂纹或严重变形。

3. 安装及调整

1）先装外弹簧挡圈，在车轮轴承座上涂润滑脂，然后压入轴承，压至极限位置，最后装上内弹簧挡圈，如图 5-24 所示。

2）调整内、外弹簧挡圈开口的位置，使其相差 180° 。然后转动轴承内圈，观察其是否正常。

3）在轮毂花键和轴承颈上涂润滑脂，然后压入轴承内，如图 5-25 所示。

维修提示

- 注意：压入轮毂时，专用工具 VW519 只能顶住内轴承的内圈。

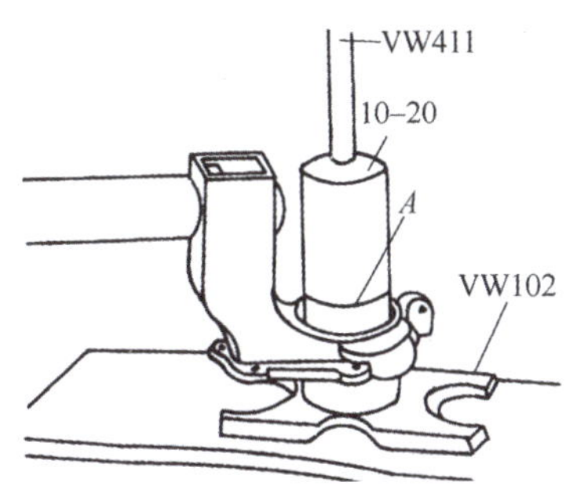

图 5-24 将轴承 A 压至终止位置

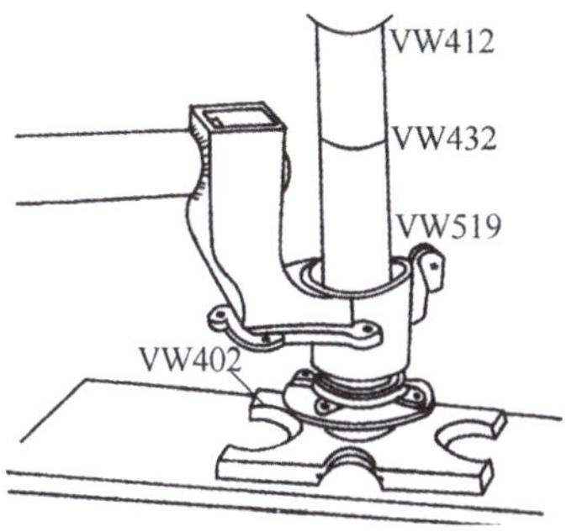

图 5-25 压入轮毂

4）用 3 个 M6 螺栓固定挡泥板（拧紧力矩 10N·m），使其紧贴在车轮轴承座的凸缘上。

5）用非纤维材料擦净制动盘工作表面，不能有油污。装上制动盘，且紧贴在轮毂的接合面上。

6）用手转动制动盘，观察其是否有卡滞或异响现象。

六、万向节维护

1. 万向节的拆卸

1）用钢锯将万向节防尘罩上的夹箍锯开，如图 5-26 中箭头所示，拆下防尘罩。

2）用一把轻金属锤子用力从传动轴上敲下外万向节（RF 节），如图 5-27 所示。

图 5-26 拆下万向节防尘罩

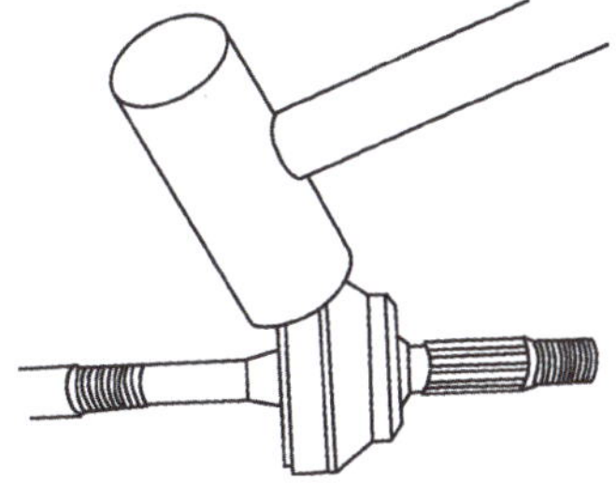

图 5-27 拆卸外万向节

3）拆卸弹簧锁圈，如图 5-28 所示。

4）压出内万向节（VL 节），如图 5-29 所示。

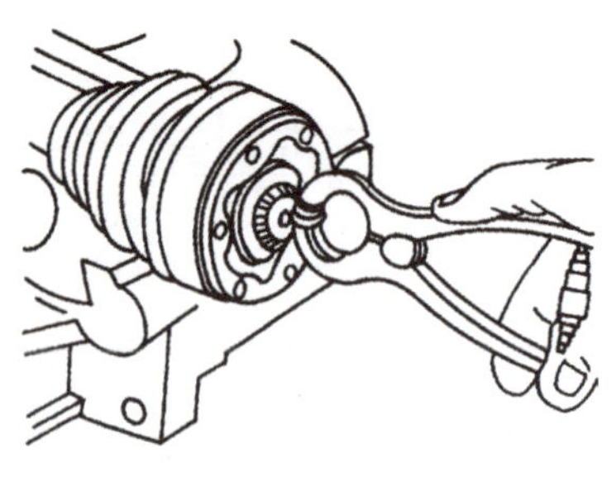

图 5-28　拆卸弹簧锁圈

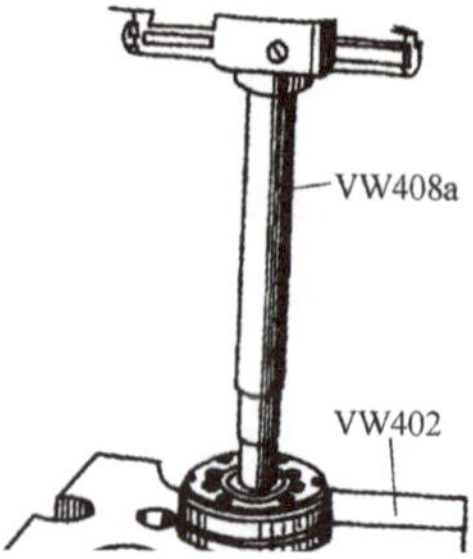

图 5-29　拆卸内万向节

5）拆散之前用电蚀笔或油石在钢球球笼和外星轮上标出内星轮的位置。

2. 万向节的分解

（1）外万向节（RF 节）

1）旋转内星轮与球笼，依次取出钢球，如图 5-30 所示。

2）用力转动钢球笼直至两个方孔与外星轮对直，如图 5-31 中箭头所示，连同外星轮一起拆下球笼。

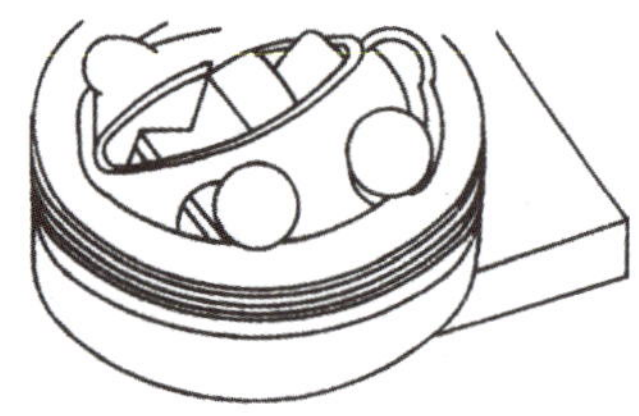

图 5-30　取出钢球

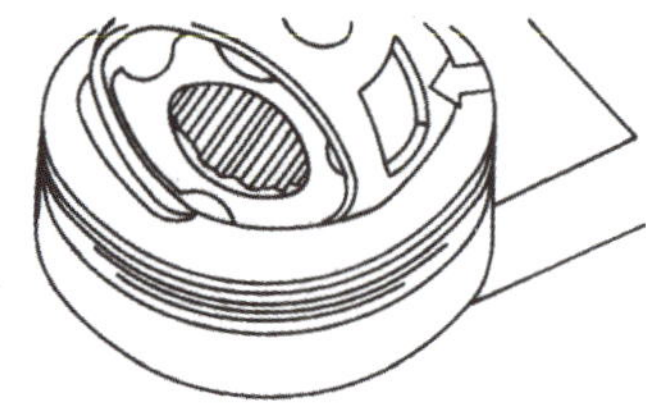

图 5-31　拆下球笼

3）把内星轮上扇形齿旋入球笼的方孔，然后从球笼中取下内星轮，如图 5-32 所示。

（2）内万向节（VL 节）

1）转动内星轮与球笼，按图 5-33 中箭头所示方向压出球笼里的钢球。

维修提示

- 注意：内星轮与壳体是一起选配的，不能互换。

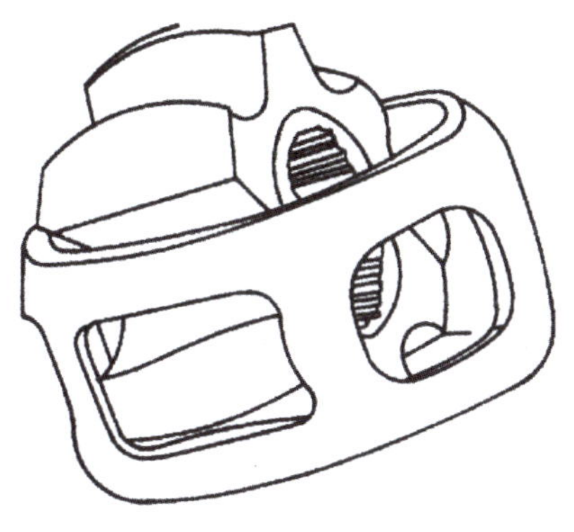
图 5-32 取下内星轮

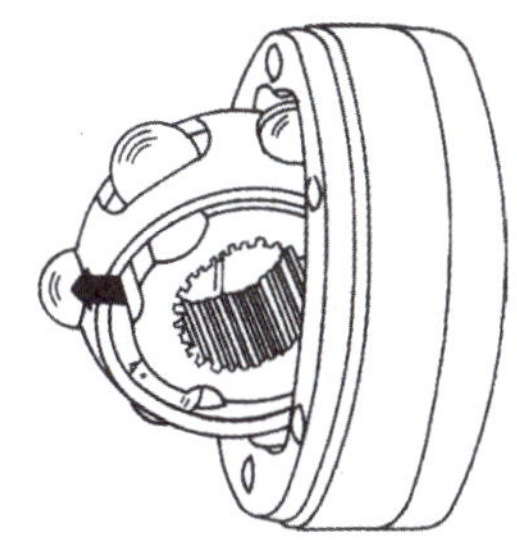
图 5-33 取出钢球

2）从球槽上面取出球笼里的内星轮，如图 5-34 中箭头所示。

3. 万向节零部件的检查

1）检查外星轮、内星轮、球笼和钢球有无凹陷与磨损。

2）各万向节处的 6 颗钢球要求一定的配合公差，并与内星轮一起成为一组配合件。

3）如果万向节间隙已经明显过大，那么万向节必须更换。

要点

- 如果万向节呈光滑无损或者能看到钢球的运转，则不必更换万向节。

4）检查防尘罩是否破裂、挡圈和座圈是否失效，若是则应予以更换。

4. 万向节的装配

（1）内万向节（VL 节）

1）对准凹槽将内星轮嵌入球笼，内星轮在球笼内的位置无关紧要。

2）将钢球压入球笼，如图 5-35 所示，并注入 G6 润滑脂 90g。

3）将带钢球与球笼的外星轮垂直装入壳体，如图 5-36 所示。

维修提示

注意：旋转之后，外星轮上的宽间隔口应对准内星轮上的窄间隙 6，转动球笼以便嵌入到位；内星轮内径（花键齿）上的倒角必须对准外星轮的大直径端。

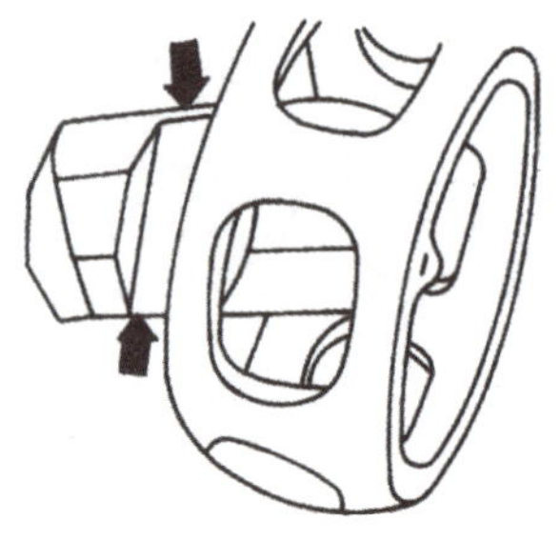

图 5-34　取出内星轮

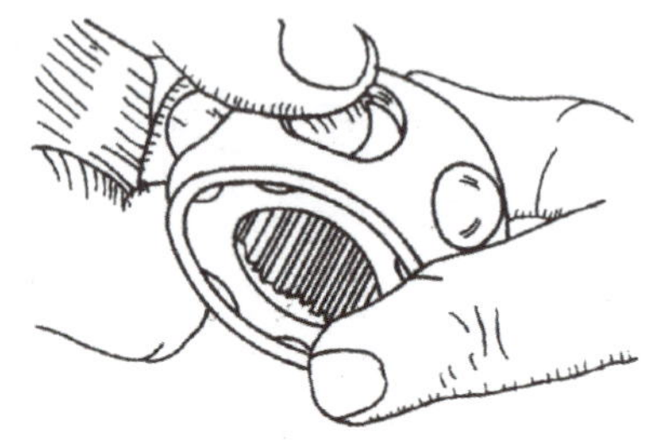

图 5-35　钢球压入球笼

4）扭转内星轮，这样内星轮就能转出球笼，如图 5-37 中箭头所示，使钢球在与外星轮中的球槽相配合时有足够的间隙。

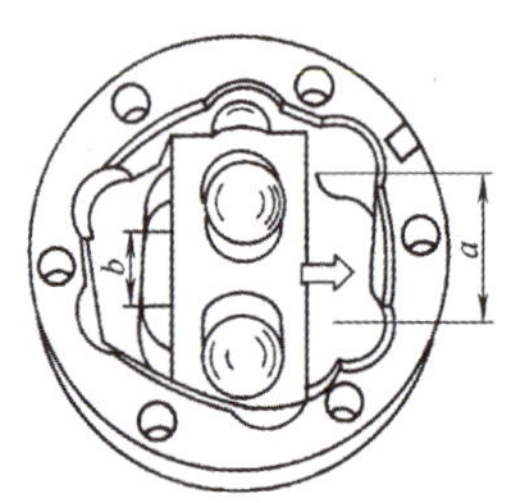

图 5-36　将球笼垂直装入壳体

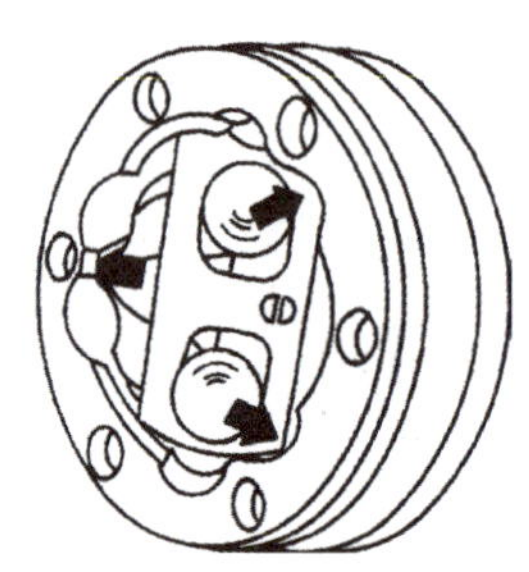

图 5-37　将内星轮转出球笼

5）用力揿压球笼，如图 5-38 中箭头所示，使装有钢球的内星轮完全转入外星轮内。

6）用手将内星轮在轴向范围内来回推动，如果灵活，则表示装配正确。

（2）外万向节（RF 节）

1）用汽油清洗各部件。

2）将 G6 润滑脂总量的一半（45g）注入万向节内。

3）将球笼与内星轮一起装入外星轮中。

4）对角交替地压入钢球，必须保持内星轮在球笼和外星轮内的本来位置。

5）将弹簧锁圈装入内星轮。

6）将剩余的润滑脂压入万向节。

7）用手将内星轮在轴向范围内来回推动，检查安装是否正确。

5. 内、外万向节的安装

1）在传动轴上安装防护罩。

2）正确安装碟形座圈，如图 5-39 所示。

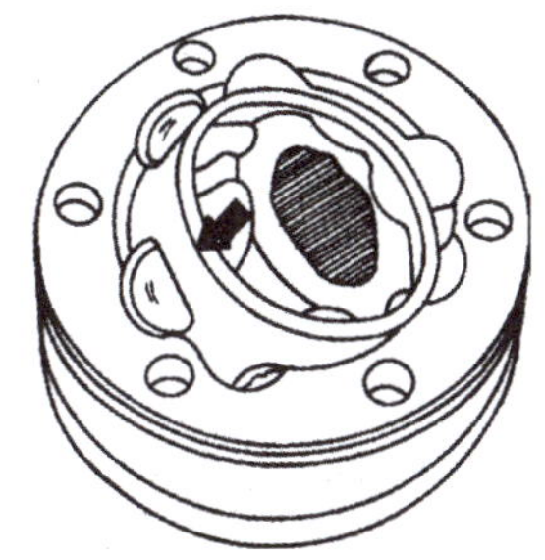

图 5-38　使内星轮完全转入外星轮内

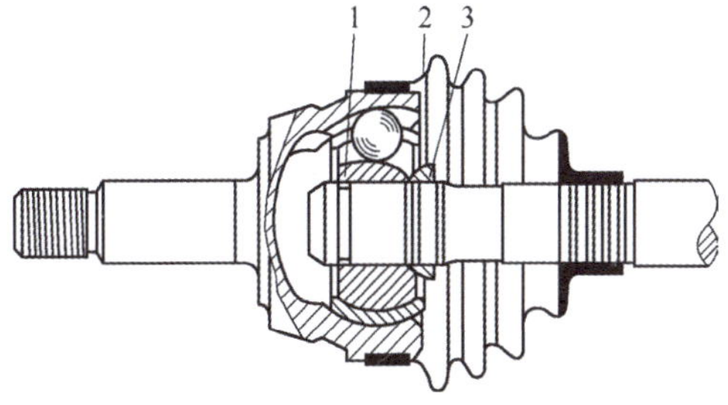

图 5-39　碟形座圈和中间挡圈的安装位置
1—弹簧锁圈　2—中间挡圈　3—碟形座圈

3）把内万向节压入传动轴，如图 5-40 所示。使碟形座圈贴合，内星轮内径（花键齿）上的倒角必须面向传动轴靠肩。

4）安装弹簧锁圈。

5）装上外万向节。

6）在万向节上安装防尘罩时，防尘罩经常要受到挤压。因此在防尘罩内部产生一定的真空，它在车辆行驶中会产生一个内吸的折痕，如图 5-41 中箭头所示。

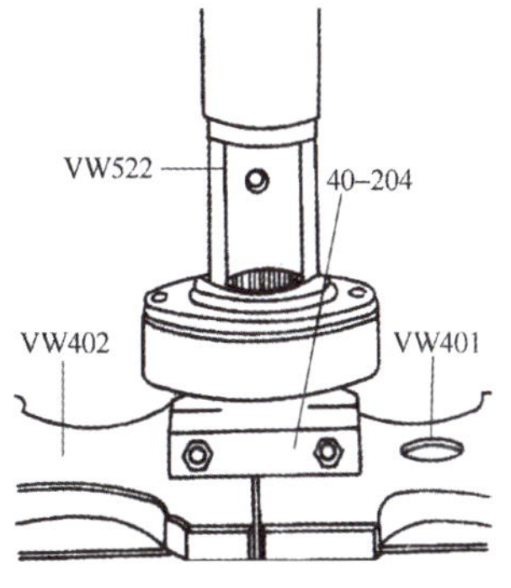

图 5-40　把万向节压入传动轴

要点

在安装防尘罩小口径之后，要稍微充点气，使压力平衡，不产生皱褶。

7）用夹箍夹住防尘罩，如图 5-42 所示。所用新式钳子型号为 V.A.G1275。

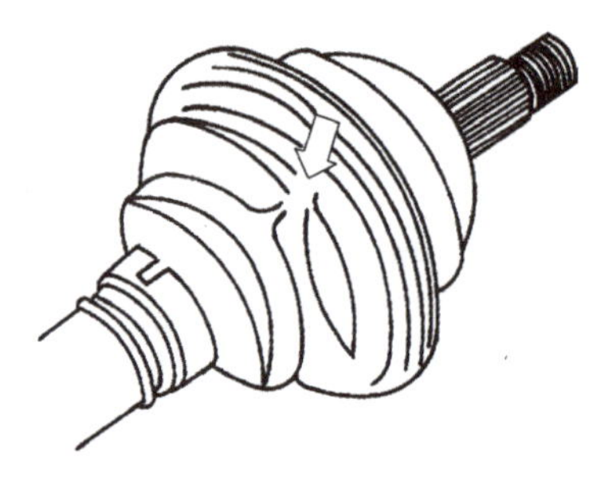

图 5-41　防尘罩充气

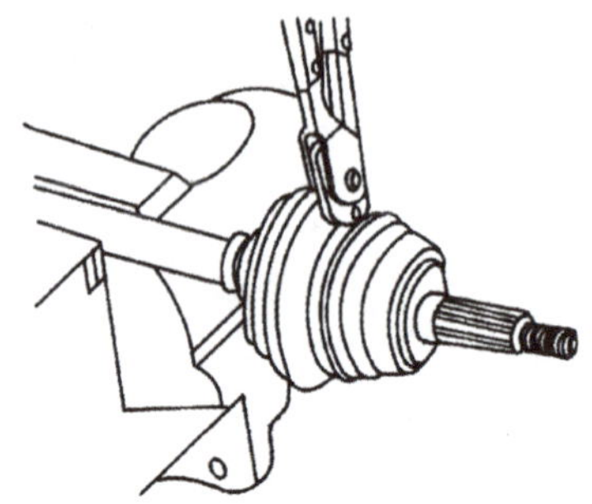

图 5-42　夹紧防尘罩夹箍

七、副车架、下摇臂的拆装

副车架、下摇臂和稳定杆拆卸下来后，主要检查各部位橡胶支承是否损坏，检查零件是否变形，各焊接部位是否有脱焊或裂纹产生。

要点

- 若橡胶轴承损坏，则更换新件。
- 若副车架零件和下摇臂变形和脱焊，也必须更换，不允许对副车架和下摇臂进行焊接或整形处理。

需要更换橡胶支承，可按以下方法进行。

1）更换下摇臂橡胶支承。压出下摇臂橡胶支承，将新的橡胶支承用螺栓与导向杆紧固成一体，如图 5-43 所示。然后在支承表面涂上一层润滑脂，再将其压入下摇臂。当轴套压入深度达 3/4 左右时，拆下导向管 3039，然后，继续小心地将轴套压入最终固定位置。

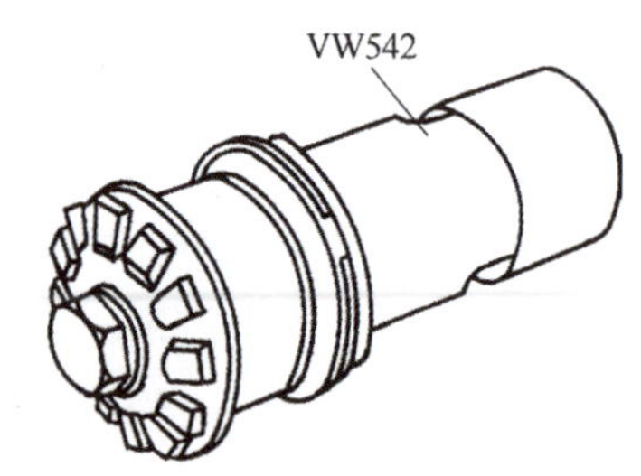

图 5-43　将橡胶支承与导向杆紧固成一体

2）更换副车架前后橡胶支承。压出前后橡胶支承，压入前后橡胶支承。

3）更换横向稳定杆橡胶支承，如图 5-44 和图 5-45 所示压出、压入横向稳定杆橡胶支承。

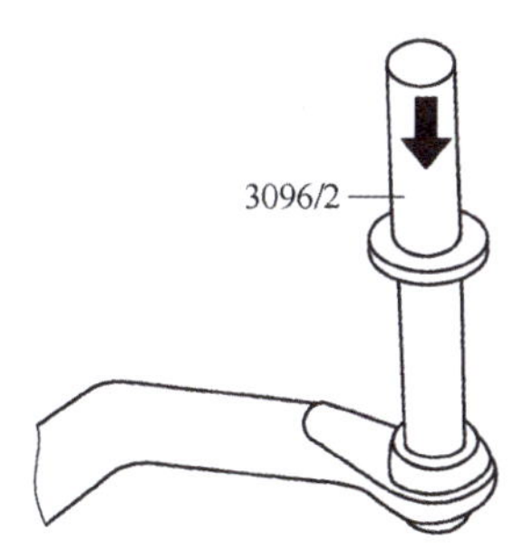

图 5-44 压出横向稳定杆橡胶支承

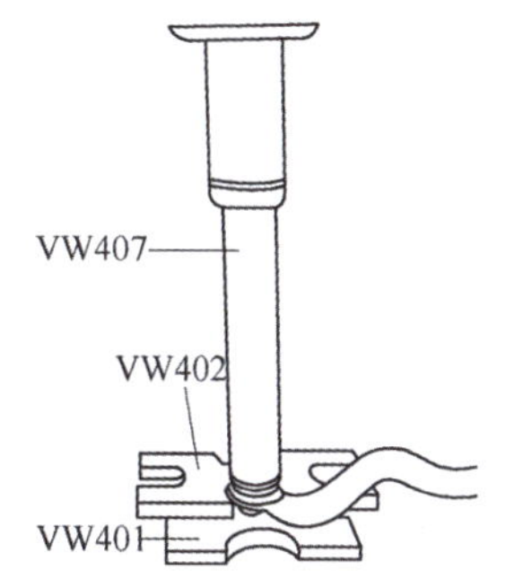

图 5-45 压入横向稳定杆橡胶支承

第二节 如何维护后桥及后悬架

后桥及后悬架的分解图，如图 5-46 所示。

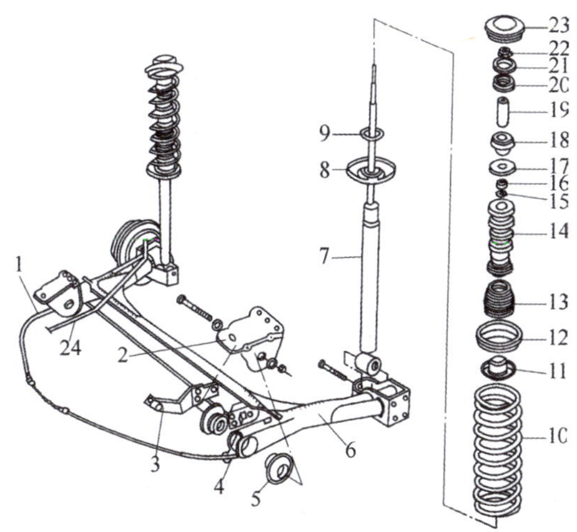

图 5-46 后桥和后悬架的分解图

1—驻车制动拉索套管（固定弹簧钩在车身上） 2—支承座 3—调节弹簧支架 4—驻车制动拉索支架 5—橡胶金属支承 6—后悬架臂 7—减振器 8—下弹簧座圈 9、17—垫圈 10—螺旋弹簧 11—护盖 12—上弹簧座 13—波纹橡胶管 14—缓冲块 15—锁圈 16—隔圈 18—下轴承环（橡胶件） 19—隔套 20—上轴承环 21—衬盘（隔圈） 22—自锁螺母（拧紧力矩 35N·m） 23—塞盖 24—制动软管

一、整体拆装

1. 拆卸

1）将驻车制动拉索从拉杆上吊出，如图 5-47 所示，必要时脱开制动蹄。

2）分开桥梁上的制动软管。

3）松开车身上的支承座，仅留一个螺母支承。

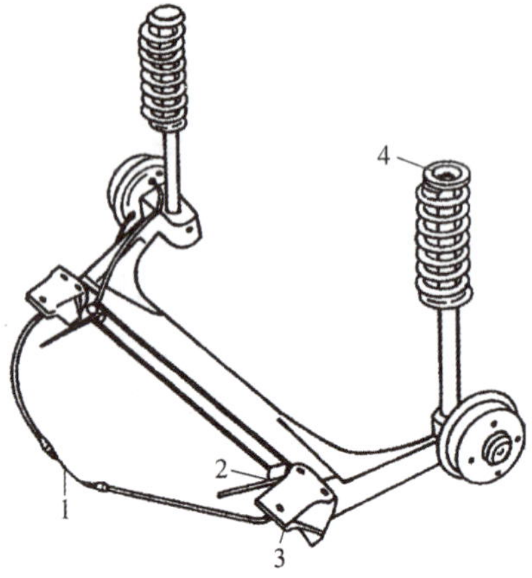

图 5-47　后桥总成的拆装
1—驻车制动拉索　2—制动软管　3—支承座
4—支承杆座螺母

维修提示

● 注意：如果把支承座留在车身上，需要拆下支承座与横梁上的固定螺栓。安装时要注意，为了避免金属橡胶支座在行驶中发生扭曲，在旋紧螺栓之前，横梁必须平放。

4）拆下排气管吊环。

5）用专用工具撑住后桥横梁。

6）从车厢内取下减振器盖板。

7）从车身上拧下支承杆座螺母，如图 5-48 所示。

8）拆卸车身上的整个轴承支架。

9）慢慢升起车辆。

10）将驻车制动拉索从排气管上拉出。

11）将后桥及悬架从车身底下移出。

2. 安装

后桥及后悬架的安装可按与拆卸相反的顺序进行，但应注意以下事项。

● 将驻车制动拉索铺设在排气管上面，然后将后轿装到车身上。
● 将减振器支承杆座装入车身的支架中，并用螺母固定。
● 横梁必须平放，车身与横梁的夹角应为 17°±2°，如图 5-49 所示。
● 更换所有自锁螺母，并且按规定力矩拧紧。

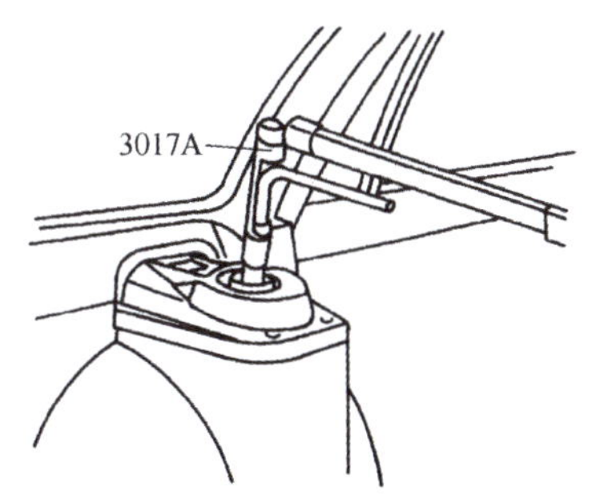

图 5-48 拆下减振器支承杆座螺母

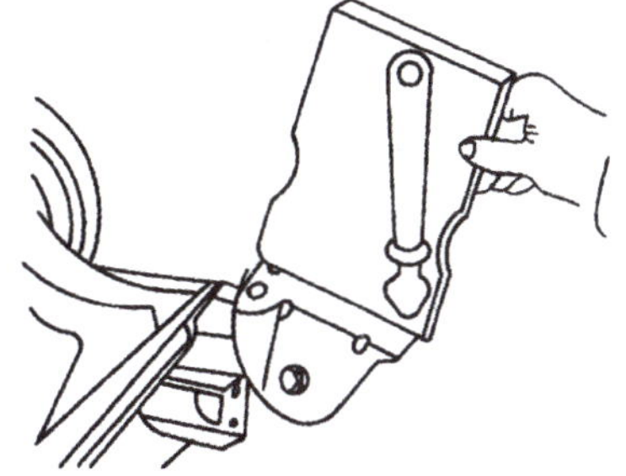

图 5-49 支承座安装在后桥上

二、分体拆装

1. 拆卸

1）拆下车轮，将制动鼓与制动底板从后桥上拆下。

2）将桥梁上的制动软管分开。

3）放松车身上松开的橡胶金属支承座，仅留下一个螺母支撑或拧松桥梁上的固定螺栓。

4）从桥梁上拆下减振器。

5）完全松开桥梁与车身连接的螺栓，抬高车身取出后桥。

2. 安装

按照拆卸相反的顺序安装后桥及后悬架，但应注意以下几点。

- 橡胶金属支承座与后桥桥梁成 18° ±1°。
- 各部件之间的拧紧力矩应符合规定。
- 自锁螺母必须更换新的。

三、后桥轮毂轴承维护

1. 拆卸

1）用千斤顶支起后轮。

2）用专用工具撬下后轮毂盖。

3）取下开口销及开槽垫圈。

4）拧下六角螺母，取出止推垫圈。

5）拆下一个车轮螺栓，用旋具通过车轮螺栓孔向上拨动楔形块，如图 5-50 所示，使制动蹄摩擦片与制动鼓放松。

6）拉出车轮和制动鼓，并带出车轮外轴承。

7）取出车轮内轴承和油封。

8）用铜冲头敲出内、外轴承外圈。

2. 检修

1）检查内、外轴承的磨损和变形情况，如果有损坏，则应更换新件。

2）制动鼓表面磨损严重或端面圆跳动大于 0.2mm，则应更换制动鼓。

3）检查后轮毂短轴的弯曲程度，用游标卡尺和直尺沿圆周方向测量直尺和轴颈的距离，如图 5-51 所示。

要点

● 至少测量 3 点，比较各次测得的读数，不得超过 0.25mm，否则应更换短轴。

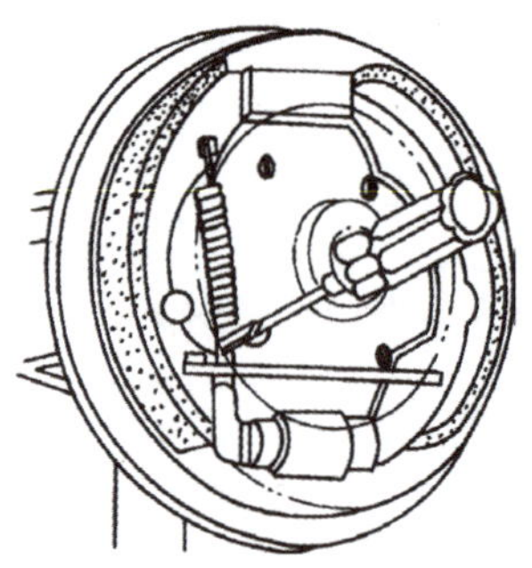

图 5-50　用旋具向上拨动楔形块

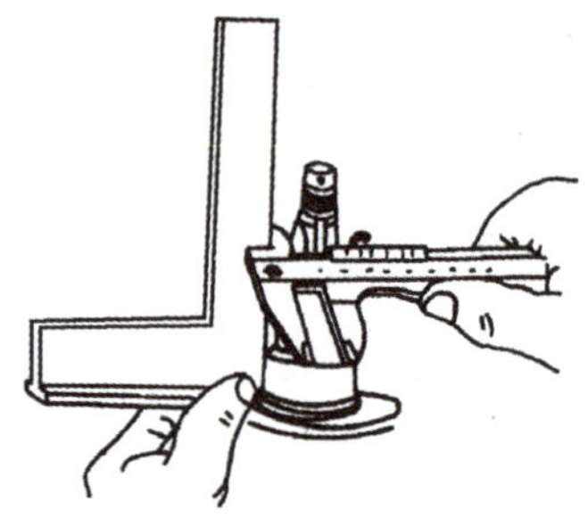

图 5-51　检查后轮毂短轴

3. 安装及调整

1）用专用工具将车轮内、外轴承外圈压入制动轮毂，如图 5-52 和图 5-53 所示。

2）在轮毂短轴上放上油封，用橡胶锤均匀地敲入。测量油封凸出制动鼓小端面的高度，应为 1.10 ~ 1.15mm。

3）在内、外轴承上涂抹适量的锂基润滑脂，轮毂内腔也注入一定量的润滑脂。内轴承用手推至轮毂短轴上，外轴承装入制动鼓内。

4）装入制动鼓。

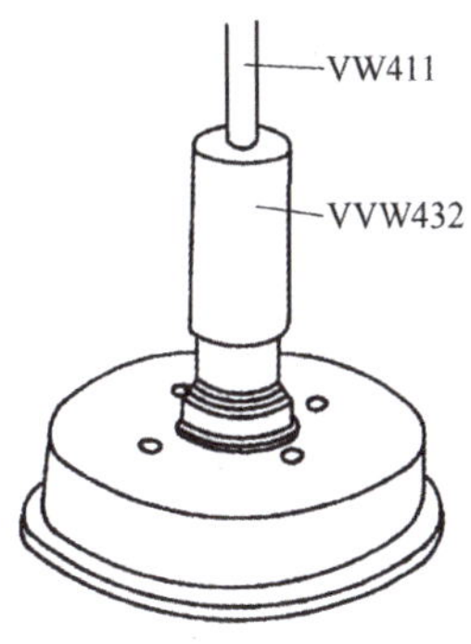

图 5-52　压入外轴承的外圈

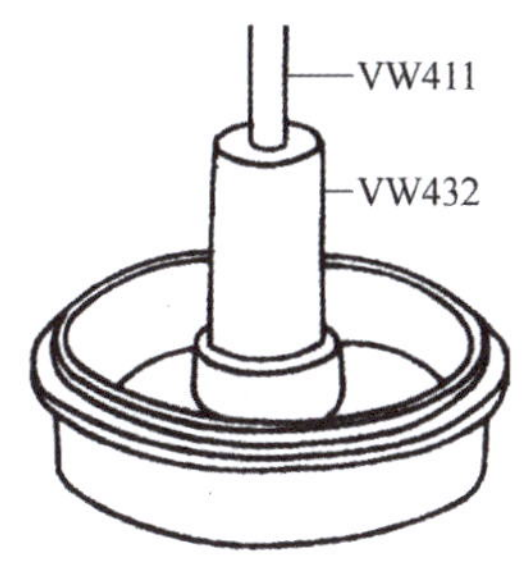

图 5-53　压入内轴承的外圈

维修提示

注意：不能使制动鼓内表面沾上油脂，如果沾上油脂，则应用砂纸打磨干净。

5）装上外轴承和止推垫圈，拧上六角螺母。

6）调整车轮轴承间隙，正确的间隙是一字形旋具在手指的加压下，刚好能够拨动止推垫圈，如图 5−54 所示。也可以用专用工具调整，轴承间隙为 0.01 ～ 0.05mm。

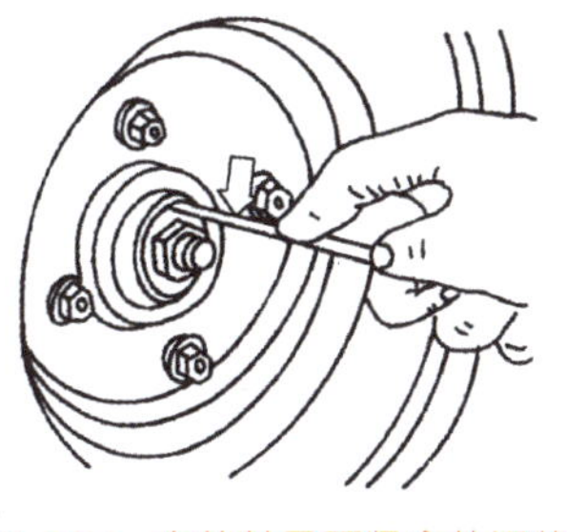

图 5-54　车轮轴承预紧度的调整

7）装上开槽垫圈，换上新的开口销。

8）在轮毂盖内加入适量的润油脂，用橡皮锤将其轻轻敲入。

四、减振器和弹簧维护

1. 拆卸

1）将车辆在地面上停稳，用千斤顶或垫块支撑住后桥。

2）从车身上拧下减振器支承杆座螺母，如图 5−48 所示。

3）慢慢抬高车辆，拧下减振器支柱下端与后桥的固定螺母。

4）小心地从车轮与轮罩之间移出减振器支柱。

维修提示

- 注意：不要碰坏弹簧和轮罩上的油漆。
- 注意：不要同时拆卸两边的支承杆座，以免橡胶金属支承受压过大。

2. 检修

1）如果后减振器在支承处有裂纹、筒体外漏油严重，或用专门仪器检验达不到要求，则应整体更换。

2）如果弹簧有损伤、裂纹或弹力下降，则均需要更换新件。

3）如果橡胶件、缓冲块有损伤、龟裂、老化等现象，则也要更换新件。

3. 安装

按照拆卸相反的顺序进行安装，但应注意：支架上的自锁螺母拧紧力矩为 35N·m，减振器支承上的螺母拧紧力矩为 60 ~ 70N·m，最后应将后隔板两边用粘带封住。

五、悬架臂支承维护

1. 拆卸

1）车辆着地，支撑起后桥。

2）拆下一侧后桥与车身连接的支承座。

3）用分离工具将橡胶金属支承逐一拉出，如图 5-55 和图 5-56 所示。

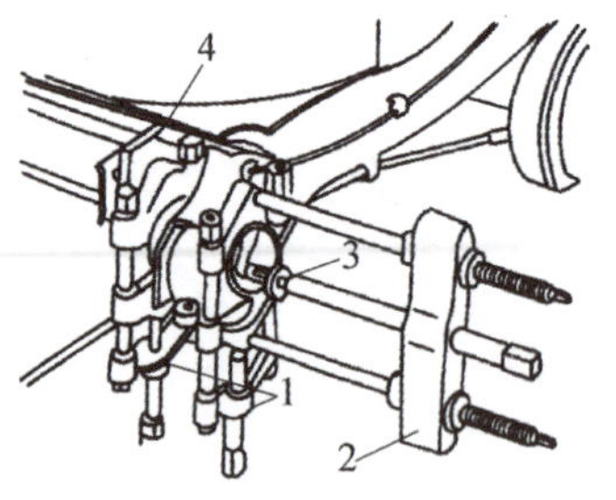

图 5-55　从后横梁中拉出橡胶金属支承
1—分离工具　2—拉具
3—顶杆螺栓　4—桥形支承

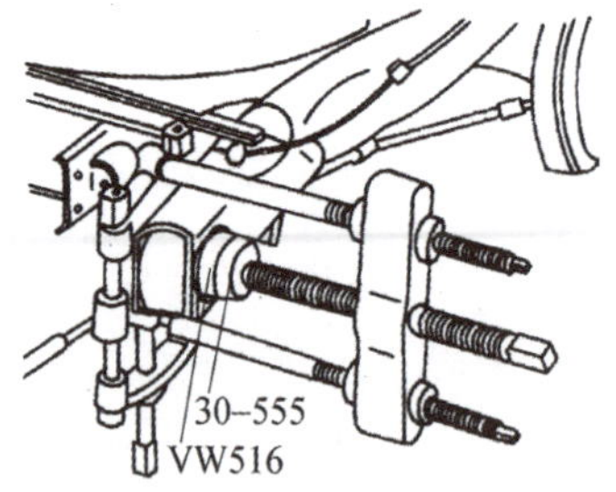

图 5-56　从后横梁中拉出橡胶金属支承的另一半

2. 检修

金属橡胶支承不能进行修理，如果有松动、裂纹、损伤、破裂等现象，均需要更换新件。

3. 安装

1）装入新的两半橡胶金属支承，如图 5-57 所示，并使两半橡胶金属支承扇形体和沟槽相互嵌在一起。

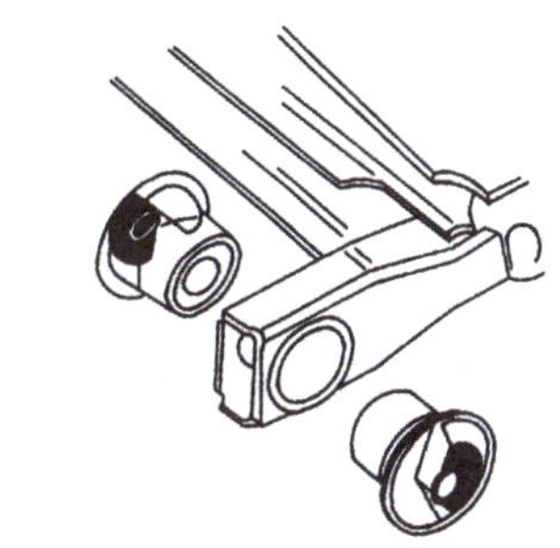

图 5-57　橡胶金属支承的安装位置

2）如有可能，用电动工具将橡胶金属支承压到正确位置，如图 5-58 所示。其安装深度应为 a=61.6 ~ 62.6mm，如图 5-59 所示。

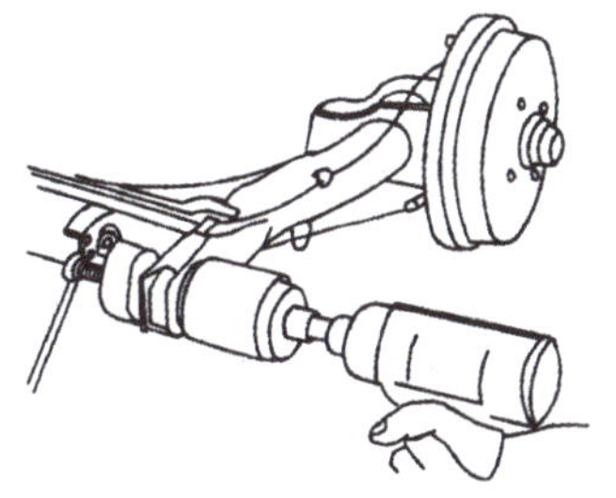

图 5-58　将橡胶金属支承压到正确位置

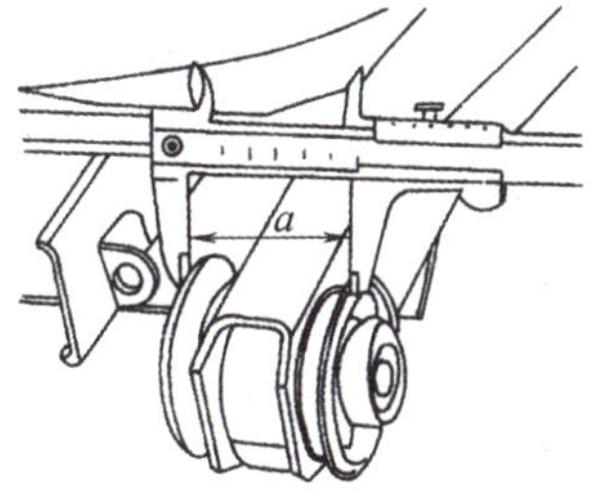

图 5-59　测量支承套的安装深度

3）安装支承座，插入 M12×100mm 的螺栓，按规定力矩拧紧自锁螺母（60 ~ 70N•m）。

> **维修提示**
>
> 注意：拧紧螺母之前，横梁应水平放好，以免给橡胶金属支承带来不必要的扭曲变形。

4）支承座与横梁应成 17° ± 2° 的角度。

第二节　如何维护车轮及轮胎

一、车轮的拆装

1. 车轮总成的拆卸

1）停稳车辆，用三角木掩住各车轮。

2）取下车轮上的装饰罩，弄清汽车左右侧车轮与轮毂连接螺栓的螺旋方向，使用车轮螺母拆装机或用套筒扳手初步拧松各连接螺母，如图 5-60 所示。

3）用千斤顶顶在指定的位置，使被拆车轮稍离地面。也可将车辆停在举升架上，升起车辆，使车轮稍离开地面。

4）拧下车轮与轮毂连接的全部螺母，取下垫圈，并摆放整齐。

5）向外拉边左右晃动车轮，从车轴上取下车轮总成。

2. 车轮总成的安装

1）顶起车桥，套上车轮，将螺母初步拧在螺柱上。

2）放下车轮并在车轮前后用三角木掩住，用扭力扳手或车轮螺母拆装机，按对角线顺序分 2 ~ 3 次拧紧车轮螺母，最后一次要按规定力矩拧紧，车轮螺母紧固顺序如图 5-61 所示。

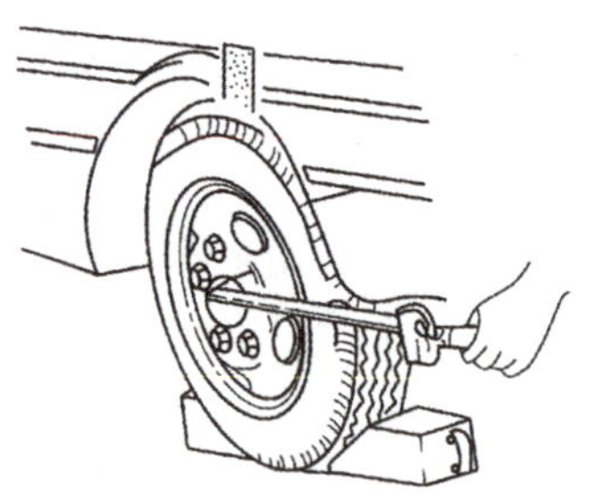
图 5-60　拆卸车轮

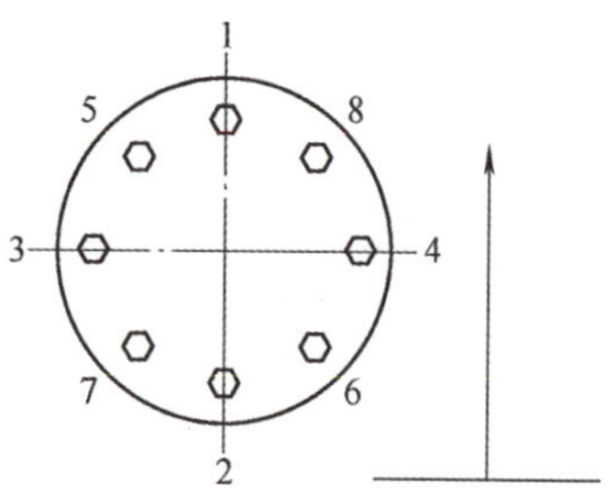

图 5-61　车轮螺母紧固顺序

3）安装后轮双胎时，要先拧紧内侧车轮的内螺母，再装外侧轮胎。在安装过程中，应用千斤顶分两次顶起车桥，分别安装内、外两个车轮。双轮胎高低搭配要合适，一般较低的胎装于里侧，较高的胎装于外侧。

维修提示

- 注意：内侧轮胎和外侧轮胎的气门嘴应互成 180° 的位置。

二、轮胎的拆装与检查

1. 轮胎的拆装

1）拆装轮胎要在清洁、干燥、无油污的地面上进行。

2）拆装轮胎要用专用工具，不允许用大锤敲击或用其他尖锐的用具拆胎。

3）外胎、内胎、垫带、轮辋必须符合规格要求才能组装。

维修提示

- 要特别注意子午线轮胎胎圈部分的完好。

4）内胎装入外胎前，须紧固气门嘴，以防漏气，并在外胎内部和垫带上涂上滑石粉。

5）气门嘴的位置应装在轮辋气门嘴孔中。胎侧有平衡标记（彩色胶片）的，标记应在与气门嘴相对的位置上，以便于平衡。轮辋上有平衡块的，应用动平衡机进行平衡调整。

6）安装有向花纹的轮胎，应注意滚动方向的标记。拆装子午线轮胎应做记号，使安装后的子午线轮胎滚动方向保持不变。

维修提示

- 目前轿车几乎都是采用无内胎的子午线轮胎，最常见的拆装轮胎的专用设备是轮胎拆装机。

2. 轮胎的检查

轮胎的检查主要是检查轮胎的磨损程度和轮胎气压。轮胎磨损程度的检查包括胎面花纹深度的检查和轮胎异常磨损的检查。

轮胎磨损过甚，花纹过浅，是重要的行车不安全因素。过度磨损的轮胎，除容易爆胎外，还会使汽车操纵稳定性变坏。汽车在雨中高速行驶时，由于不能把水全部从胎下排出，轮胎将会出现水滑现象，致使汽车失控。花纹越浅，水滑的倾向性越严重。而轮胎（包括备胎）气压的检查对于行车也是非常重要的。轮胎气压不足，会导致轮胎过热，并因轮胎的接地面积不均匀，而产生不均匀磨损或胎肩和胎侧快速磨损，因此会缩短轮胎的使用寿命。同时会增加滚动阻力、加大耗油，而且影响车辆的操控，严重时甚至引发交通事故；轮胎气压过高则使车身质量集中在胎面中心上，将导致胎面中心快速磨损，不但会缩短轮胎的使用寿命，而且会降低车辆的舒适性。所以日常维护和各级维护时，对于轮胎的检查是非常必要的。

（1）胎面花纹深度的检查

GB 7258—2012《机动车运行安全技术条件》规定，轿车轮胎胎冠上花纹磨损至花纹深度小于 1.6 mm（磨损标志），载货汽车转向轮胎胎冠上的花纹深度小于3.2 mm，其余轮胎胎冠花纹深度小于1.6 mm时，应停止使用。

轮胎花纹深度可用深度尺测量。

要点

● 胎面磨耗标志位于胎面花纹沟底部，当胎面磨损到此处时，花纹沟断开，表明轮胎必须停止使用并送去翻新。为方便用户找到磨耗标志所在的位置，通常在磨耗标志对应的胎肩处标出“TWI”或者“△”等符号。

这种磨耗标志按国家标准 GB 1191—2001、GB 9743—2007 和 GB 516—1989 的规定，每条轮胎应沿周向等距离地设置不少于 4 个。

（2）轮胎异常磨损的检查

检查轮胎的异常磨损，可以发现故障的早期征兆和原因，以便及时排除影响轮胎寿命的不良因素，防止早期磨损和损坏。具体内容见轮胎的常见故障诊断。

（3）轮胎气压的检查

轮胎气压可用气压表进行检查。检查轮胎气压时应在常温下进行，冬季轮胎气压应增高 20kPa。

维修提示

● 注意：不同的车辆，轮胎的气压值略有不同，检查时应参看相应车辆的维修手册。如桑塔纳 2000 轿车前轮的胎压为 0.18MPa，后轮的胎压为 0.22MPa（即平时所说的前轮 1.8 个大气压，后轮 2.2 个大气压）。而一汽花冠轿车前后轮胎的气压均为 0.21MPa。

三、车轮与轮胎的维护

车轮和轮胎的维护应结合车辆的维护强制执行。因为车轮和轮胎的维护应侧重于轮胎的维护，所以下面将详述轮胎的维护。车辆分日常维护、一级维护和二级维护。轮胎维护的分级和周期与车辆维护相同。

1. 一级维护轮胎作业项目

1）紧固轮胎螺母，检查气门嘴是否漏气、气门帽是否齐全，如发现损坏或缺少应立即修理或补齐。

2）挖出轮胎夹石和花纹中的石子、杂物，如有较深的伤洞应用生胶填塞。特别是子午线胎，刺伤后若不及时修补，水气进入胎体锈蚀钢丝帘线，便会造成早期损坏。

3）检查轮胎磨损情况，如有不正常磨损或起鼓、变形等现象，应查找原因，予以排除。

4）如需检查外胎内部，应拆卸解体，如有损伤应及时修补。

5）检查轮胎搭配和轮辋、挡圈、锁圈是否正常。

6）检查轮胎（包括备胎）气压，并按标准补足。

维修提示

- 注意：备胎气压应高于使用中轮胎的气压。
- 厂家一般推荐至少每月或每次长途旅行前检查一次胎压，包括备胎。

7）检查轮胎有无与其他机件刮碰的现象，备胎架是否完好、紧固，如不符合要求，应予以排除。

8）必要时（如单边偏磨严重）应进行一次轮胎换位，以保持胎面花纹磨耗均匀。

完成上述作业后应填写维护记录。

2. 二级维护轮胎作业项目

除执行一级维护的各项作业外，还应进行下列项目。

1）拆卸轮胎，按轮胎标准测量胎面花纹磨耗、周长和断面宽度的变化，作为换位和搭配的依据。

2）轮胎解体检查。

要点

- 检查胎冠、胎肩、胎侧和胎内有无内伤、脱层、起鼓、变形等现象。
- 检查内胎、垫带有无咬伤、褶皱现象，气门嘴、气门芯是否完好。
- 检查轮辋、挡圈和锁圈有无变形、锈蚀，并视情况涂漆。
- 检查轮辋螺栓承孔有无过度磨损或损裂现象。

3）排除解体检查所发现的故障后，进行装合和充气。

4）高速车应进行轮胎的动平衡试验。

5）按规定进行轮胎换位。

6）发现轮胎有不正常的磨损或损坏，应查明原因，予以排除。

完成上述作业后应填写维护记录。

3. 轮胎维护操作要点

（1）充气

1）轮胎充气应按照该型汽车使用说明书上规定的标准气压执行，并在冷态时用气压表测量，若在热态时测量，应略高于标准气压，取适当的修正值。气压表应定期校准，以保证读数准确。

2）轮胎装好后，先充入少量空气，待内胎充气伸展后再继续充至要求的气压。

3）充气前应检查气门芯与气门嘴是否配合平整，并擦净灰尘。充气后应检查是否漏气，并将气门帽装紧。

4）充入的空气不得含有水分和油雾。

5）充气时应注意安全防护，充气开始时用手锤轻击锁圈，使其平稳嵌入轮辋圈槽内，以防锁圈跳出。

（2）轮胎换位

1）按时换位可使轮胎磨损均匀，约可延长20％的使用寿命，应结合车辆二级维护定期换位。在路面拱度较大的地区或夏季，轮胎磨损差别较大，可适当增加换位次数。

> **维修提示**
>
> ● 厂家一般推荐行驶8 000～10 000km应将轮胎换位一次。

2）轮胎换位方法常用的有交叉换位法、循环换位法和单边换位法，如图5-62和图5-63所示。

装用普通斜交轮胎的六轮二桥汽车，常用图5-62中的交叉换位法。具体做法是左右两交叉，主胎（后内）换前胎，前胎换帮胎（后外）、帮胎换主胎。这样，通过3次换位每只轮胎就可轮到一次担负内档（主力）胎。

四轮二桥汽车，斜交轮胎也可采用交叉换位法，如图 5-63a 所示。子午线轮胎宜用单边换位法，如图 5-63b 所示。

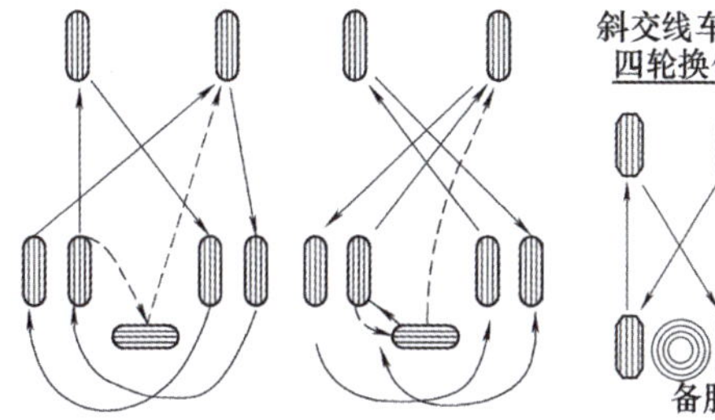

a）循环换位　b）交叉换位

图 5-62　六轮二桥汽车轮胎换位法

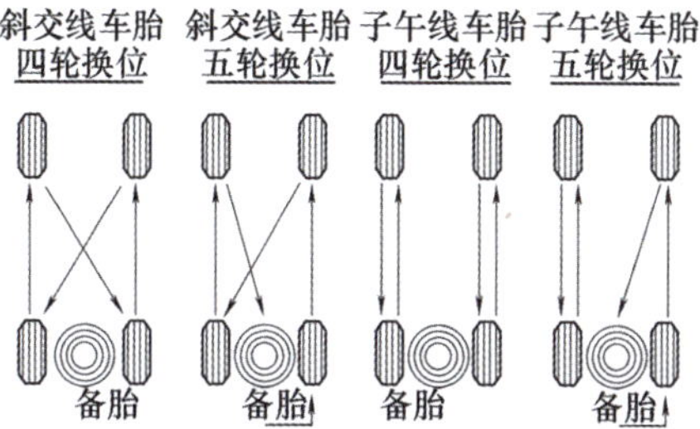

a）交叉换位　b）单边换位

图 5-63　四轮二桥汽车轮胎换位法

要点

子午线轮胎的旋转方向应始终不变。若反向旋转，则会因钢丝帘线反向变形产生振动，使汽车平顺性变差。所以一些轿车使用手册推荐单边换位法。

3）轮胎换位后，应按所换的胎位要求，重新调整气压。

4）轮胎换位后须做好记录，下次换位仍要按上次选定的换位方法进行换位。

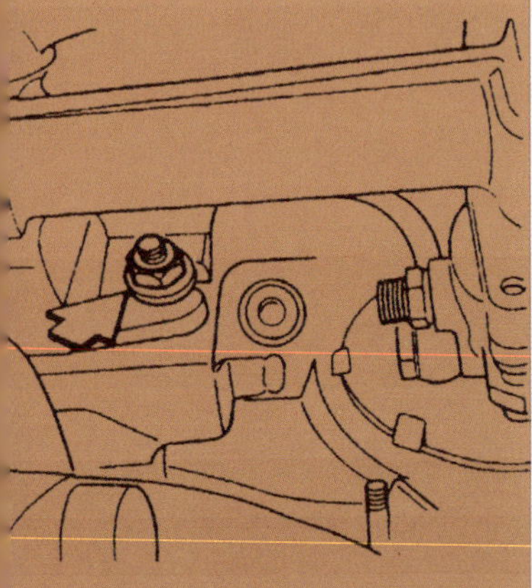

CHAPTER 6

第六章 如何进行转向系统维护

由驾驶人操纵，转向轮偏转和回位的机构，称为汽车的转向系统。汽车转向系统的作用是改变和保持汽车的行驶方向。汽车转向系统按转向动力源的不同分为机械转向系统和动力转向系统两大类。

要点

● 转向系统由转向操纵机构、转向器和转向传动机构三大部分组成。

汽车转向时，驾驶人转动转向盘，通过转向轴、转向节和转向传动轴，将转向力矩输入转向器。从转向盘到转向传动轴这一系列部件即属于转向操纵机构。转向器是转向系中的减速增力传动装置，其作用是增大由转向盘传到转向节的力，并改变力的传动方向。转向器的种类较多，一般按转向器中的传动副的结构形式分类，目前应用较广泛的有循环球式、齿轮齿条式和蜗杆曲柄指销式等几种。本书以齿轮齿条式转向系统为例，介绍转向系统维护相关知识。

第一节 如何维护机械转向系统

一、转向操纵机构维护

1. 转向操纵机构的拆卸

转向操纵机构的分解如图 6-1 所示。

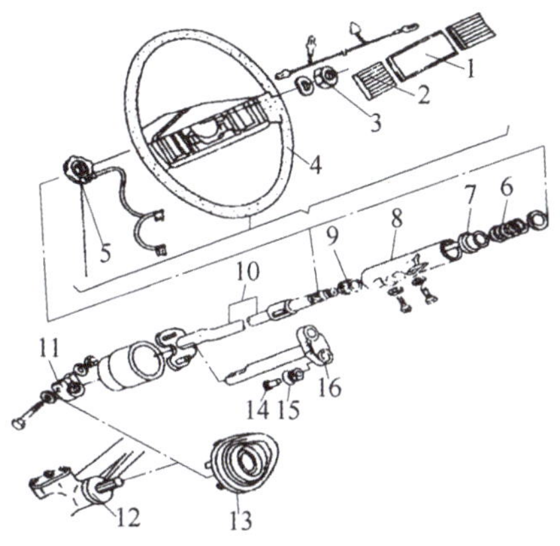

图 6-1 转向盘与转向管柱分解图

1—转向盘盖板（也称大盖板） 2—电喇叭按钮盖板 3—转向盘与转向柱紧固螺母 M16（45N·m） 4—转向盘 5—接触环 6—压缩弹簧 7—连接圈 8—转向柱套管 9—轴承 10—转向柱上段 11—夹紧箍 12—转向器 13—转向柱管橡胶圈 14—转向减振尼龙销 15—转向减振橡胶圈 16—转向柱下段

转向柱上装有一套组合开关，包括点火开关、风窗玻璃刮水器和洗涤器开关、转向灯开关、远近光变光开关，因此在拆卸前必须将蓄电池电源线断开，转向指示灯开关放在中间位置，并使车轮处在直线行驶位置，按下列拆卸步骤进行。

1）向下按橡皮边缘，撬出大盖板 1。

2）取下电喇叭按钮盖板 2，拆卸电喇叭按钮及有关接线。

3）拆下转向盘与转向柱紧固螺母 3，用拉器将转向盘取下。

4）拆下组合开关上的 3 个平口螺栓，如图 6-2 所示，取下开关。

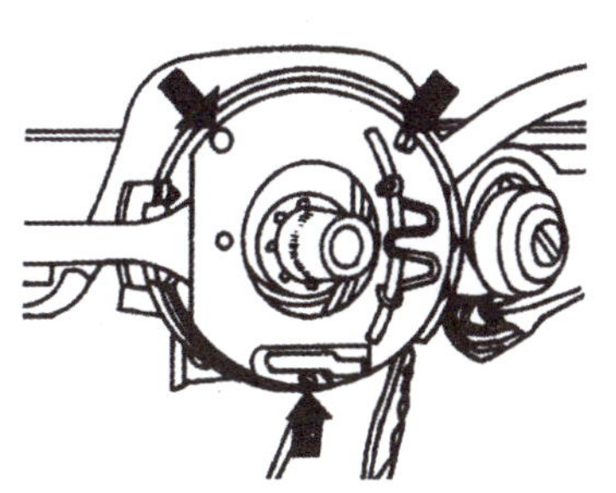

图 6-2 组合开关的拆卸

5）拆下转向柱套管的两个螺钉，拆下套管。

6）将转向柱上段往下压，使上段端部凸缘上的两个驱动销脱离转向柱下段，取出转向柱上段。

7）取下转向柱管橡胶圈 13，松开夹紧箍的紧固螺栓，拆下转向柱下段 16。

8）用水泵钳旋转卸下弹簧垫圈，卸下左边的内六角螺栓，旋出右边的开口螺栓，拆下转向盘锁套。

2. 转向操纵机构的检修维护

转向操纵机构拆卸后，应检查转向柱有无弯曲，安全联轴节有无磨损或损坏，弹簧弹性是否失效，如有，则应修理或更换新件。

3. 转向操纵机构的装配

转向操纵机构的装配应按拆卸的相反顺序进行，但同时应注意以下几点。

- 转向柱与凸缘管应一起安装，并用水泵钳连接起来。
- 应将凸缘管推止转向机构主动齿轮上，夹紧箍圈口应向外，注意不可用手掰开夹箍。
- 转向柱管的断开螺栓装配时，应将螺栓拧紧至螺栓头断开，然后拧紧圆柱螺栓。
- 车轮应处于直线行驶位置，转向灯开关应处在中间位置，才可装转向盘，否则在安装转向盘时，当分离爪齿通过接触环上的簧片时，有可能造成损坏。
- 应更换所有的自锁螺母和螺栓，转向柱如有损坏，不能焊接修理。

二、转向器维护

1. 转向器的拆卸

1）拆下仪表板下饰板，将密封衬套从前围穿线板中向驾驶人方向抽出，如图 6-3 所示。

2）从发动机舱盖中松开夹紧箍并取出螺栓。

3）从转向器壳体上拆下减振器的固定螺栓，并从另一端拆下与支架的固定螺栓，取下转向减振器，如图 6-4 所示。

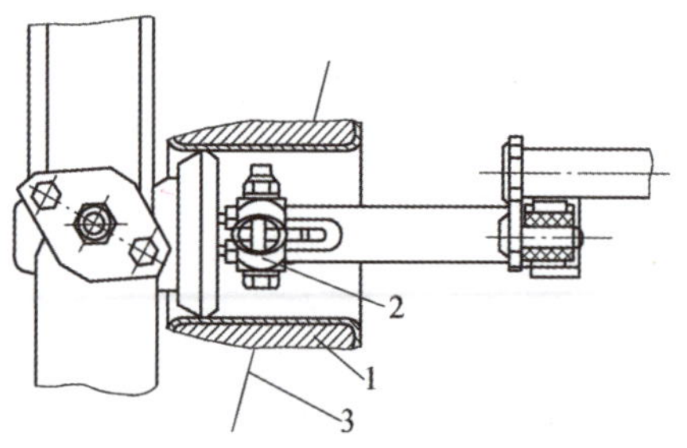

图 6-3　安全联轴装置的拆卸
1—密封罩　2—凸缘管与齿轮夹紧箍　3—地板

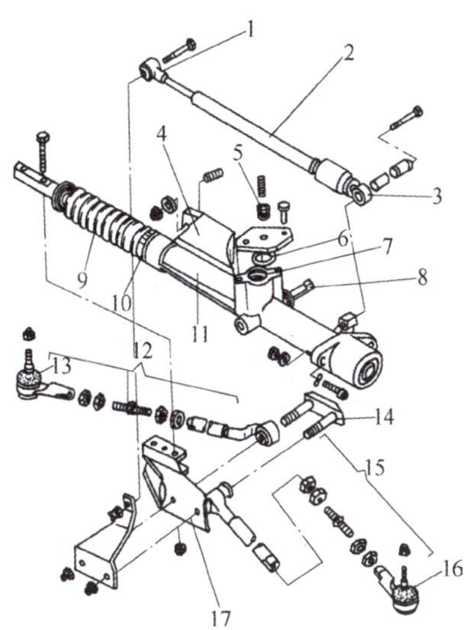

图 6-4　转向器与转向横拉杆的结构

1—转向减振器固定支点端　2—转向减振器　3—减振器接受振动端　4—转向器壳体凸台　5—锁紧螺母与调整螺栓　6—密封圈　7—补偿弹簧　8—转向齿轮轴　9—防尘套　10—夹筒　11—转向器壳体　12—右横拉杆　13—横拉杆球铰　14—连接件　15—左横拉杆　16—左横拉杆球铰　17—齿条与横拉杆连接件（转向支架）

4）拆下齿条与支架（横拉杆连接件）的连接螺栓，将齿条与支架脱开。

5）拆下转向器和车身的连接螺栓和防松螺母，即可将转向器从车上拆下。

2. 转向器的分解

1）拆卸补偿机构。拧下紧固螺柱、锁紧螺母和调速螺栓，取下O形密封圈和调整弹簧。

2）拆卸齿轮密封环、卡簧、轴承，取出齿轮。

3）松开齿条端盖帽，拆卸齿条杆上的防尘罩、挡圈、密封圈，抽出齿条，并作行程记号。

3. 转向器的检修维护

1）检查齿轮端头和衬套（液压转向轴承）的磨损情况，是否与上面球轴承同心。如磨损严重或不同心，则应更换。

2）检查齿条各部的磨损程度，有无缺齿，如有，则应更换齿条。

3）检查转向器外壳有无磨损和破裂，如破裂或磨损严重，应更换。

4）检查波纹管是否破裂，如有破损，应更换。

5）检查各密封圈和密封环，如有溢漏，必须更换。

6）自锁螺母和螺栓一经拆卸，必须更换。

7）不准对转向器零件进行焊接和整形。

8）转向减振器如有漏油，则应更换。

4. 转向器的装配与调整

转向器的装配顺序应按拆卸相反的顺序进行，但同时注意以下几点。

- 转向器壳的固定螺栓，不可拧得太紧，应按规定力矩拧紧。
- 齿轮轴与转向柱下段连接时，夹箍应推至转向柱下段，密封环应嵌入转向器壳体上的环形槽中。
- 波纹管可在转向器安装后进行调整，这时在齿条上涂转向器黄油，将波纹管一端用夹箍夹紧在环槽中。
- 波纹管挡圈应推至齿条限位处。
- 转向器装配后，应检查调整齿轮与齿条间隙。调整时，松开锁紧螺母，拧紧调整螺栓至止推垫圈挡块，再拧紧锁紧螺母。转向器正确组装后，用手可直接转动主动齿轮轴。

三、转向传动机构的检修维护

1）从转向节臂处松开横拉杆球销锁紧螺母，分别拆下左、右横拉杆的球铰一端。

2）拆下左、右横拉杆与支架的连接螺母，取下左、右横拉杆总成。

3）再松开调整螺母，卸下左、右横拉杆球铰。

要点

- 横拉杆拆卸后应检查球铰是否磨损和松旷，调整螺栓的螺纹有无乱纹、滑丝和损坏，横拉杆是否弯曲；连接支架和减振支架有无变形和断裂，如有，则应更换。

装配时应更换自锁螺母、防尘套和衬套。

四、转向系统的维护

转向系统技术状况的好坏，不仅影响操纵稳定性，而且直接影响行车安全，因此要经常对转向系进行检查和维护。

1）汽车每行驶 15 000km，应检查紧固横拉杆上的 4 个锁紧螺母，紧固力矩为 45N·m。

2）转向系统各连接部分不应有松动和间隙。

3）转向盘边缘的自由行程量不应超过 15 ~ 20mm，如自由行程量过大，说明各连接处松旷或转向器啮合间隙偏大，应检查调整。

4）如转向器齿轮与齿条啮合间隙偏大，应将车轮着地并直线朝前，松开转向器上的螺母。用内六角扳手转动调整螺栓以消除齿轮与齿条啮合间隙，然后将锁紧螺母拧紧，最后试车检查，转向盘应轻便灵活无间隙感。

5）转向器不应有漏油，紧固螺栓不应有松动。

6）减振器不应有漏油，支承不应有开裂。

7）防尘套不应破裂或损伤，卡箍不应脱落。

第二节 如何维护动力转向系统

动力转向系统的零件和管路布置如图 6-5 所示，动力转向机构的分解与检修如图 6-6 所示。

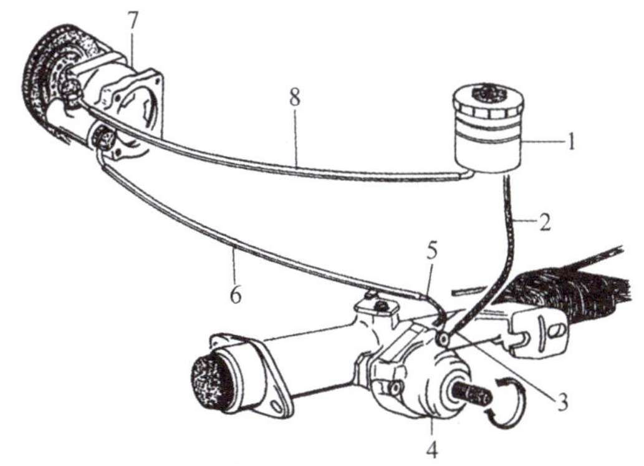

图 6-5 动力转向器和管路布置

1—储油罐 2—动力转向器出油软管 3—动力转向器出油硬管 4—动力转向器 5—动力转向器进油硬管 6—动力转向器进油软管 7—叶片式油泵 8—进油软管

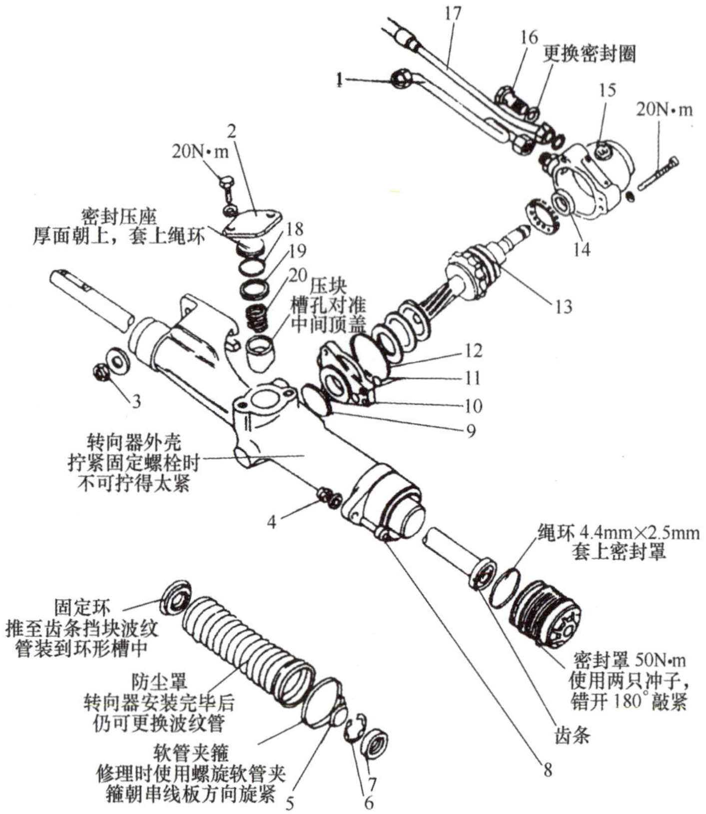

图 6-6　动力转向机构的分解与检修

1—油管 40N·m　2—压盖　3—自锁螺母 35N·m　4—自锁螺母 20N·m　5—更换齿形环　6—挡圈　7—齿条密封罩　8—圆柱内六角螺栓　9—圆绳环 42×2　10—中间盖　11、12、18—圆绳环　13—转向机构主动齿轮　14—密封圈　15—阀门罩壳　16—管接头螺栓 30N·m　17—回油管　19—补偿垫片　20—压簧

一、动力转向器的拆装

1. 动力转向器的拆卸

1）吊起车辆。排放转向液压油（ATF）。

2）拆卸横拉杆固定螺母，如图 6-7 所示。

3）拆卸左前轮罩处的转向器固定螺栓，如图 6-8 所示。

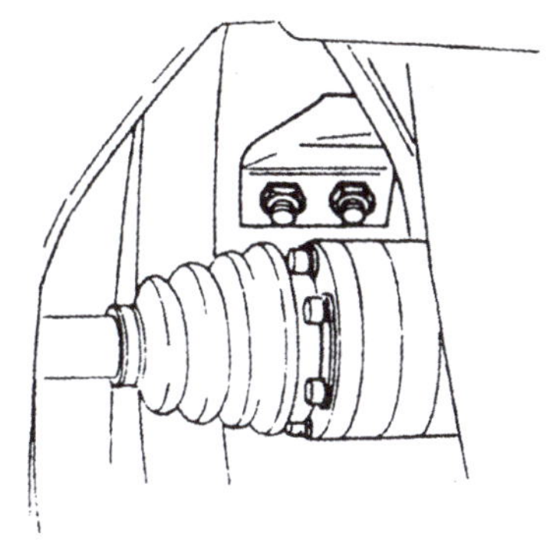

图 6-7　拆卸横拉杆固定螺母

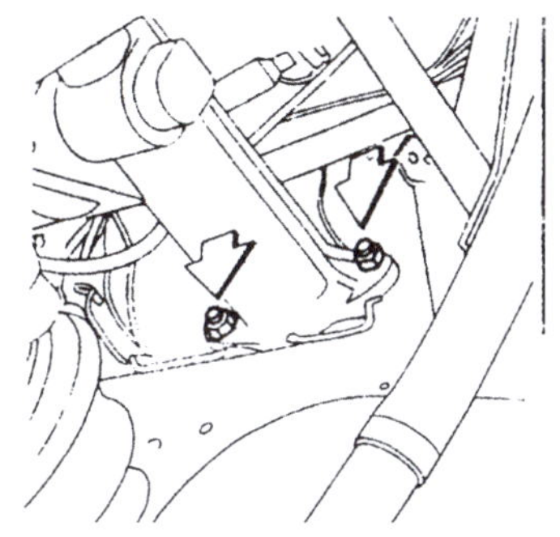

图 6-8　拆卸左前轮罩处的转向器固定螺栓

4）松开在转向控制阀外壳上的高压油管，如图 6-9 所示。

5）拆卸后横板上固定转向器的左边自锁螺母，如图 6-10 所示。

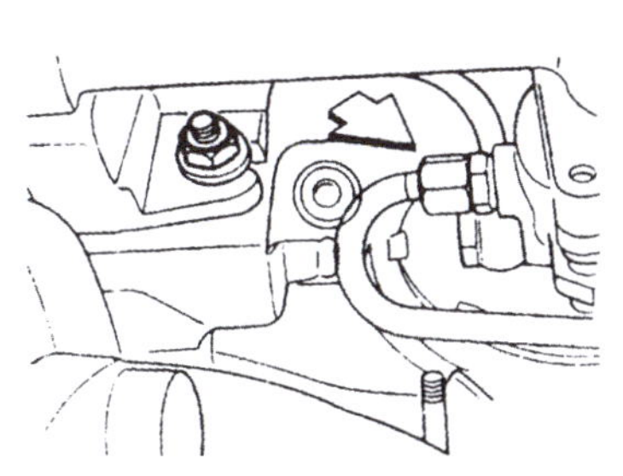

图 6-9　松开高压油管

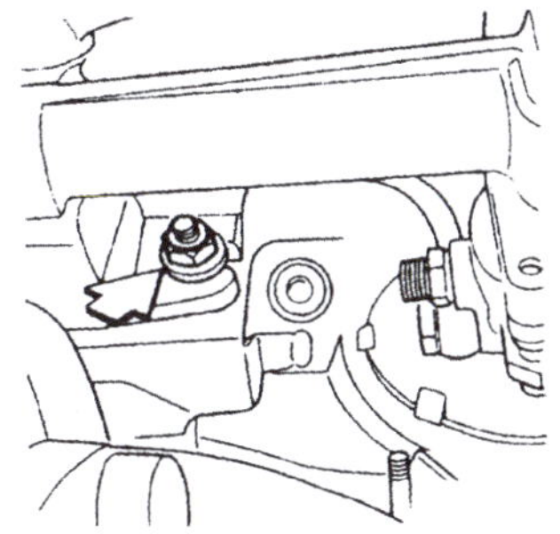

图 6-10　拆卸后横板上固定转向器的左边自锁螺母

6）把车辆放下。拆卸紧固齿条与转向横拉杆的螺栓，如图 6-11 所示。

7）拆卸仪表板侧边下盖、通风管和踏板盖。

8）拆卸紧固转向小齿轮与下轴的螺栓，如图 6-12 所示，并使各轴分开。

9）拆卸防尘套。从汽车内部，拆卸固定转向控制阀外壳上回油软管的泄放螺栓，如图 6-13 所示。

10）拆卸后横板上转向器的固定自锁螺母，如图 6-14 所示。

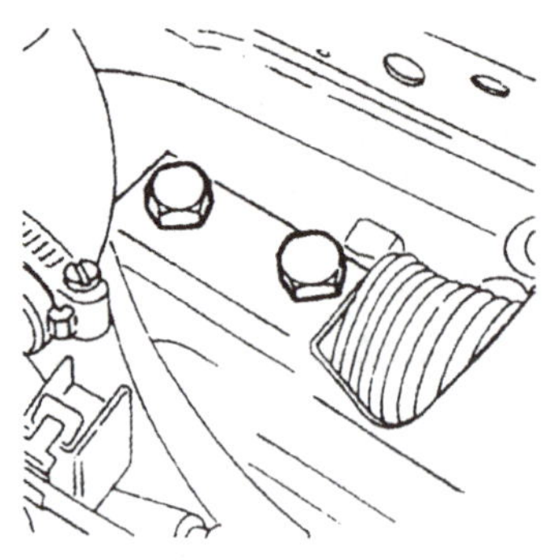

图 6-11 拆卸紧固齿条与转向横拉杆的螺栓

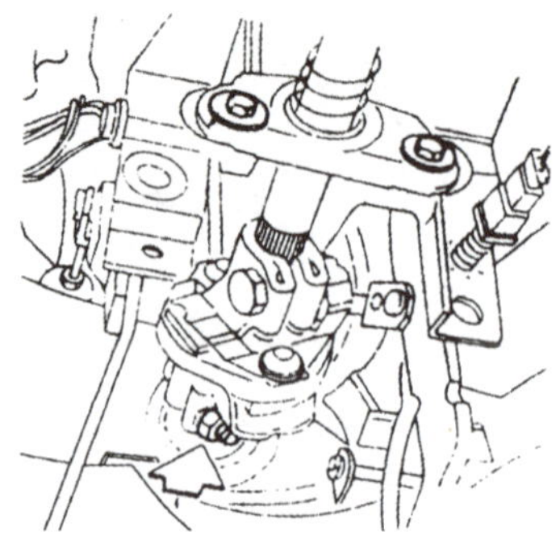

图 6-12 拆卸紧固转向小齿轮与下轴的螺栓

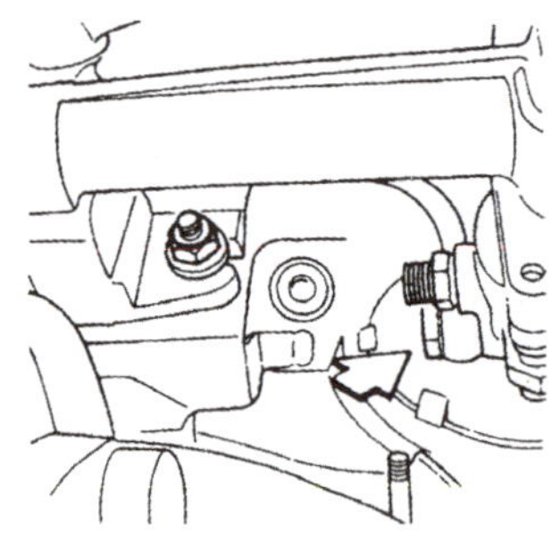

图 6-13 拆卸泄放螺栓

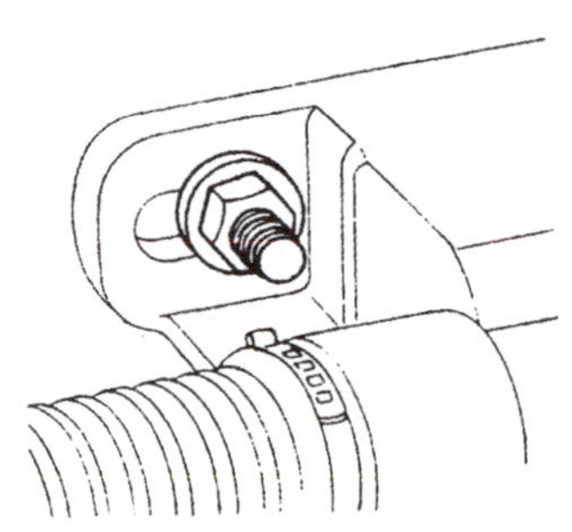

图 6-14 拆卸后横板上转向器的固定自锁螺母

11）拆下转向器。

2. 动力转向器的安装

维修提示

● 油泵上和在转向控制阀上固定泄放螺栓的密封环只要拆卸，就应该更换。

1）安装后横板的转向器，安装自锁螺母但不必完全拧紧。

2）吊起车辆。

3）在转向油泵上安装高压和回油软管，并用 40N·m 的力矩拧紧螺栓，并使用新的密封圈；安装在左前轮罩上的转向器固定螺栓，并用 20N·m 的力矩拧紧螺母，安装在后横板上转向器固定自锁螺母，并

且用 40N·m 的力矩拧紧螺母；把高压管固定在转向控制阀外壳上。

4）把车辆放下。

5）用 40N·m 的力矩拧紧在后横板上转向器的固定螺母；安装横拉杆支架固定螺栓，并用 45N·m 的力矩拧紧；从车辆内部把回油软管安装在转向控制阀外壳上；安装保护网（防尘套）；连接下轴，安装固定螺栓并用 25N·m 的力矩拧紧；安装踏板盖、通风管和仪表板盖。

6）吊起车辆。

7）安装固定横拉杆支架的自锁螺母，并用 45N·m 的力矩拧紧。

8）把车辆放下。

9）向储油罐内注入 ATF，直到达到标有“Max”处。决不要再使用已排出的 ATF。

10）吊起车辆。在发动机停止的情况下转动转向盘数次，以便把系统中存在的空气排出，并补充 ATF，使之达到标有“Max”处。

11）起动发动机，完全向左和右转动转向盘，观察油面高度，一直操作到油面稳定在标有“Max”处。

二、转向器齿轮密封圈的更换

1）拆卸转向器。把转向器固定在台虎钳上，并拆卸弯曲棒的锁销，如图 6-15 所示。

2）拆卸转向控制阀总成，如图 6-16 所示。

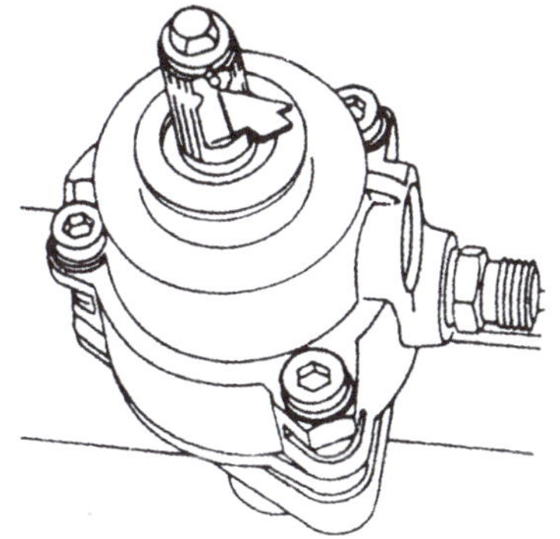

图 6-15　拆卸弯曲棒的锁销

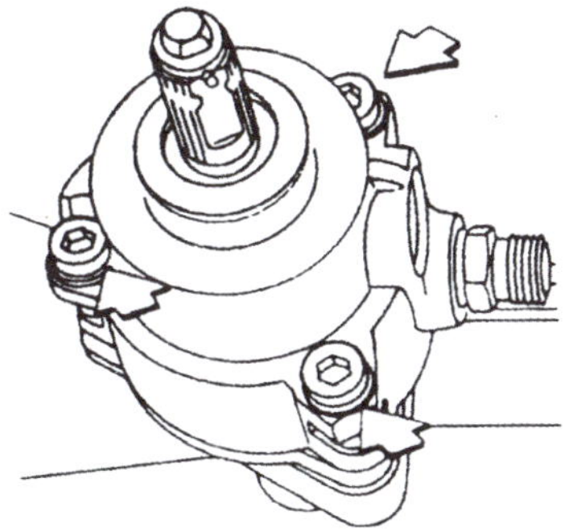

图 6-16　拆卸转向控制阀总成

3）拆卸转向控制阀外壳的密封圈，如图 6-17 所示。

4）使用专用工具 VW065 和塑料铆头，把新的密封圈安装在转向控制阀外壳上，如图 6-18 所示。

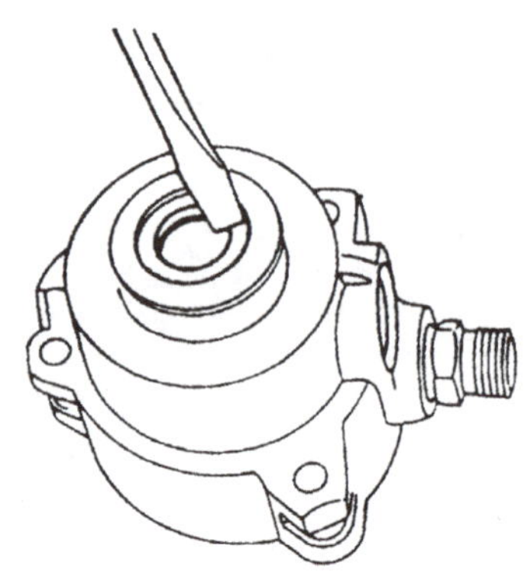

图 6-17　拆卸密封圈

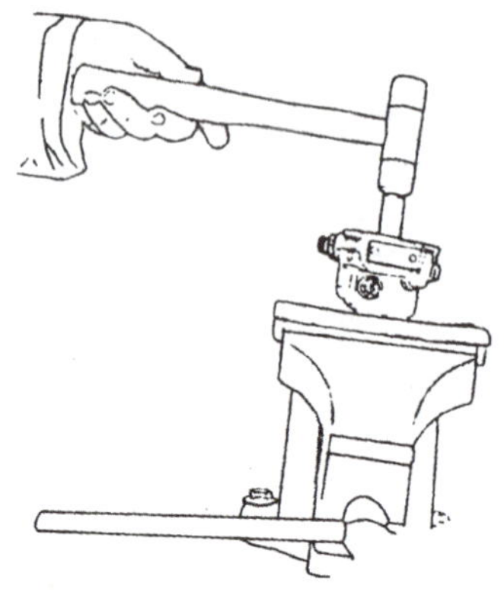

图 6-18　安装密封圈

三、转向油泵的更换

转油泵的分解如图 6-19 所示，拆卸和安装转向油泵时均可参照此图。

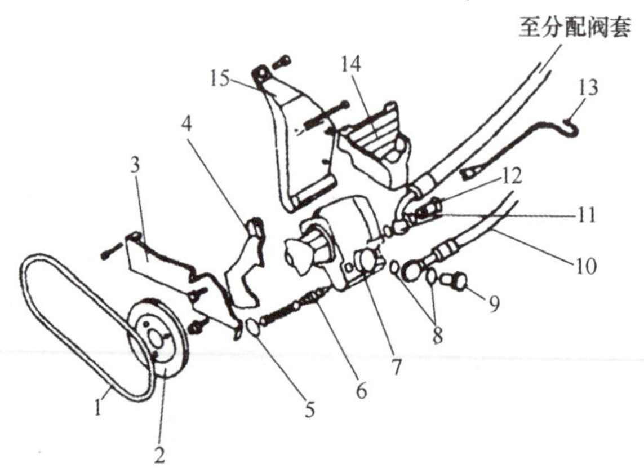

图 6-19　转向油泵（叶轮泵）及其附件的分解图

1—V 带　2—带轮　3—夹紧夹板　4—前摆动夹板　5—密封环　6—压力和流量限制阀　7—叶轮泵　8—密封环　9、12—管接头螺栓　10—进油管　11—密封环　13、15—支架　14—后摆动夹板

1. 转向油泵的拆卸

1）吊起车辆。

2）拆卸油泵上回油软管的高压软管的泄放螺栓，如图 6-20 所示，排放 ATF。

3）拆卸转向油泵前支架上的张紧螺栓，如图 6-21 所示。

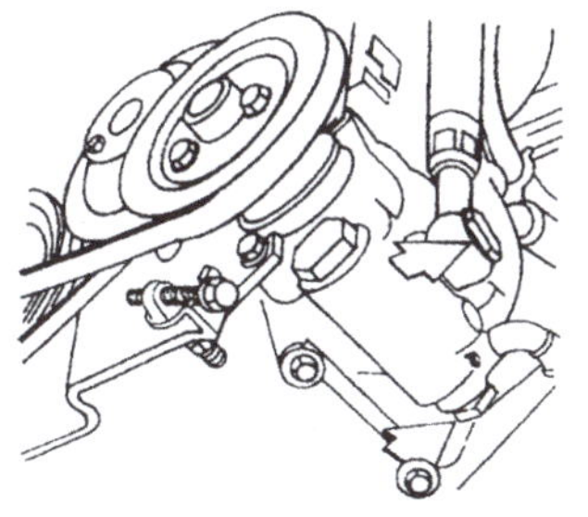

图 6-20　拆卸泄放螺栓

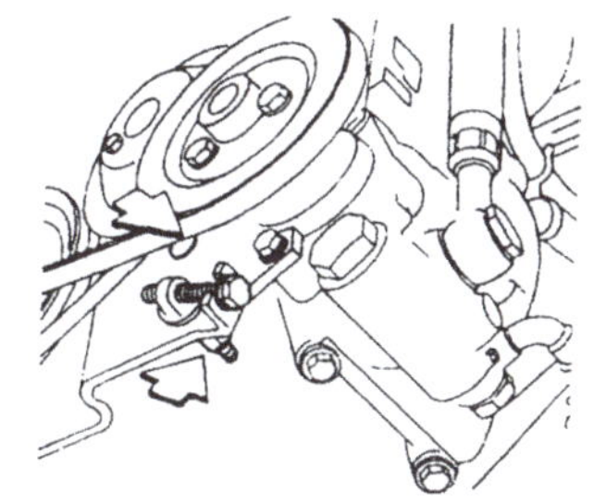

图 6-21　拆卸转向油泵前支架上的张紧螺栓

4）拆卸转向油泵后支架上的固定螺栓，如图 6-22 所示。

5）松开转向油泵中心支架上的固定螺母和螺栓，如图 6-23 所示。

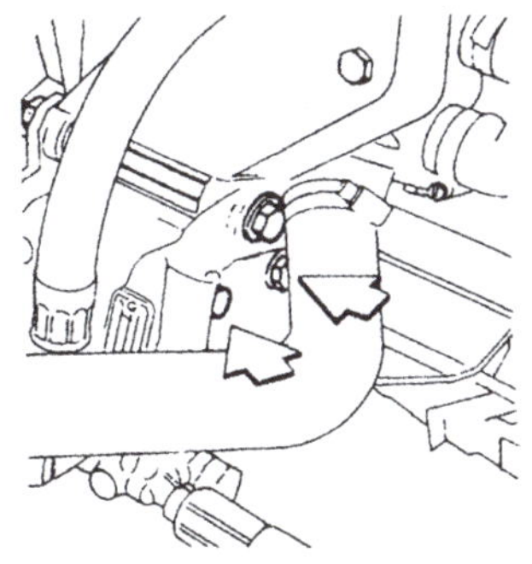

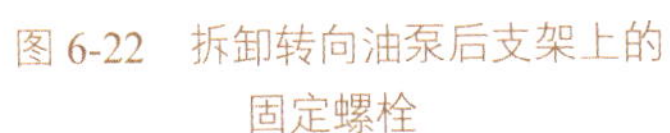

图 6-22　拆卸转向油泵后支架上的固定螺栓

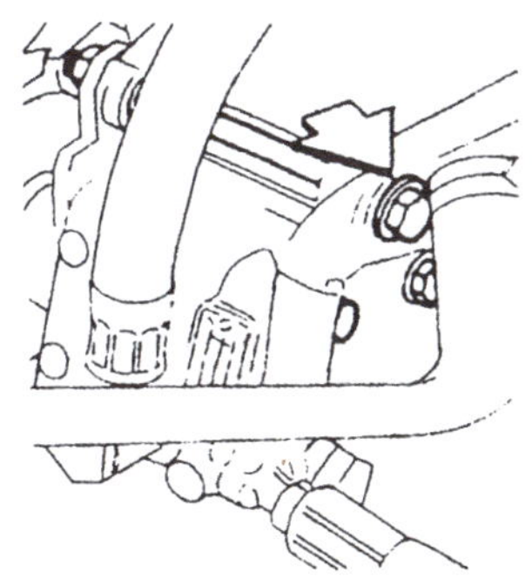

图 6-23　松开转向油泵中心支架上的螺栓

6）把转向油泵固定在台虎钳上，拆卸滑轮和中间支架。

2. 转向油泵的安装

转向油泵安装顺序与拆卸顺序相反。转向油泵安装完毕后应调整转向油泵 V 带的张紧度，并加注 ATF。

四、储油罐的拆装

1. 储油罐的拆卸

松开储油罐的安装支架螺栓和储油罐进油、回油软管夹箍，从车上拆下储油罐，如图 6-24 所示。

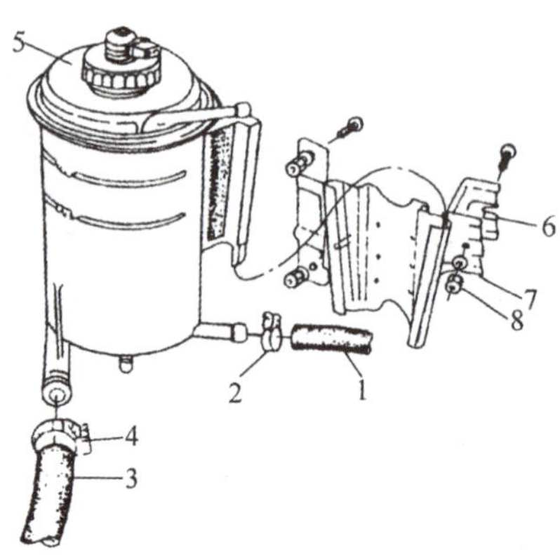

图 6-24 拆卸储油罐

1—回油软管 2、4—软管夹箍（拧紧力矩 1.0 ~ 1.5N·m） 3—进油软管 5—储油罐 6—储油罐支架 7—垫片 8—六角螺母 M6[拧紧力矩（6.0±3）N·m]

2. 储油罐的安装

安装储油罐按照拆卸的相反顺序进行。

五、转向油泵 V 带的调整

1）松开转向油泵支架上的后固定螺栓，如图 6-25 所示。

2）松开专用螺栓的螺母，如图 6-26 所示。

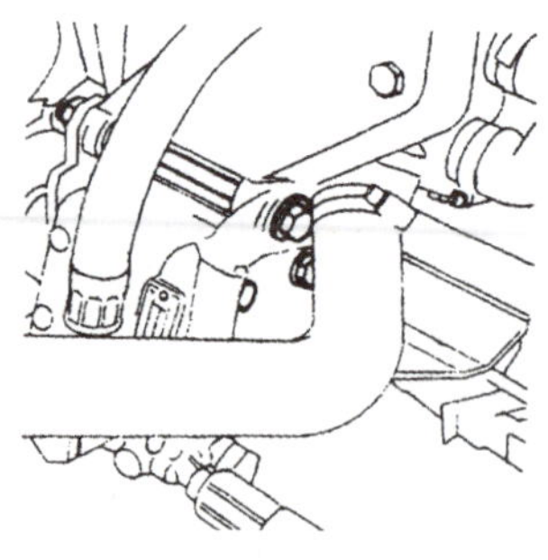

图 6-25 松开后固定螺栓

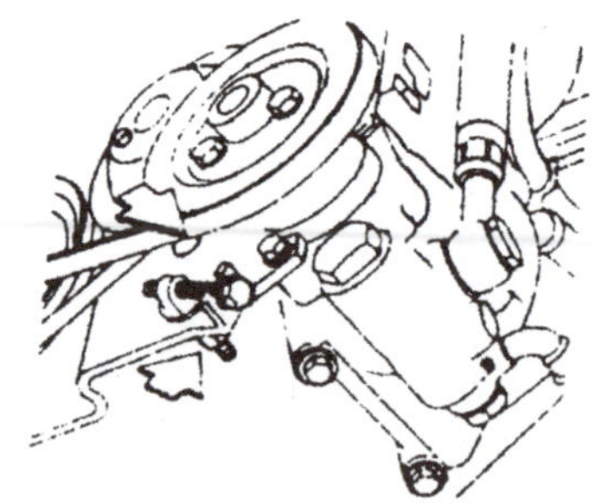

图 6-26 松开专用螺栓的螺母

3）通过张紧螺栓把V带绷紧，如图6-27所示。若压在V带中间处，则V带应有10mm挠度。

4）拧紧专用螺栓的螺母。拧紧转向油泵支架上的固定螺栓。

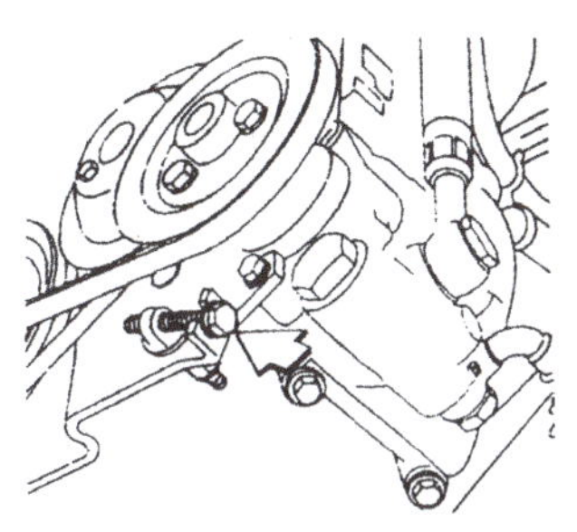

图6-27　张紧V带

六、转向系统的维护

1. 检查系统密封性

转向系统密封性的检查，应在热车时进行。

将转向盘快速朝左、右两侧转至极限位置，并保持不动，此时可产生最佳管内压力。目测检查转向控制阀、齿条密封（松开波纹管软管夹箍，再将波纹管推至一旁）、叶轮泵、油管接头是否有漏油现象，如有渗漏应更换密封件。

如果发现储油罐中缺少ATF，应检查转向系统的密封性是否完好。

当转向器主动齿轮不密封时，必须更换阀体中的密封环和中间盖板上的圆形绳环。

如果转向器罩壳中的齿轮齿条密封件不密封，则ATF可能流入波纹管套里，此时，应拆开转向机构，更换所有密封环。

如油管接头漏油，应查找原因并重新接好。

2. 检查转向油泵压力

1）将压力表装到连接管阀体和弹性软管之间的压力管中。

2）启动发动机，如果需要，向储油罐补充ATF。

3）快速关闭截止阀（关闭时间不超过5min），并读出压力数，表压额定值为6.8～8.2MPa。

如果没有达到额定数值，就应检查压力和流量限制阀是否完好。如不正常应更换压力和流量限制阀，或更换叶轮泵。

3. 检查系统压力

当发动机怠速工作时，打开压力表节流阀，使转向盘向左或右旋转极限位置，同时读出压力表上的压力。额定值表压为6.8～8.2MPa。

如果向左或右边的额定值达不到要求，就要修理转向器或更换总成。

第七章 如何进行制动系统维护

CHAPTER 7

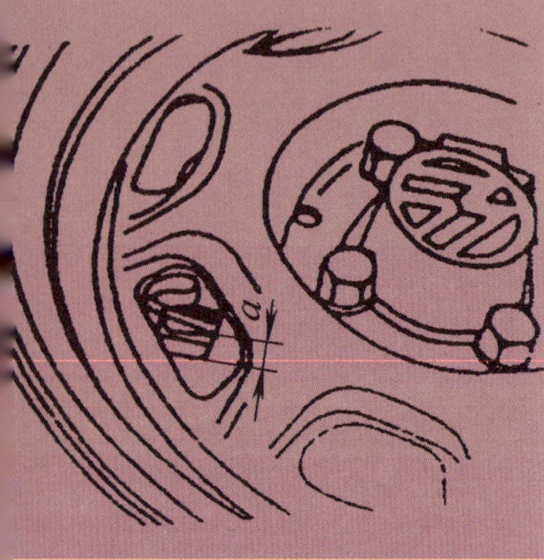

汽车制动系统的功用是：按照需要使汽车减速或在最短距离内停车；下坡行驶时限制车速；使汽车可靠地停放在原地，保持不动。

要点

- 现代汽车上制动系统一般有行车制动装置和驻车制动装置。
- 行车制动装置用于使行驶中的车辆减速或停车，制动器安装在全部车轮上，通常由驾驶人用脚操纵。
- 驻车制动装置用于使停驶的汽车驻留原地，通常由驾驶人用手操纵。

其中行车制动系统分为盘式制动器和鼓式制动器两种。本章主要介绍这两种行车制动系统的维护。目前汽车上的行车制动装置均装有 ABS。

第一节 如何维护常规制动系统

一、前轮制动器的拆装与检查

前轮制动器的分解如图 7-1 所示。

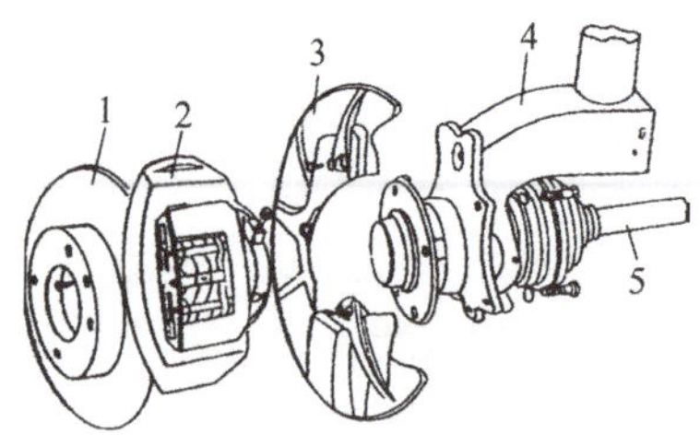

图 7-1 前轮制动器分解图

1—制动盘 2—制动钳 3—制动底板
4—车轮支承壳总成 5—传动轴

1. 前轮制动器的拆卸

1）松开车轮螺栓螺母（拧紧力矩 110N·m）。

2）松开制动钳壳体的紧固螺栓（拧紧力矩 70N·m），前轮制动器即可与车轮轴承分离。

3）拧松制动器罩的螺栓，制动器罩即可从转向节体上取下。

4）松开制动软管接头。

2. 制动摩擦片的拆装

（1）制动摩擦片的拆卸

1）拆卸上、下定位螺栓，如图 7-2 所示，用手卸下上、下定位弹簧。

2）拆下制动钳壳体，如图 7-3 所示。取下制动器底板上的制动摩擦片。

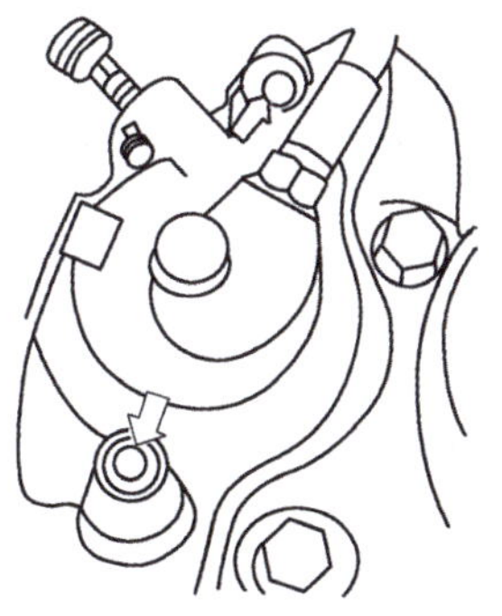

图 7-2　拆卸上、下定位螺栓

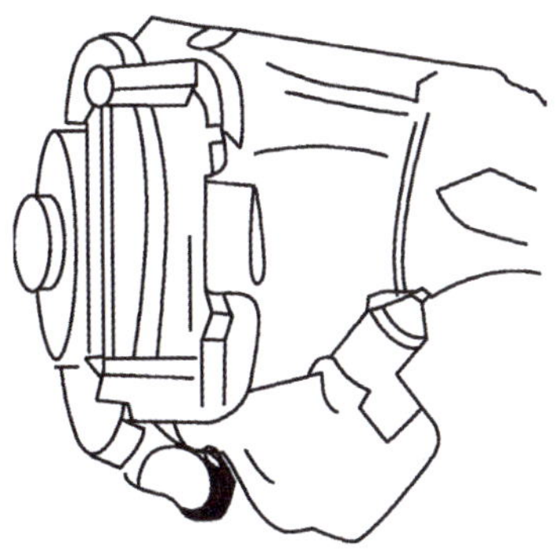

图 7-3　拆下制动钳壳体

3）取下制动器底板上的制动摩擦片。

4）把制动钳活塞压回制动钳壳体内，如图 7-4 所示。活塞回位前，先抽出制动液储液罐中的制动液，否则会引起制动液外溢，损坏表面油漆。

要 点

- 制动液有毒，当排放制动液时，只能使用专用容器存放。

（2）制动摩擦片的安装

安装顺序与拆卸顺序基本相反。

1）装入新的摩擦片。安装制动钳壳体，用 70N·m 的力矩紧固定位螺栓。

2）安装上、下定位弹簧，如图 7-5 所示。

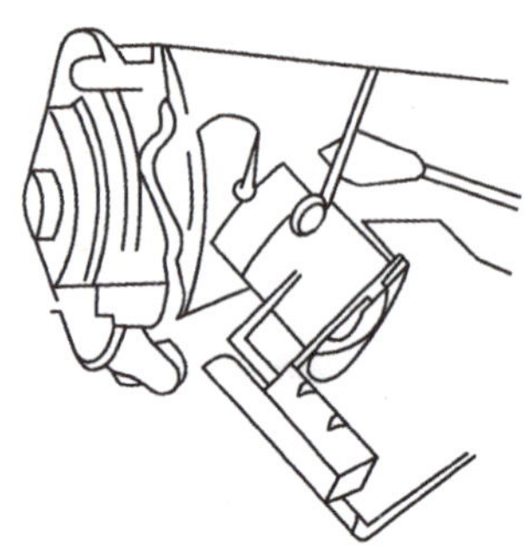

图 7-4　把活塞压回制动钳壳体内

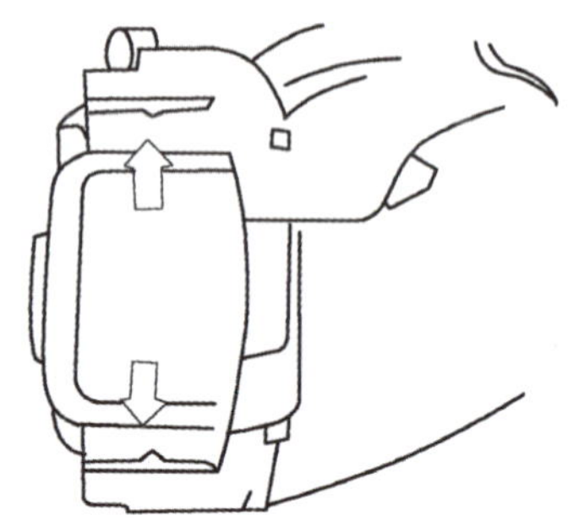

图 7-5　安装上、下定位弹簧

3）安装后，停车时用力将制动器踏板踩到底数次，以便使制动摩擦片正确就位。

3. 制动钳的分解

制动钳的分解如图 7-6 所示。

> **维修提示**
>
> ● 制动钳分解与上述拆卸摩擦片顺序相同，但要注意活塞应用压缩空气从缸体内压出，且在活塞对面垫上木片，以防活塞面受损坏。

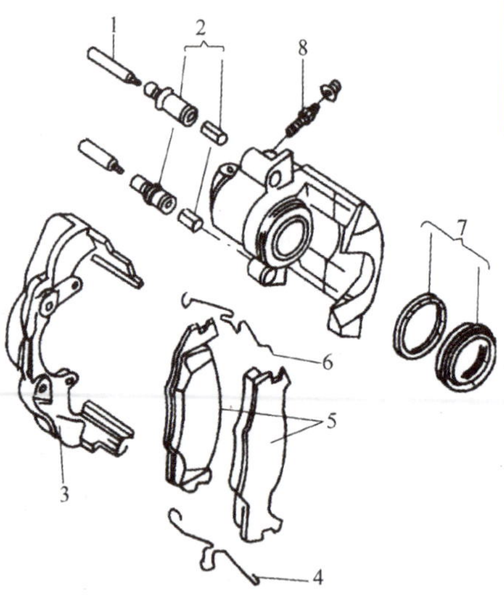

图 7-6　制动钳的分解

1—导向销　2—螺栓护套
3—前制动器摩擦片架
4—固定摩擦片卡簧
5—制动摩擦片
6—固定摩擦片卡簧
7—前制动轮缸密封圈
8—前制动轮缸放油阀

在安装前，活塞上应涂一层制动轮缸润滑剂。在安装制动盘前，先用螺栓把制动摩擦片固定在制动器罩上。

4. 前轮制动器的检查

(1) 检查制动摩擦片厚度

前制动器外侧摩擦片，可通过轮盘上的检视孔目测检查。内摩擦片，利用反光镜目测检查。摩擦片磨损极限值为 7mm（包括底板），如果小于规定值，则应更换摩擦片。

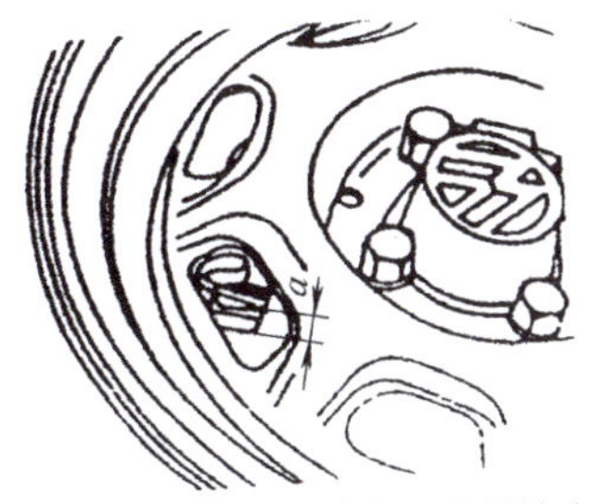

图 7-7　前轮制动盘厚度的检查

(2) 检查制动盘厚度

制动盘厚度为 a=20mm，如图 7-7 所示，磨损极限值为 17.8mm。制动盘摩擦片表面上的轴向圆跳动量为 0.06mm，如果检查结果不符合规定，则应更换新件。

二、后轮制动器的拆装与检查

后轮制动器的分解如图 7-8 所示。

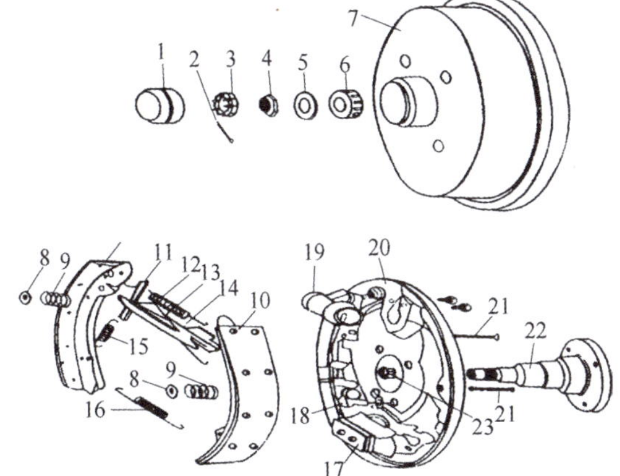

图 7-8　后轮制动器分解图

1—轮毂盖　2—开口销　3—开槽垫圈　4—调整螺母　5—止推垫圈　6—轴承　7—制动鼓　8—弹簧座　9—弹簧　10—制动蹄　11—楔形件　12—回位弹簧　13—上回位弹簧　14—压力杆　15—用于楔形件回位弹簧　16—下回位弹簧　17—固定板　18—螺栓（拧紧力矩 60N·m）　19—后制动轮缸　20—制动底板　21—定位销　22—后桥车轮支承短轴　23—观察孔橡胶塞

1. 制动鼓和制动蹄的拆装与检查

（1）制动鼓和制动蹄的拆卸

1）拧松车轮螺栓螺母（拧紧力矩 110N•m），取下车轮。

2）用专用工具卸下轮毂盖，如图 7-9 所示。

3）取下开口销，旋下后车轮轴承上的六角螺母，取出止推垫圈。

4）用螺钉旋具通过制动鼓螺孔向上拨动楔形块，如图 7-10 所示，使制动蹄与制动鼓放松。

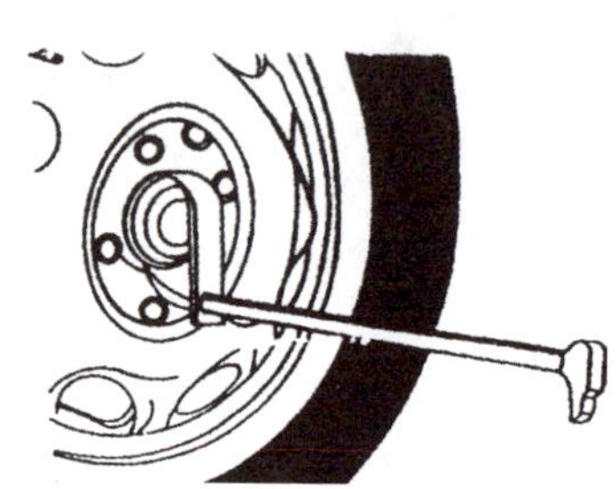

图 7-9 卸下轮毂盖

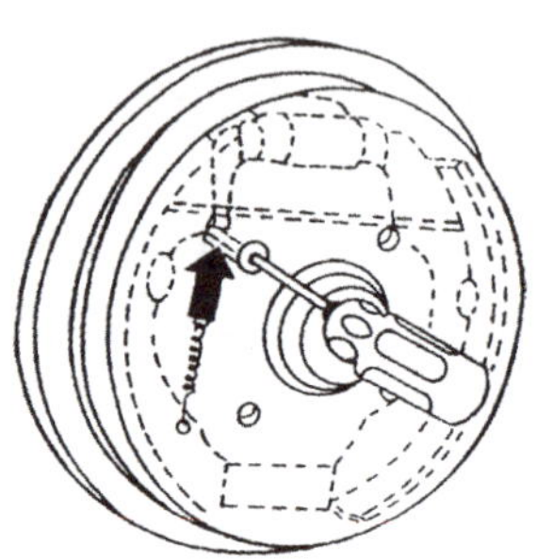

图 7-10 拨动楔形块

5）用鲤鱼钳拆下压簧座圈。用手从下面的支架上提起制动蹄，取出下回位弹簧。

6）取下制动杆上的驻车制动拉索。用鲤鱼钳取下楔形件回位弹簧和上回位弹簧。

7）卸下制动蹄，如图 7-11 所示。

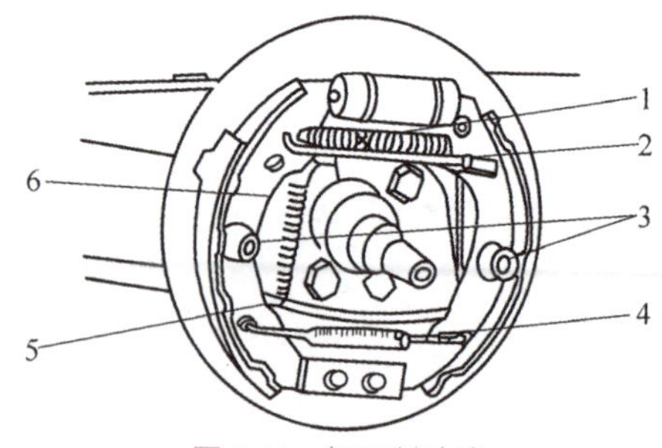

图 7-11 卸下制动蹄

1—上回位弹簧 2—压力杆 3—弹簧及座圈
4—下回位弹簧 5—驻车制动拉索 6—楔形件回位弹簧

8）把带压力杆的制动蹄卡紧在台虎钳上，拆下定位弹簧，取下制动蹄，如图 7-12 所示。

9）如有必要，拆下制动轮缸并解体，如图 7-13 所示。

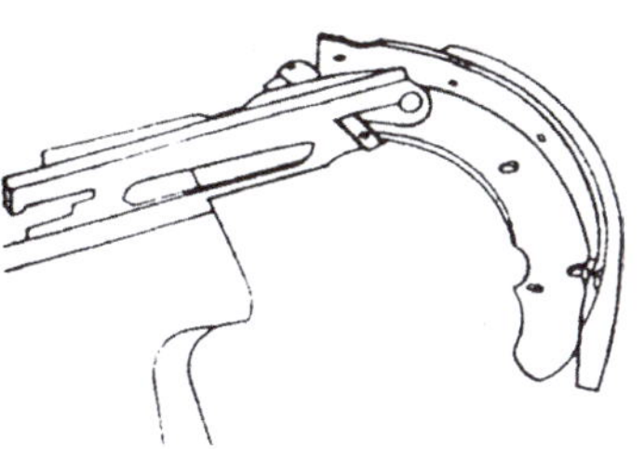

图 7-12 拆卸制动蹄定位弹簧

（2）制动鼓和制动蹄的安装

1）装上回位弹簧，将制动蹄装在压力杆上，如图 7-14 所示。

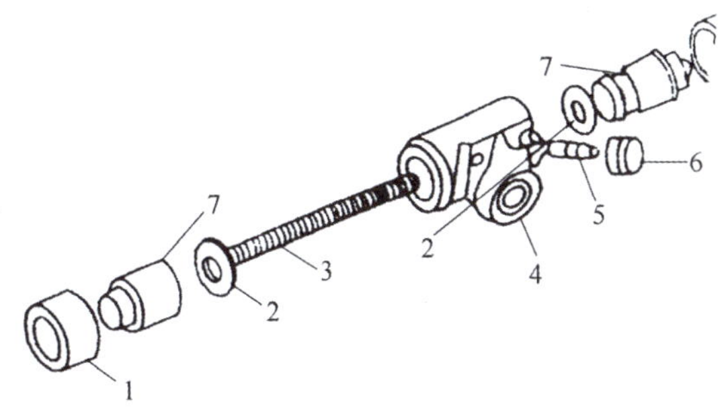

图 7-13 制动轮缸的解体

1—防尘罩 2—皮圈（安装时涂上制动液） 3—弹簧 4—车轮制动器轮缸外壳
5—放气阀 6—防尘罩 7—活塞（安装时涂上制动液）

2）装上楔形件，凸块朝制动器底板。

3）将带有传动臂的制动蹄装在压力杆上，如图 7-15 所示。

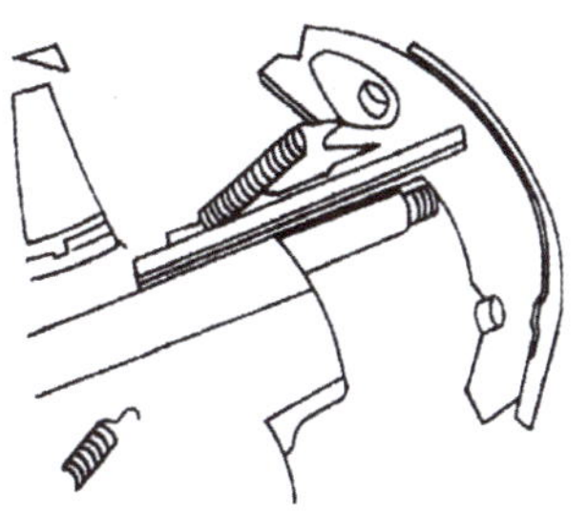

图 7-14 安装制动蹄回位弹簧

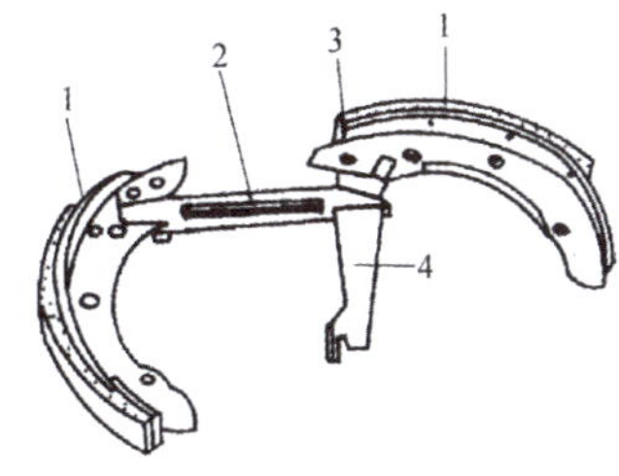

图 7-15 将制动蹄装在压力杆上

1—制动蹄 2—压力杆 3—销轴 4—制动杆

4）装入上回位弹簧；在传动臂上套上驻车制动拉索。

5）把制动蹄装在车轮制动轮缸的活塞外槽上。

6）装入下回位弹簧，并把制动蹄提起，装到下面的支座上。

7）装楔形件的回位弹簧，装压簧和弹簧座圈。

8）装上制动鼓及后轮轴承，然后调整轮毂轴承的间隙。

9）用力踩一下脚制动器，使后车轮制动蹄片正确就位，摩擦片与制动毂的间隙自动调整。

2. 制动摩擦片的更换

制动蹄摩擦片使用时，若出现损坏或磨损到极限，应及时更换。可以连同制动蹄一起更换。

如果仅更换制动蹄摩擦片，应先去掉制动摩擦片上的旧铆钉和孔中的毛刺。铆接新摩擦片时，应从中间向两端铆接。更换新制动摩擦片时，应使用相同质量的摩擦片。

3. 后制动器的检查

（1）检查制动摩擦片厚度

利用制动器底板上的观察孔检查制动摩擦片厚度和拖滞情况，如图 7-16 所示。摩擦片厚度为 5.0mm，磨损极限值为 2.5mm（不包括底板）。

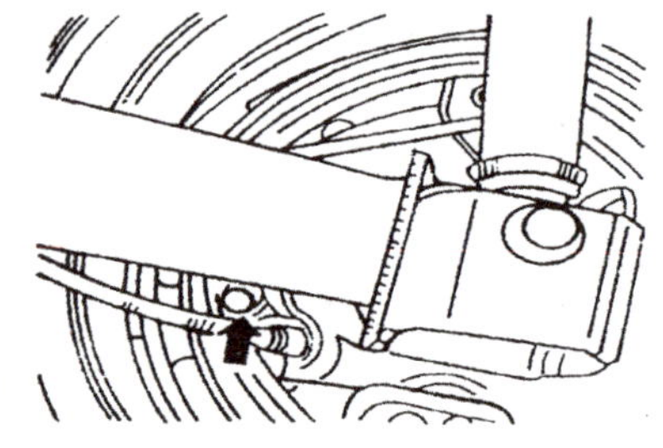

图 7-16　检查后制动摩擦片厚度

（2）后制动鼓的检查

更换新摩擦片时，应检查后制动鼓尺寸，制动鼓内径为 200mm，磨损极限值为 201mm。摩擦表面径向圆跳动量为 0.05mm，车轮端面轴向圆跳动量为 0.20mm。如果超过规定值，应更换新件。

三、驻车制动器的调整

驻车制动装置主要由驻车制动杆、驻车制动器操作拉杆、制动拉索和后轮制动器中的驻车制动拉杆等组成，如图 7-17 所示，它作用于后轮，主要在坡路或平路上停车时使用或在紧迫情况下作紧急制动。

驻车制动器的调整方法如下。

1）松开驻车制动操纵杆。

2）用力踩一下制动踏板。把驻车制动操纵杆拉紧两齿。

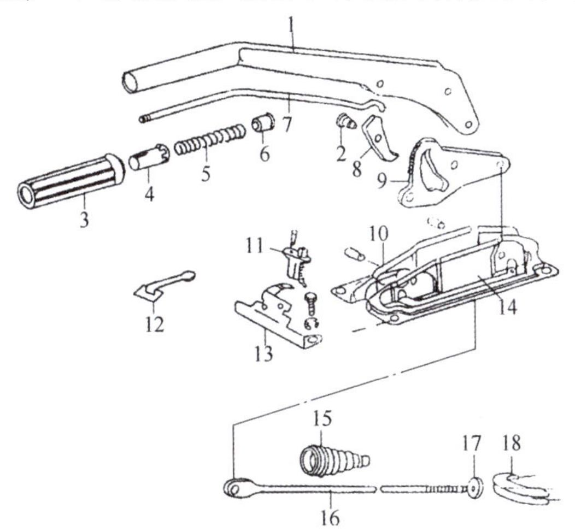

图 7-17　驻车制动器分解图

1—驻车制动杆　2—螺栓　3—制动手柄套　4—旋扭　5—弹簧　6—弹簧套筒　7—棘轮杆　8—棘轮掣子　9—扇形齿　10—右轴承支架　11—驻车灯开关　12—凸轮　13—支架　14—左轴承支架　15—驻车制动拉杆底部橡皮防尘罩　16—驻车制动操作拉杆　17—限位板　18—驻车制动拉索调整杠杆

3）旋紧图 7-18 箭头所示调整螺母，直到用手不能旋转两个被制动的后车轮。

4）松开驻车制动操纵杆，两后车轮能旋转自如即调整合适。

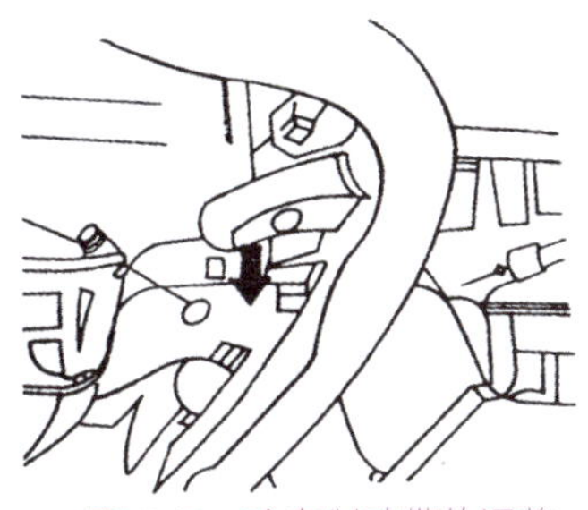

图 7-18　驻车制动带的调整

四、制动器踏板的拆卸与调整

制动踏板的分解如图 7-19 所示。

1. 制动踏板和制动助力器的拆卸

1）用鲤鱼钳拆下回位弹簧。

2）拆下锁片，取下制动踏板。必要时将制动踏板夹在台虎钳上，用冲子顶出支承套。

3）拆下推力杆上的销子和锁片，拆下制动助力器推力杆上的叉头，使制动主缸助力器与制动踏板分离。

4）松开踏板支承架上的紧固螺母，向下旋出支承架。

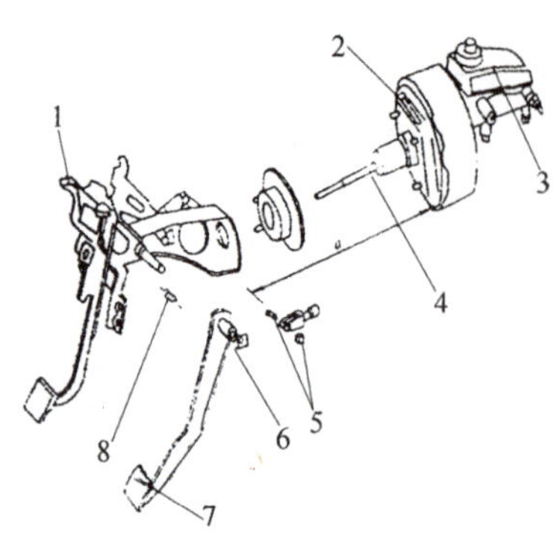

图 7-19　制动踏板分解图

1—踏板轴承支架　2—带制动主缸的助力器　3—储液罐　4—制动主缸推力杆
5—销子和锁片　6—支承轴套　7—制动踏板　8—回位弹簧

2. 制动踏板的调整

（1）制动踏板自由行程的调整

检查制动踏板自由行程时，用手轻轻压下踏板，直到手感明显变重，测出这段行程量，其值应不大于 45mm。如果不符合规定，可松开制动主缸助力器上推力杆上的螺母，通过旋动叉头来调整推力杆长度，从而调整制动踏板自由行程，且保证踏板有效行程为 135mm，总行程不小于 180mm。图 7-20 所示为制动踏板行程的调整。

维修提示

- 注意制动器踏板的行程大小应不受附加的地毯厚度影响。

（2）调整制动推力杆

如果更换新的制动主缸助力器总成，那么必须调整制动推力杆，旋动制动主缸助力器推力杆上的叉头，使叉头调整尺寸 a = 220mm，如图 7-19 所示。紧固防松螺母，再装上主缸的安装罩壳，螺母紧固力矩为 20N·m。

维修提示

- 注意所有的固定位置，在安装前都要涂上白色的固体润滑剂。

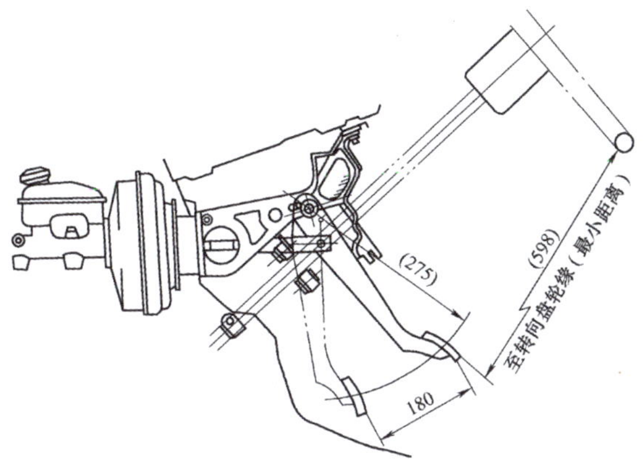

图 7-20　制动踏板行程的调整

五、制动主缸和真空助力器的拆装与检查

制动主缸和真空助力器的结构和分解如图 7-21 所示。

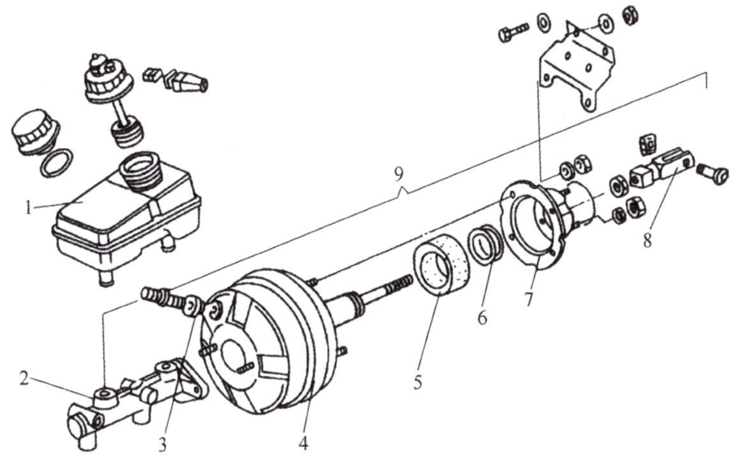

图 7-21　真空助力器和制动主缸分解图

1—储液罐　2—制动主缸　3—真空单向阀　4—真空助力器　5—密封垫圈　6—支架密封圈　7—制动助力器安装支架　8—连接叉　9—制动主缸助力器总成

1. 制动主缸和助力器的拆卸

1）松开主缸安装罩壳在支架上的紧固螺母（拧紧力矩 15N·m）。

2）松开安装罩壳上的紧固螺母（拧紧力矩 20N·m）。

3)松开制动主缸与助力器连接的两个紧固螺母(拧紧力矩20N·m),使主缸和助力器分离。

4)拧松真空橡皮管的卡箍和管接头,取下真空管。

要点

- 制动主缸不能再拆散,也就是说制动主缸不需要修理。

制动主缸是由不同厂商供货的,并不受他们的制约,可以相互通用。

2. 制动助力器的检查

1)发动机熄火后,用力踩制动器踏板若干次,这样可消除助力器中残留的真空度。

2)用适中的力踩制动器踏板,使它停留在制动位置上,然后起动发动机,进气管中重新产生真空度,如果助力器性能良好,则制动踏板有下降趋势,表明助力器起作用。

3)如果更换整个制动助力器总成,那么应将发动机上进气歧管残留的真空度排空。

3. 助力器单向阀的检查

助力器单向阀安装在真空软管内,单向阀失效将造成制动踏板沉重。其工作性能可用压缩空气进行检查,按阀体上的箭头方向压缩空气应能通过,反向时则不通。也可用嘴吸法检验其单向通过性。当单向阀密封不良时,应更换新件。

六、制动液的更换和制动系统放气

1. 制动液的更换

更换制动液时,应使用车辆生产厂家规定的制动液。每隔两年应更换一次制动液,如果不到两年,但汽车行驶已超过50 000km,也应更换制动液。

制动液有毒性和强腐蚀性,不可与油漆接触。制动液具有吸湿性,即它能吸收周围空气中的水分,因此要将它要存放在密封的容器里。

制动液储液罐位于发动机舱内制动主缸上方,制动液罐表面刻有“Max”和“Min”的标记,应注意检查液面高度。正常工作时,液面

应始终保持在“Max”和“Min”标记之间，汽车制动摩擦片磨损而自动调节，引起制动液面略有下降是完全正常的。

要点

● 若短时间内出现制动液面显著下降或低于“Min”标记，则可能是制动系有渗漏故障，应立即检查，故障排除后方可使用。

桑塔纳 2000 系列轿车配有制动液面过低报警信号灯，一旦储液罐内液面过低，将会自动报警，提醒驾驶人注意。

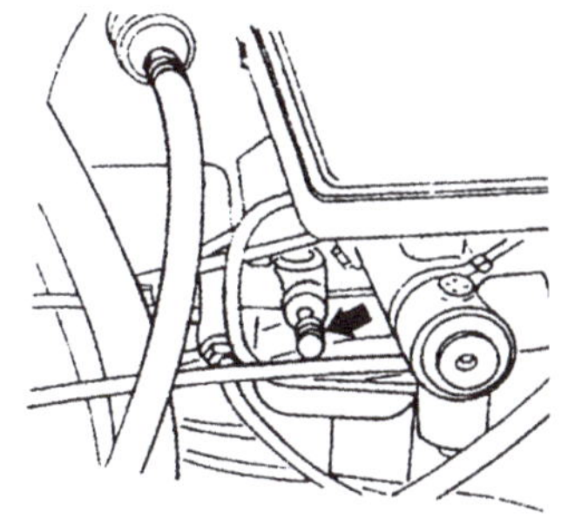

图 7-22　拧松制动系统放气螺栓

2. 制动系统放气

制动系统放气时，应按规定顺序打开放气螺栓，如图 7-22 所示，然后排出制动钳和车轮制动轮缸中的气体，用专用排液瓶盛放排出的制动液。

要点

● 制动系放气顺序如下：①右后车轮制动轮缸；②左后车轮制动轮缸；③右前制动钳；④左前制动钳。

1）将一根软管一端接到放气螺钉上，一头插入排液瓶，如图 7-23 所示。

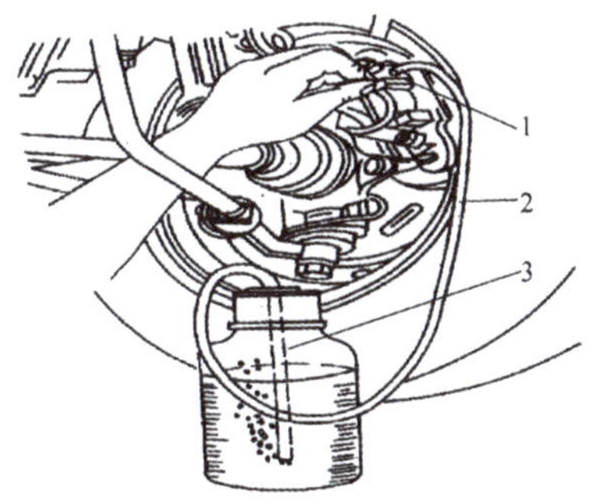

图 7-23　制动系统放气

1—放气螺钉　2—放气管

3—排液瓶（透明容器）

2）一人用力迅速踩下并缓慢放松制动踏板，如此反复数次后，踩下制动踏板，并保持一定高度不动。

3）另一人拧松放气螺钉，管路中空气随制动液顺着胶管排出制动系，排出空气后再将放气螺钉拧紧。

4）重复上述步骤多次，直至容器中制动液里无气泡。

5）观察储液罐制动液面高度，必要时添加制动液。

第二节 如何维护ABS

ABS是英文Anti-lock breaking system（防抱死制动系统）的缩写。ABS能够防止车轮抱死，制动时，具有方向稳定性好、仍有转向能力和缩短制动距离等优点。ABS主要由ABS控制器（包括电子控制单元、液压单元和液压泵等）、4个车轮转速传感器、ABS故障警告灯和制动警告灯等组成。ABS元件在车上的安装如图7-24所示。

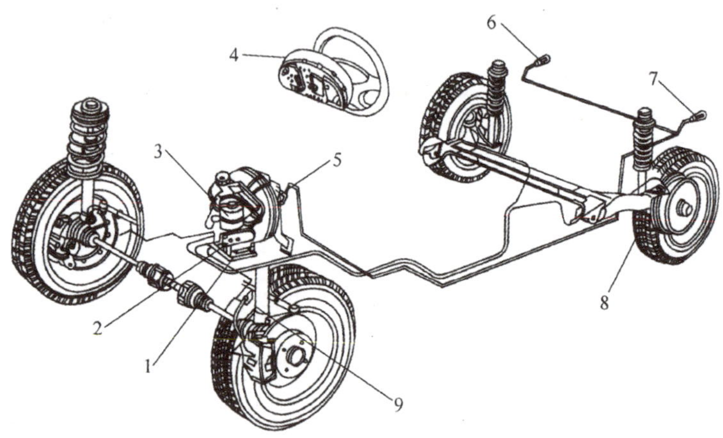

图7-24　ABS布置图

1—ABS电子控制单元　2—ABS液压单元　3—液压泵　4—ABS故障警告灯和制动警告灯　5—制动灯开关　6—右制动灯　7—左制动灯　8—左后轮转速传感器　9—左前轮转速传感器

一、ABS控制器维护

ABS控制器如图7-25所示。

1. ABS控制器的拆卸

1）关闭点火开关，拆下蓄电池和支架。

2）从ABS ECU上拔下25针插头，如图7-26所示。

3）踩下踏板，并用踏板架定位，如图7-27所示。

4）在ABS控制器下垫一块布，用来吸干从开口处流出的制动液，如图7-28所示。

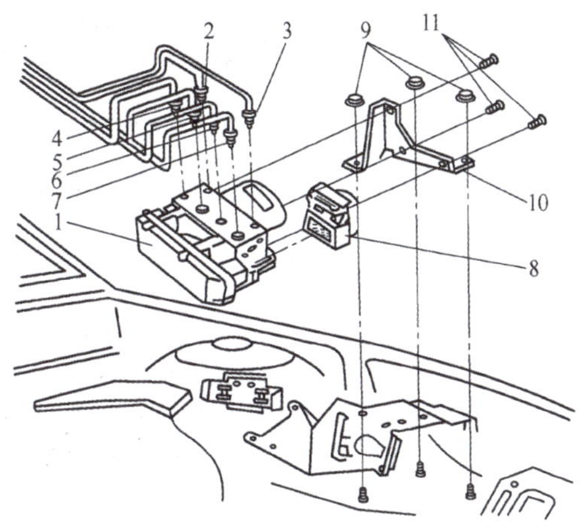

图 7-25　ABS 控制器及其附件分解图

1—ABS 控制器　2—制动主缸后活塞与液压控制单元的制动管接头（拧紧力矩 15N·m）　3—制动主缸前活塞与液压控制单元的制动管接头（拧紧力矩 15N·m）　4—液压控制单元与右前制动轮缸的制动管接头（拧紧力矩 15N·m）　5—液压控制单元与左后制动轮缸的制动管接头（拧紧力矩 15N·m）　6—液压控制单元与右后制动轮缸制动管接头（拧紧力矩 15N·m）　7—液压控制单元与左前制动轮缸的制动管接头（拧紧力矩 15N·m）　8—ABS 控制器线束插头（25 针插头）　9—ABS 控制器支架紧固螺栓（拧紧力矩 20N·m）　10—ABS 控制器支架　11—ABS 控制器安装螺栓（拧紧力矩 10N·m）

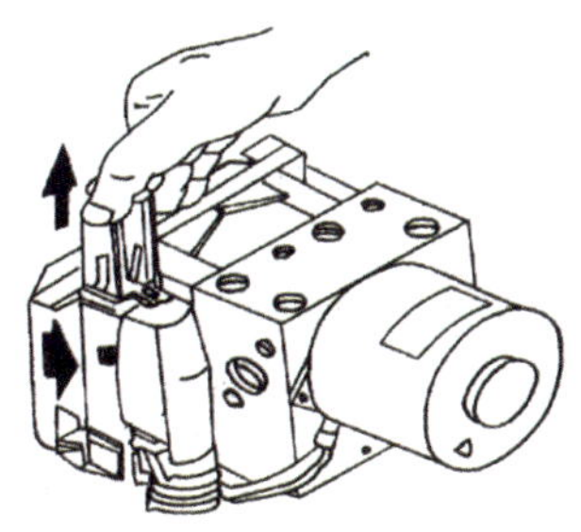

图 7-26　拔下 ABS ECU 25 针插头

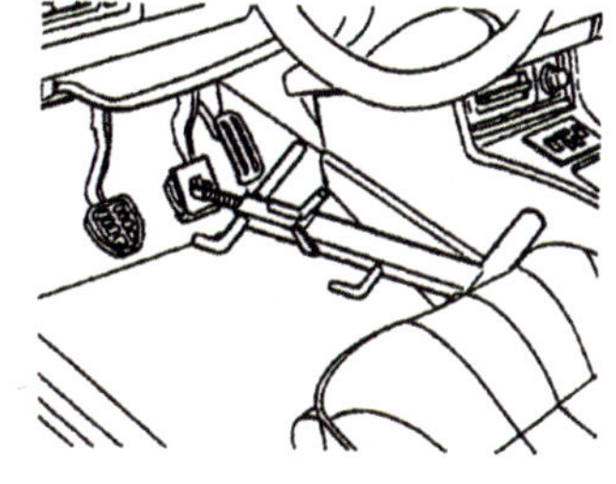

图 7-27　用踏板架固定制动踏板

5）拆下制动主缸到液压控制单元的制动油管 A 和 B，如图 7-29 所示，并做上记号，立即用密封塞将开口部塞住。

6）用软铅丝把制动油管 A 和 B 扎在一起，挂到高处，使开口处高于制动储液罐的油平面。

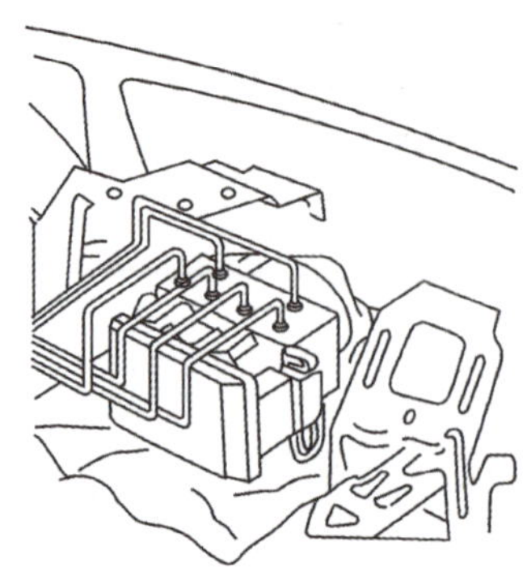

图 7-28　在 ABS 控制器下垫一块布

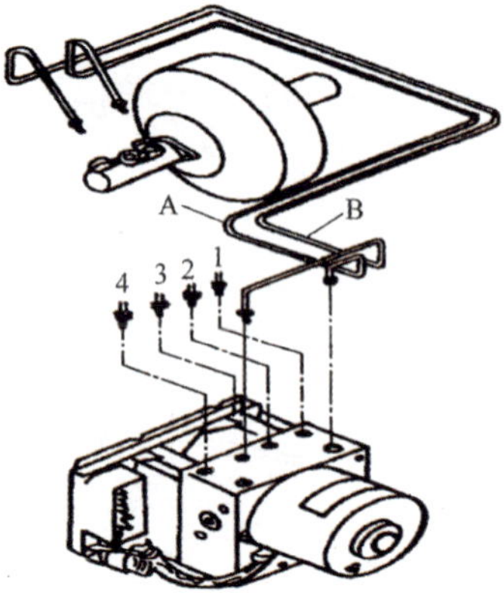

图 7-29　拆下制动油管 A 和 B
1 ~ 4—油管

7）拆下液压控制单元通到各轮的制动油管，并做上记号，立即用密封塞将开口部塞住，如图 7-30 所示。

要点

- 在操作过程中必须特别小心，不能使制动液渗入 ABS ECU 壳体中。
- 如果制动液渗漏到控制器中，会使触点腐蚀，损坏系统。
- 如果壳体脏，可用压缩空气吹净。

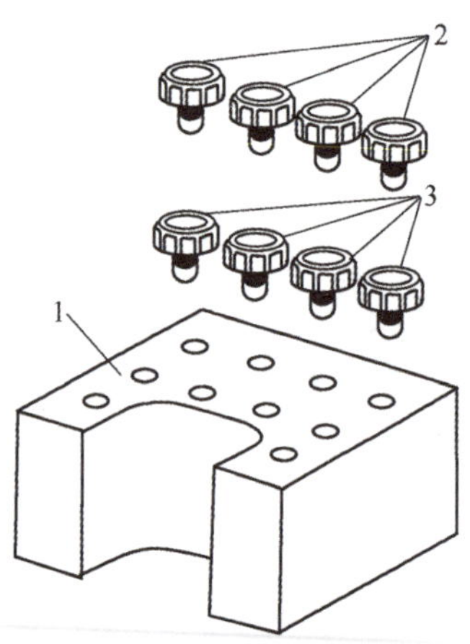

图 7-30　制动油管密封塞
1—专用支架　2、3—阀体开口孔的密封塞

8）把 ABS 控制器从支架上拆下来。

2. ABS 控制器的分解

1）压下接头侧的锁止扣，拔下控制单元上液压泵（V64）电线插头。

2）用专用套筒扳手拆下 ABS ECU 与液压控制单元的 4 个连接螺栓，如图 7-31 所示。

3）将液压控制单元与电子控制单元分离。

维修提示

注意：拆下液压控制单元时要直拉，别碰坏阀体。

4）在 ABS ECU 的电磁阀上盖一块不起毛的布。

5）把液压控制单元和液压泵安放在专用支架上，以免在搬运时碰坏阀体。

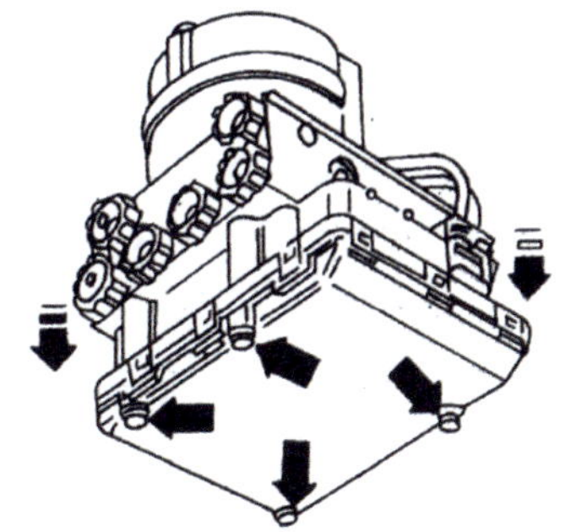

图 7-31　拆下 ABS ECU 与液压控制单元的连接螺栓

3. ABS 控制器的装配

1）装配场地必须清洁，不允许有灰尘和脏物。

2）把 ABS 液压控制单元和 ECU 装成一体，用专用套筒扳手拧紧新的螺栓，扭矩不得超过 4N•m。

3）插上液压泵电线插头，注意锁扣必须插到位。

4. ABS 控制器的安装

ABS 液压控制单元开口处的密封塞，只有在制动油管要装上去的时候才能拆下，以免异物进入制动系。

1）将 ABS 控制器装到架上，以 10N•m 的力矩拧紧固定螺栓。

2）拆下液压口处的密封塞，装上各轮制动油管，检查油管位置是否正确，以 20N•m 的力矩拧紧管接头。

3）装上连接主缸的制动油管 A 和 B，以 20N • m 的力矩拧紧管接头。

4）插上 ABS ECU 线束插头。

5）对 ABS 充液和放气。

6）如果 ABS ECU 更换新的，必须对 ECU 重新编码。

7）打开点火开关，ABS 警告灯亮 2s 后再熄灭。

8）使用 V.A.G1552 故障诊断仪，先清除故障存储，再查询故障代码。

9）试车检测 ABS 功能，须感到踏板有反弹。

5.ABS 控制器的检修

把控制单元 J104 从液压单元 N55 和液压泵中拆下来，然后更换损坏的元件。在初始阶段提供的 ABS 控制器总成配件是不允许分解拆卸的，因此只能更换总成。

二、车轮转速传感器维护

1. 前轮转速传感器维护

前轮转速传感器和前轮轴承的安装位置如图 7-32 所示。

（1）前轮毂及齿圈的拆卸

1）如图 7-33 所示，拆带齿圈的前轮毂，用 200mm 拉具的两个活动臂先钩住前轮轴承壳中的两边（只有一个位置才能钩住）。

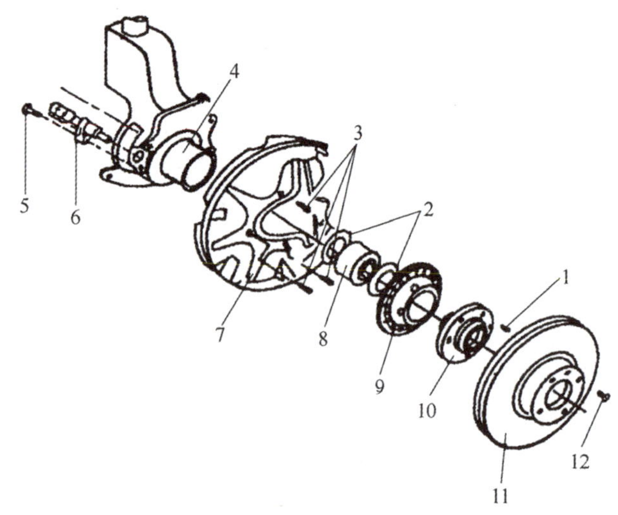

图 7-32　前轮转速传感器和前轮轴承的安装位置

1—固定齿圈螺钉套　2—前轮轴承弹性挡圈　3—防尘板紧固螺栓（拧紧力矩 10N·m）　4—前轮轴承壳　5—转速传感器紧固螺栓（拧紧力矩 10N·m）　6—转速传感器（右前 G45/ 左前 G47）　7—防尘板　8—前轮轴承　9—齿圈　10—轮毂　11—制动盘　12—十字槽螺栓

2）在前轮毂的中心放一块专用压块（图 7-33）。

3）转动顶尖，使拉具顶住专用压块，将前轮毂连同齿圈一起顶出。

4）拆下齿圈的十字槽固定螺栓。

（2）前轮转速传感器的拆装

前轮转速传感器左、右不能互换，零件也不同。

1）先拔下传感器导线插头，如图 7-34 箭头所示，再拧下内六角紧固螺栓，拆下前轮转速传感器。

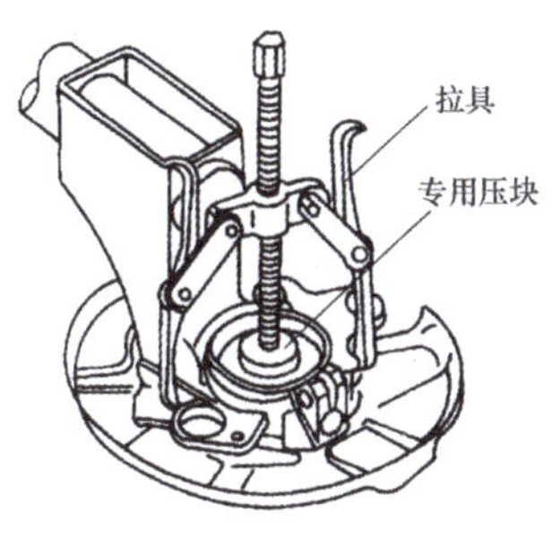

图 7-33　拆卸前轮毂及齿圈

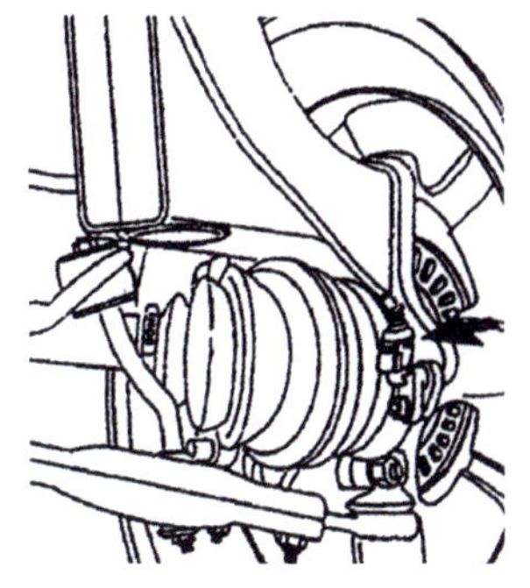

图 7-34　拆卸前轮转速传感器

2）安装前轮转速传感器之前，先清洁传感器的安装孔内表面，并涂上固体润滑膏 G000650，然后装入转速传感器，以 10N·m 的力矩拧紧内六角紧固螺栓，最后插上导线插头。

（3）前轮齿圈的检查

1）前轮轴承损坏或轴承轴向间隙过大时，会影响前轮传感器的间隙。举升起前轮，使之离地，用双手转动前轮感觉前轮摆动是否异常。若轴承轴向间隙过大，则要检查齿圈轴向圆跳动，如图 7-35 所示。轴向圆跳动应不大于 0.3mm。

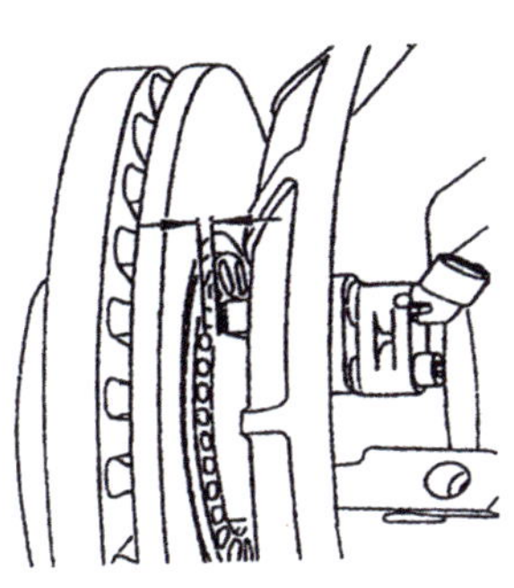

图 7-35　检查齿圈轴向摆差

2）若前轮轴承损坏或轴向间隙过大，则应更换轴承。

3）若出现齿圈轴向圆跳动过大而引起传感器与齿圈擦碰，造成齿圈变形或齿数残缺不全，则应更换前轮齿圈。

4）若前轮齿圈完好无损，但被泥泞或脏物堵塞，应清除齿圈空隙中的脏物。

2. 后轮转速传感器维护

后轮转速传感器和后轮轴承的安装位置，如图 7-36 所示。

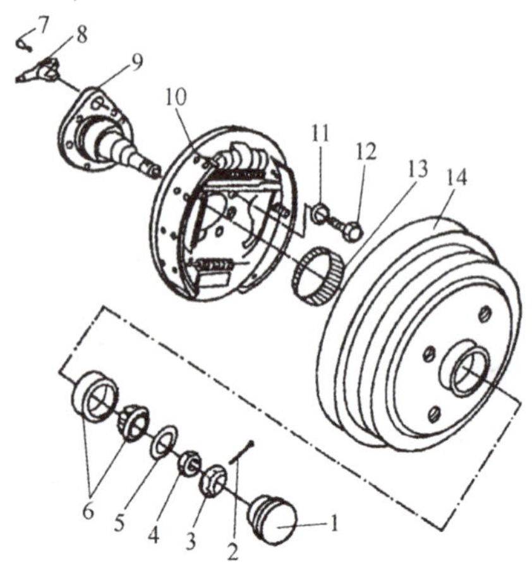

图 7-36　后轮转速传感器和后轮轴承的安装位置

1—轮毂盖　2—开口销　3—螺母防松罩　4—六角螺母　5—止推垫圈　6—车轮锥轴承
7—固定转速传感器内六角螺栓（拧紧力矩 10N·m）8—转速传感器（右后 G44/ 左后 G46）
9—车轮支承短轴　10—后轮制动器总成　11—弹簧垫圈　12—六角螺栓（拧紧力矩 60N·m）
13—转速传感器齿圈　14—制动鼓

（1）后轮转速传感器的拆装

后轮左、右转速传感器零件号相同，能互换。

1）先翻起汽车后座垫，拔下后轮转速传感器的连接插头，如图 7-37 所示。

2）拧下传感器的内六角紧固螺栓，如图 7-38 所示，然后拆下后轮转速传感器。

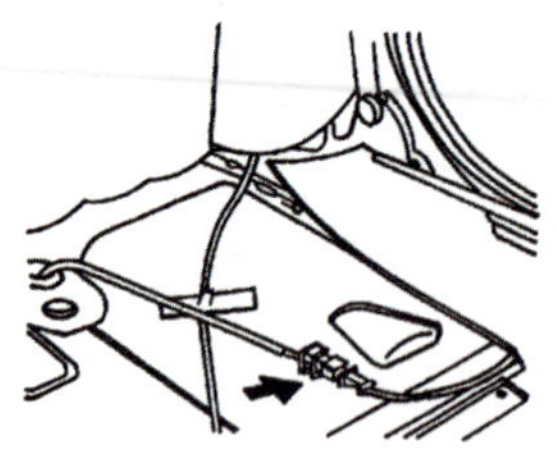

图 7-37　拔下后轮传感器连接插头

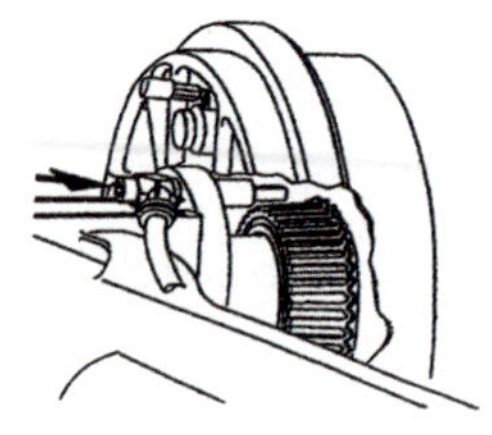

图 7-38　拆下传感器紧固螺栓

3）按图 7-39 箭头所示方向取下后梁上的转速传感器导线保护罩，拉出导线和导线插头。

维修提示

安装与拆卸顺序相反，但注意安装后轮转速传感器之前，先清洁传感器的安装孔内表面，并涂上固体润滑膏，然后装入转速传感器，以 10N·m 的力矩拧紧内六角螺栓。

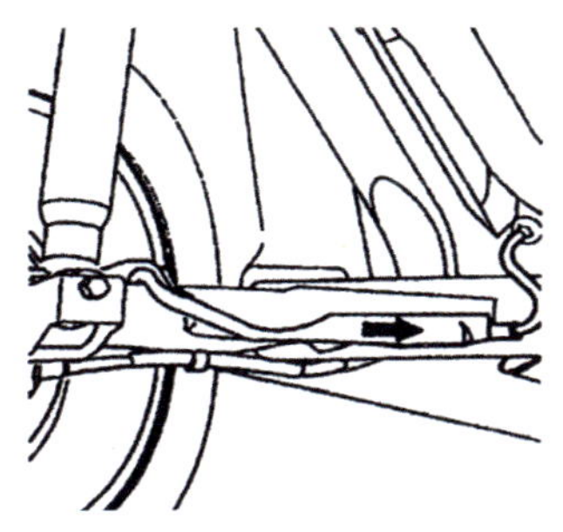

图 7-39　取下转速传感器导线保护罩

（2）后轮齿圈的检查

若后轮轴承损坏或轴承径向圆跳动过大，会影响后轮传感器的间隙。

1）举升起后轮，使之离地，用双手转动后轮感觉后轮摆动是否异常。若后轮摆动过大，则要检查后轮轴承的径向圆跳动，径向圆跳动标准值不大于 0.05mm。

2）若后轮轴承径向圆跳动过大，则需要调整螺母调节后轴承的间隙，或者更换后轴承。

3）若齿圈变形或有严重磨损痕迹或齿数残缺不全，则应更换后轮齿圈。

4）若后轮齿圈完好无损，但被脏物堵塞，应清除齿圈空隙中的脏物。

三、ABS 维护注意事项

- ABS 发生故障由 ABS 警告灯和制动装置警告灯指示。某些故障只能在车速超过 20km/h 后才能检测到。
- 如果 ABS 警告灯和制动装置警告灯不亮，但制动效果仍不理想，则可能是系统放气不干净或在常规的制动系统中存在故障。
- 对 ABS 修理前，为了检查故障的位置，应先用故障诊断仪查询故障码。
- 拔 ABS 电气插头之前，必须关闭点火开关。
- 开始修理前，应关闭点火开关，从蓄电池上拆下搭铁线。

- 防抱死制动系统工作时必须绝对清洁，决不要使用含矿物油的物质，如机油或油脂。
- 拆卸前必须彻底清洁连接点和支承面，决不要使用如汽油、稀释剂等清洁剂。
- 拆下的零件必须放在干净的地方，并且覆盖好。
- 把 ABS ECU 和液压控制单元分开后，必须把液压控制单元放在专用支架上以免在搬运中碰坏阀体。
- 如果不能立刻完成修理工作，拆下的元件必须小心地盖好或者用塞子封闭。
- 不要使用起毛的抹布。
- 配件要在安装前才从包装内取出。
- 必须使用原装配件。
- 系统打开后不要使用压缩空气，也不要移动车辆。
- 注意不要让制动液流到线束插头内。
- 打开制动系统完成作业后，应对系统进行放气。
- 在试车中，至少进行一次紧急制动。当 ABS 正常工作时，会在制动踏板上感到有反弹，并可感觉到车速迅速降低而且平稳。

第八章 如何进行电气设备维护

发动机维护是汽车检测与维修等专业的基础课。通过学生独立操作，了解整台发动机的拆卸、检测、安装、调整，最后起动发动机的全过程，加深学生对发动机构造和基本工作原理的认识。

CHAPTER 8

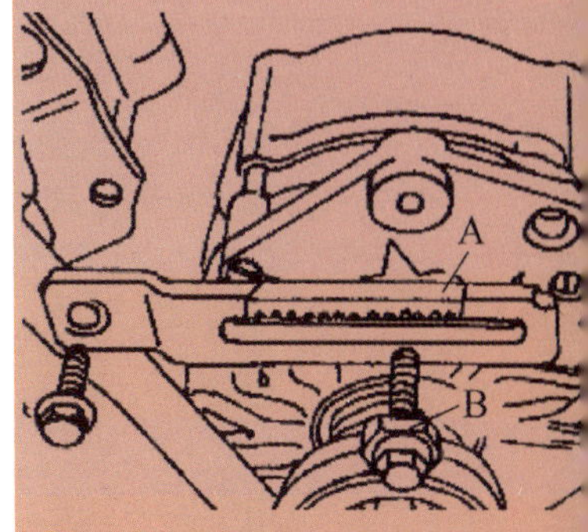

第一节 如何维护蓄电池

一、蓄电池的拆卸和安装

1. 蓄电池的拆卸

1）先拆下蓄电池的搭铁线，再拆正极接线。

2）拆下蓄电池压板，从支架中取出蓄电池。

2. 蓄电池的安装

1）将固定压板压在蓄电池底部凸缘上。

2）先将蓄电池正极接线接上，然后连接上搭铁线。

二、蓄电池的检查与维护

1. 蓄电池使用中技术状况的检查

为了及时发现蓄电池使用中的各种内在故障，汽车每行驶 1000 km，或冬季行驶 10 ~ 15 天，夏天行驶 5 ~ 6 天，需对蓄电池进行下列检查。

（1）电解液液面高度的检查

液面高度可用玻璃管测量，如图 8-1 所示。电解液液面应高出极板 10 ~ 15mm，电解液不足时应加注蒸馏水。

维修提示

● 注意：除非确知液面降低是由于电解液溅出，否则一般不允许加入硫酸溶液。

（2）电解液相对密度和温度的测量

电解液的相对密度用吸式密度计测定，如图 8-2 所示，先用密度计吸入电解液，使密度计浮子浮起，电解液液面所在的刻度即相对密度值。

维修提示

● 注意：在测量密度时，应同时测量电解液温度，并将测得的电解液相对密度值转换到 25℃进行修正。

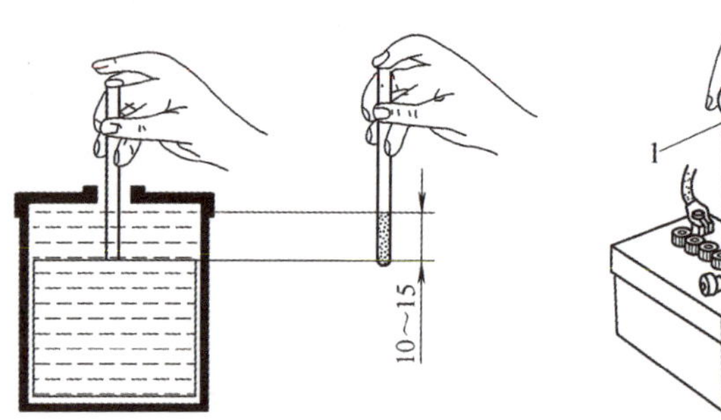

图 8-1　用玻璃管测量电解液液面高度

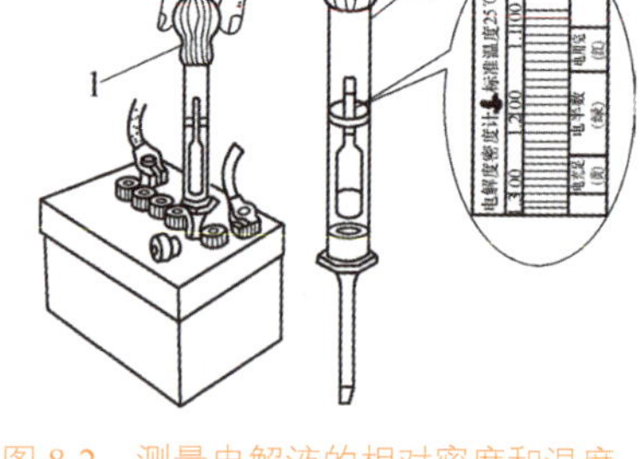

图 8-2　测量电解液的相对密度和温度
1—密度计　2—温度计

根据实际经验，相对密度每减小 0.01；相当于蓄电池放电 6%，所以从测得的电解液相对密度就可以粗略估算出蓄电池的放电程度。

维修提示

● 注意：在强电流放电和加注蒸馏水后，由于电解液混合不匀，不应立即测量电解液相对密度。

（3）用高率放电计测量放电电压

高率放电计由一个 3V 电压表和一个定值负载电阻组成。

要点

高率放电计是模拟接入起动机负荷，测量蓄电池在大电流（接近起动机起动电流）放电时的端电压，用以判断蓄电池的放电程度和起动能力。

如图 8-3 所示，测量时应将两叉尖紧压在单体电池的正、负极柱上，历时 5s 左右，观察大负荷放电情况下蓄电池所能保持的端电压。一般技术状况良好的蓄电池，用高率放电计测量时，单体蓄电池电压应在 1.5V 以上，并在 5s 内保持稳定；如果 5s 内电压迅速下降，或某一单体电池的电压比其他单体电池低 0.1V 以上，表示该单体电池有故障，应进行修理。

不同厂牌的放电计，负荷电阻值不同，放电电流和电压表读数也不同。使用时应参照原厂说明书规定。

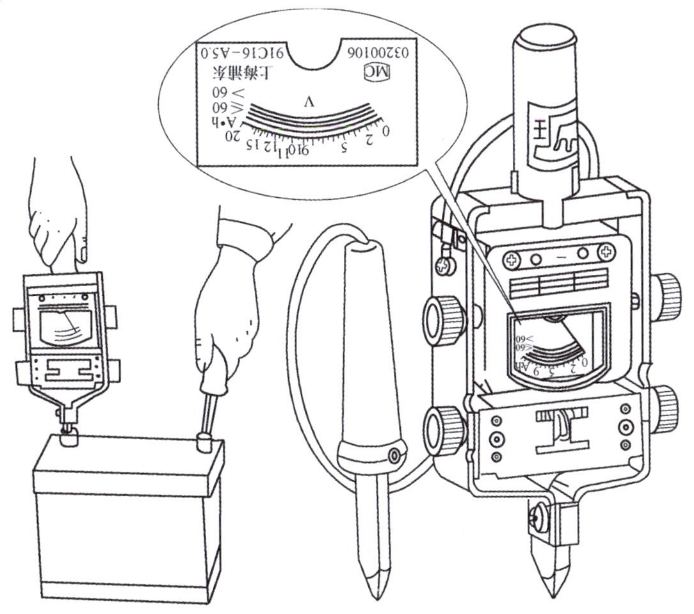

图 8-3　用高率放电计测量蓄电池的起动性能

2. 蓄电池的维护

为了使蓄电池经常处于完好状态，延长其使用寿命，需对使用中的蓄电池进行下列维护工作。

1）观察蓄电池外壳表面有无电解液漏出。

2）检查蓄电池在车上安装是否牢靠，导线接头与电桩的连接是否紧固。

3）经常清除蓄电池盖上的灰尘泥土，擦去电池顶上的电液，透通加液孔盖上的气孔，清除包桩和导线接头上的氧化物。

4）定期检查和调整电解液的相对密度和液面高度。

5）经常检查蓄电池放电程度，超过规定时立即充电。

3. 蓄电池的储存

暂不使用的蓄电池，进行湿储存的方法是先将电池充足电，相对密度达 1.285，液面至正常高度，密封加液塞通气孔后放置室内暗处。储存的时间不宜超过 6 个月，其间应定期检查电解液相对密度和用高率放电计检查容量，如低于 25% 应立即充电。交付使用前也要先充足电。

存放期长的蓄电池，最好以干储法储存。先将电池以 20h 放电率完全放电，倒出电解液，用蒸馏水多次冲洗至水中无酸性，倒尽水滴，晾干后旋紧加液塞后密封储存。启用前的准备和新电池相同。

第二节 如何维护发电机

一、发电机的拆卸和安装

用专用扳手固定发电机 V 带轮，旋下紧固螺母，发电机即可拆下，如图 8-4 所示。

安装发电机时可按拆卸相反的顺序进行。

二、发电机的分解

1）拆下前端盖连接螺栓，分解前端盖、带轮、转子、后端盖、整流调压器。

2）拆下定子绕组端头，从后端盖上取出定子。

3）拆下电刷架，取出电刷总成、二极管、整流子和电容器。

4）拆下带轮固定螺母，取下带轮、半圆键、风扇、轴套，使转子和前端盖分离。

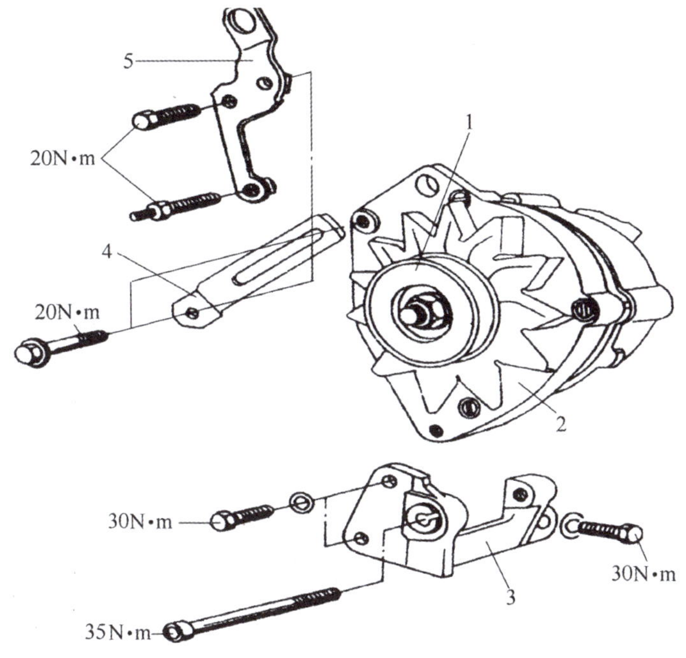

图 8-4　发电机拆装分解图
1—V 带　2—发电机　3、4、5—支架

三、发电机和调节器的使用与维护

1）要定期对发电机进行维护。维护时不必拆开前后端盖，仅需拆下防护罩便可更换电刷等易损件，并对整流元件、电容、调节器等零部件进行检查和必要的测试。

2）蓄电池的搭铁极性必须与交流发电机的极性一致，都是负板搭铁。否则蓄电池将通过发电机的硅二极管大量放电，烧坏二极管。

3）发电机运转时，禁止将发电机电枢接线柱与搭铁接线柱短路，检查发电机是否发电。否则会使二极管烧坏或烧坏熔断器和线路。

4）蓄电池正极与发电机正极之间线路的连接要牢固可靠。在发电机高速运转时，如果充电线路突然断开，会因电压过高而击穿二极管或损坏其他电子元件。

5）经常检查发电机V带的张紧程度和损坏程度，发电机V带与带轮的啮合情况（图8-5）。发电机的动力是由发动机通过V带传递的，当V带工作不正常时，会影响发电机正常工作，使用中听到V带发出啸叫声时，应对V带进行检查。

发电机V带松紧度的检查方法如图8-6a所示。

要点

● 用拇指在冷却液泵带轮与张紧轮或张紧轮与发电机带轮的中央部位，施加100N左右的压力，其V带的合适挠度：新带应为2mm，旧带应为5mm。如不符合规定应进行调整，调整方法如图8-6b所示。

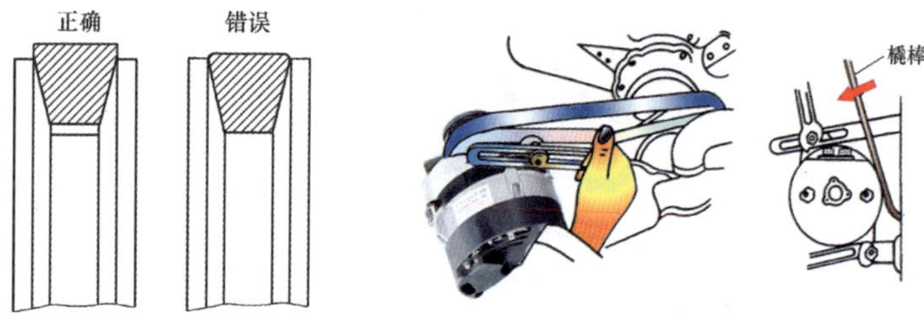

a）V带松紧度的检查　b）V带松紧度的调整

图8-5　检查发电机V形带啮合情况　　图8-6　发电机V带松紧度的检查与调整

发电机V带挠度的调整如图8-7所示，拧松张紧卡板A和发电机上的所有紧固螺栓（至少松开一圈，紧固螺栓松开后，发电机靠自重倒向一侧），用扭力扳手转动张紧螺母B使V带挠度符合规定数值（新带需要8N•m，旧带需要4N•m），然后用35N•m力矩拧紧张紧螺母B上的紧固螺栓将张紧螺栓紧固，用20N•m的力矩将支架紧固在气缸盖吊耳上。

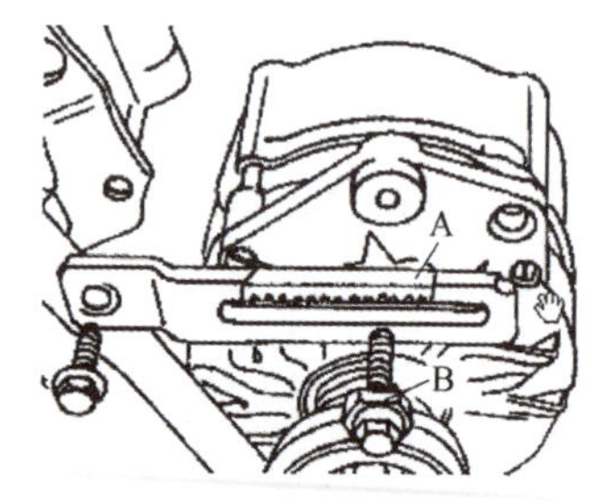

图8-7　调整发电机V带挠度

A—张紧卡板　B—张紧螺母

第三节 如何维护起动机

起动机的分解图，如图8-8所示。

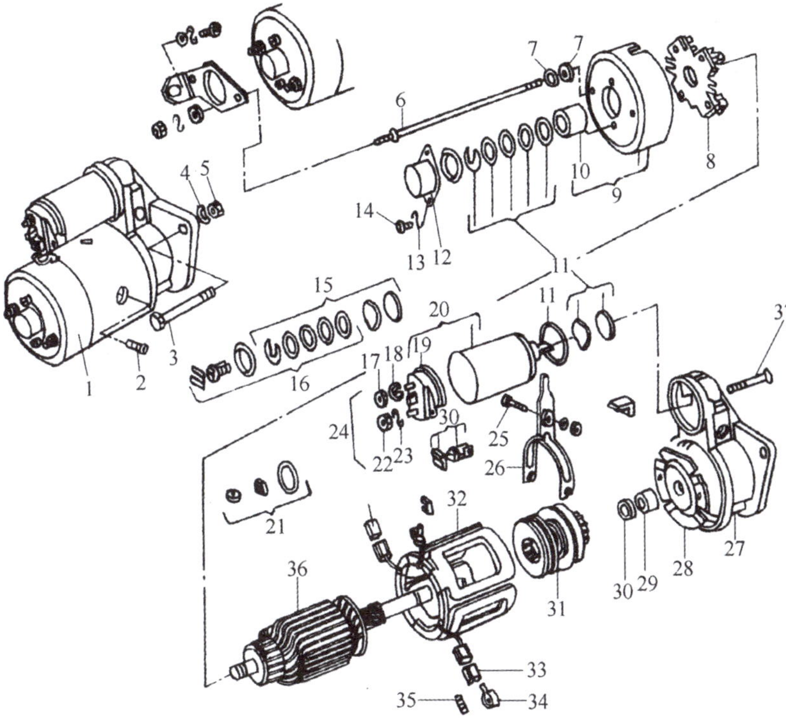

图 8-8　起动机分解图

1—起动机总成　2—励磁绕组固定螺栓　3—起动机固定螺栓　4—弹性垫圈　5—螺母　6—端盖连接螺栓　7—垫圈　8—电刷架　9—电刷端盖　10—衬套　11—垫片组件（配件成组供应）　12—衬套座　13—弹性垫圈　14—螺钉　15—垫片组件　16—活动接柱的垫片组件（包括 24）　17—螺母　18—弹簧垫圈　19—电磁开关端盖　20—电磁开关总成　21—垫块及密封圈　22—螺母　23—弹性垫圈　24—电磁开关活动接柱组件　25—拨叉销　26—拨叉　27—驱动端端盖　28—中间支承盘　29—电枢轴驱动齿轮衬套　30—止推垫圈　31—驱动齿轮与单向离合器　32—励磁绕组　33—电刷　34—电刷弹簧　35—弹簧　36—电枢　37—螺栓

一、起动机的拆卸和安装

拆卸起动机时，应首先拆下蓄电池搭铁线，然后再拆下起动机的各连接线。

起动机通过安装支架与发动机相连。安装时先将支架套在起动机上，装上垫片、弹簧垫和螺母（M5），并用力旋紧，然后将支架连同起动机一起装在发动机上。

检查起动机的外壳两个螺栓（M5）是否能在支架槽孔中活动，必要时用锉刀加工，调整起动机到最佳位置，最后以 20N·m 的力矩拧紧紧固螺母。

二、起动机的分解

1. 起动机的分解

1）如图 8-9 所示，用扳手旋下电磁开关的接线柱“30”及“50”的螺母，取下导线。

2）如图 8-10 所示，旋下起动机贯穿螺钉和衬套螺钉，取下衬套座和端盖，取出垫片组件和衬套。

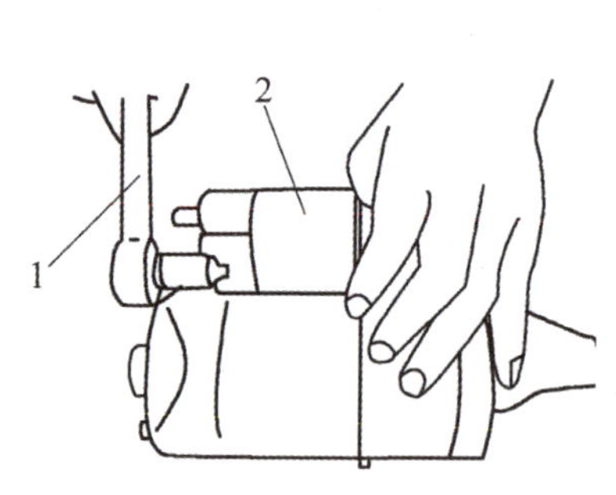

图 8-9　起动机导线的拆卸
1—扳手　2—电磁开关

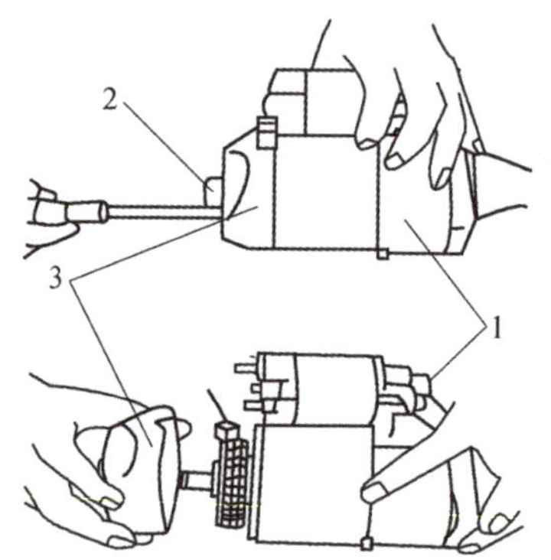

图 8-10　起动机衬套和端盖的拆卸
1—起动机　2—衬套座　3—端盖

3）如图 8-11 所示，用尖嘴钳将电刷弹簧抬起，拆下电刷架和电刷。

4）如图 8-12 所示，取下励磁绕组后，用扳手旋下螺栓，从驱动端端盖上取下电磁开关总成。

5）如图 8-13 所示，在取出转子后，从端盖上取下传动叉，然后取出驱动齿轮与单向离合器，再取出驱动齿轮端衬套。

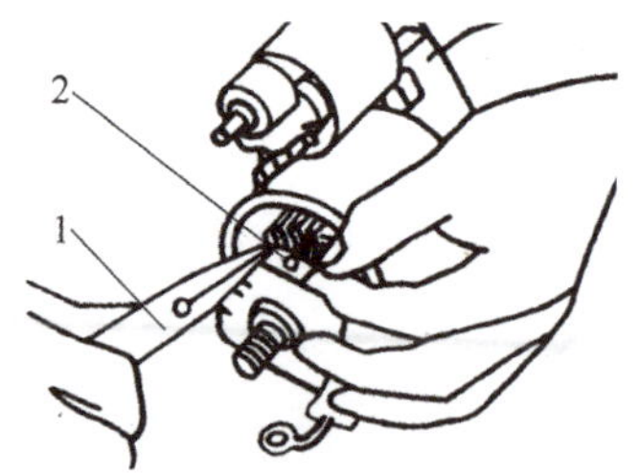

图 8-11　起动机电刷的拆卸
1—尖嘴钳　2—电刷弹簧

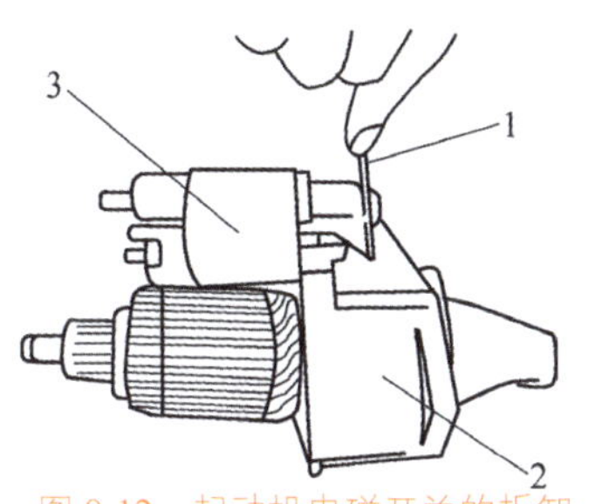

图 8-12　起动机电磁开关的拆卸
1—扳手　2—驱动端盖　3—电磁开关

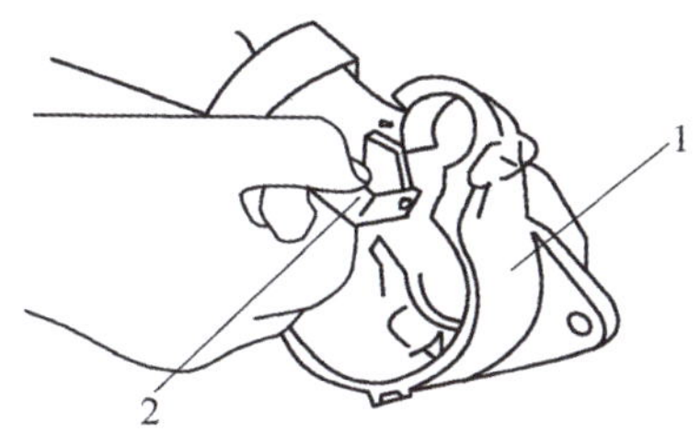

图 8-13　起动机传动叉的拆卸
1—端盖　2—传动叉

2. 起动机的组装

起动机的组装可按起动机的分解相反顺序进行，但应注意以下事项。

- 安装时，衬套中应涂上润滑脂。
- 如图 8-14 所示，用止推垫圈调整驱动齿轮的轴向间隙（推到极限位置），标准值为 0.3~1.5mm。

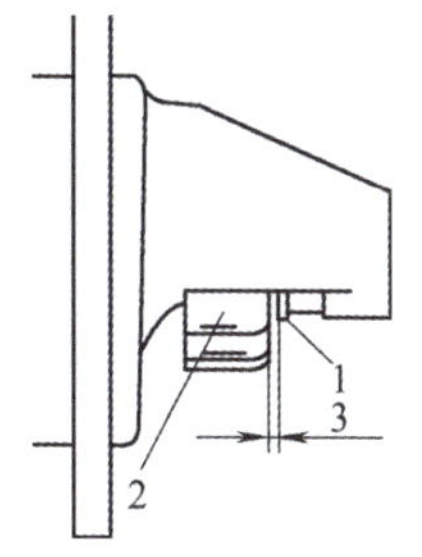

图 8-14　起动机驱动齿轮轴向间隙的调整
1—止推垫圈　2—驱动齿轮　3—驱动齿轮轴向间隙

三、起动机的使用与维护

要点

- 起动发动机前，应将手动变速器挂上空档，起动同时踩下离合器踏板。对于自动变速器的汽车，应将变速杆置于 P 位或 N 位。
- 每次接通起动机的时间不得超过 5s，两次之间应间歇 15s 以上。
- 当发动机起动后应立刻松开点火开关，切断起动档，使起动机停止工作。
- 经过三次起动，发动机仍没有着车，则应停止起动。然后进行简单的检查，如检查蓄电池的容量、极柱的连接、发动机油路和电路等工作情况，排除故障后再起动发动机，否则蓄电池的容量将严重下降，起动发动机可能会变得更加困难。
- 在拆卸起动机之前，应先拆下蓄电池的搭铁电缆线。

第四节 如何维护空调系统

空调系统一般包括蒸发器、压缩机、冷凝器、储液器、软管、加注阀等总成或零件。轿车空调系统布置如图 8-15 所示。

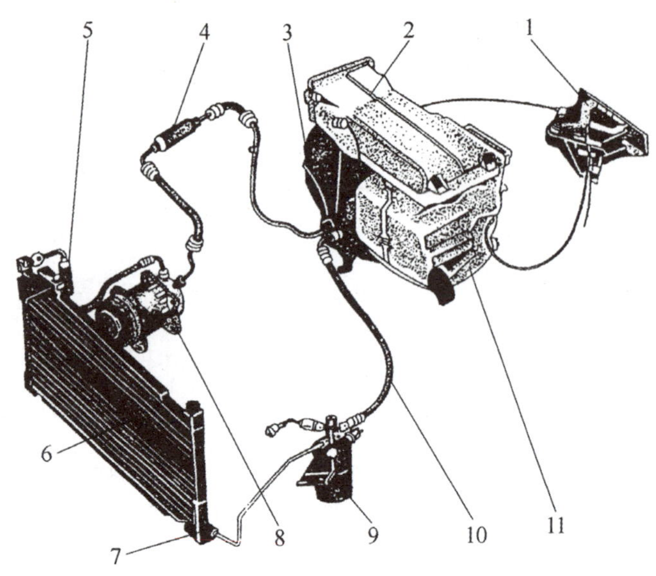

图 8-15　空调系统布置

1—控制装置　2—进气罩　3—蒸发箱　4—S 管　5—D 管　6—冷凝器　7—C 管　8—空调压缩机　9—储液干燥管　10—L 管　11—加热器

一、空调系统主要部件的拆卸和安装

1. 注意事项

- 首先应检查发动机的冷却系统、燃油供给系统和电气系统。它们必须处于正常工况，再检修空调系统。
- 如果在车上修理并拆卸制冷系统零部件，操作时必须戴手套和防护眼镜，以免制冷剂造成人体暴露部位的冻伤。
- 因制冷剂是无色无嗅的气体，且比空气密度大，会在通风条件差的场所造成窒息危险。因此，应将制冷剂排放到远离工作场所的地方，最好收集到密封的容器中。
- 制冷剂排放前，切勿锡焊、气焊制冷系统零部件，避免制冷剂遇热分解成对人体健康不利的物质。正式装配前，系统各部件的密封塞不得拆除，以免水汽或异物进入而影响系统正常工作。

2. 压缩机的检修

（1）压缩机的拆卸

1）拔下蓄电池插头。

2）排放制冷剂。

3）拆卸高、低压管，封闭管口，防止异物侵入。

4）拆卸电磁离合器导线。

5）拆卸压缩机固定螺栓，取下压缩机。

（2）压缩机的分解

压缩机和离合器的主要部件组成如图 8–16 和图 8–17 所示。压缩机的分解与组装可参照进行。

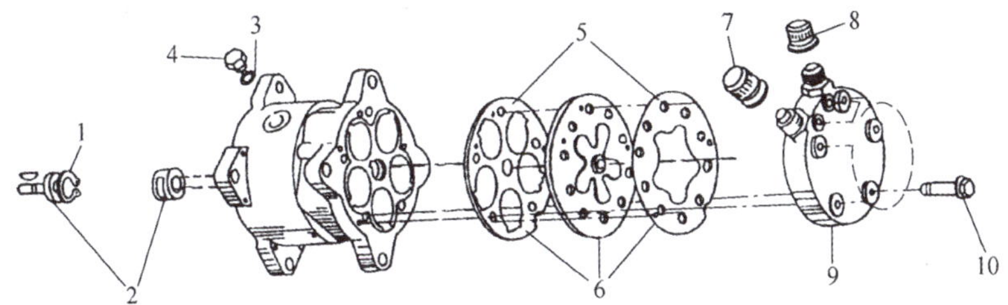

图 8-16　压缩机的主要部件

1—孔用弹性挡圈　2—毡圈密封组件　3—加油塞 O 形密封圈　4—加油塞　5—阀板组件和气缸垫　6—阀板　7—气口护帽　8—排气口护帽　9—缸盖　10—缸盖螺栓

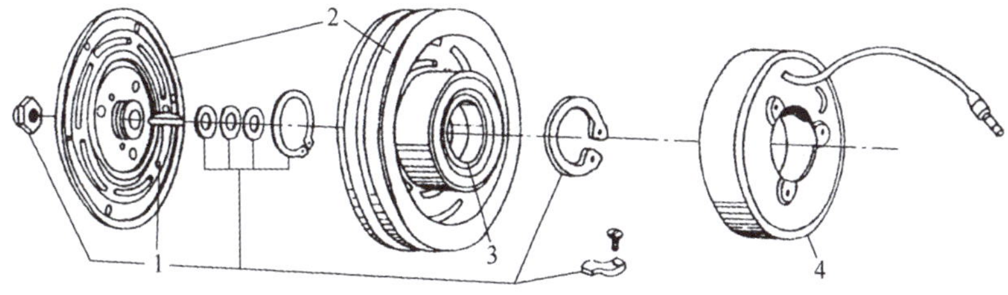

图 8-17　离合器主要部件

1—附件（螺母、键、垫片、挡圈、挡圈导线压板）　2—吸盘组件和带轮　3—轴承　4—线圈

（3）压缩机的安装

安装步骤与拆卸步骤相反，但应注意以下几点。

- 安装压缩机时，必须使离合器带轮、发动机带轮的带槽对称面处在同一平面内。并保持传动带适当的张紧度。
- 以规定力矩拧紧固定螺栓。
- 冷凝器与风扇之间应保持一定间隙，一般不少于20mm，压缩机及其托架和软管之间的间隙为15mm。
- 应更换高、低压管密封垫圈，检查发动机供油系统和冷却系统，防止渗漏。

3. 冷凝器的拆装

（1）冷凝器的拆卸

1）排放制冷系统的制冷剂。

2）拆下散热器。

3）拆下冷凝器进口管和出口管。

4）拧下固定螺栓，拆下冷凝器。

（2）冷凝器的安装

1）安装前应充分清洗冷凝器，确保有足够的空气流经冷凝器盘管，使其充分散热。

2）安装时注意冷凝器下部的正确位置，上端与发动机舱盖的间隙不得小于5mm。

4. 蒸发器的拆装

（1）蒸发器的拆卸

1）排放制冷系统的制冷剂。

2）拆下新鲜空气风箱盖。

3）拆下蒸发器外壳。

4）拆下低压管固定件和压缩机管路，并封住管子端部。

5）拆下高压管固定件和储液罐，并封住管子端部。

6）拆下仪表板右侧下部挡板和网罩。

7）拆下蒸发器口的感应管。

8）拆下蒸发盘，取出蒸发器。

（2）蒸发器的安装

1）蒸发器外壳下方有排水孔，应保证排水孔通畅，不能阻塞或遮挡。

2）连接电线与发动机机体之间的距离至少为50mm，与燃油管的

间隙最少为 100mm。

3）安装蒸发盘时，应将边缘安置在横向盘网的凸缘上。

4）蒸发器上插有感温开关的毛细管，安装时切勿将感温管扭曲，为防止将其拔出，应将其夹紧。

5. 储液罐的拆装

（1）储液罐的拆卸

1）拔下蓄电池插头。

2）排放制冷系统内的制冷剂。

3）拆下管路接头，封住管子端部。

4）拆下储液罐。

（2）储液罐的安装

1）储液罐应垂直安装，冷凝器的出口接储液罐入口。

2）在抽真空之前方可将导管接至储液罐入口。

二、使用空调的注意事项

正确使用空调对其性能和寿命、发动机的工作稳定和功耗、乘员的舒适性都有很大影响。

- 为保证取暖和通风正常工作，挡风玻璃前的进风口应避免障碍物遮盖。
- 空调的设计使用温度应在环境温度 5℃以上，故使用时的环境温度应高于 5℃。
- 在使用前应检查系统中制冷剂的量是否合适，是否存在泄漏部位，冷凝器冷却风扇能否正常工作，如发现问题，要在修复后方可使用。
- 使用空调，必须保持系统的清洁，特别是需经常清除冷凝器和蒸发器散热片中的灰尘，以保持良好的热交换效果。
- 当车辆在太阳下停放时间过长，车厢内温度很高时，应首先打开车门、车窗，开启空调驱散热气，然后关闭门、窗，以提高空调制冷效果。
- 空调系统应在发动机冷却水温度正常时使用，如发动机因大负荷工作引起水温过高，需暂停使用空调，直至水温正常再重新开启。
- 应避免在停车时，或在怠速、高温下长时间使用空调，以免因系统温度和压力过高而损坏。
- 使用 R134a 制冷剂的空调系统，不允许与 R12（氟利昂）混用，否则会引起制冷性能下降和系统损坏。
- 在不使用空调的季节，每周也需使空调工作 5 ~ 10min，以便润滑空调系统，防止压缩机等部件内部生锈，保持良好的技术状态。

三、空调的常规检查

由于不同的制冷剂的特性不同，要求系统配制不同的冷冻机油、干燥剂、橡胶密封材料、连接软管，以及不同的压缩机、膨胀阀、恒温控制器、压力开关等部件。因此，对空调系统进行维护时，首先要确认该系统采用了何种制冷剂，以便采取相适应的措施和材料，这一点非常重要。

1. 常规检查

(1) 空调系统常规检查（指不打开制冷系统）的内容

1）检查制冷剂是否有泄漏。

2）检查制冷量是否正常。

3）检查电路是否接通，各控制元件是否正常工作。

4）检查冷凝器是否有明显污垢、杂物，是否通畅。

5）检查压缩机传动带张力是否正常。

6）检查软管和连接处是否牢固。

7）检查系统运行时是否有异响和气味。

(2) 检查方法

检查方法主要有以下几种。

- 用手感觉各部分温度是否正常。
- 用肉眼检查表面情况及泄漏部位。
- 用耳听和鼻嗅检查有否异常响声和气味。
- 通过储液干燥器上的窥视玻璃判断系统工作状况。

1）用手检查温度。在正常情况下，低压管路呈低温状态，高压管路呈高温状态。

要点

- 从压缩机出口→冷凝器→储液干燥器→膨胀阀进口处是制冷系统的高压区，这些部件应该先暖后烫（注意手摸时要小心被烫伤），如有特别热的部位（如冷凝器表面），则说明此部位有问题：散热不好；如有特别凉的部位（如膨胀阀入口处），也说明此部位有问题：可能有堵塞。
- 储液器进出口之间若有明显温差，则说明此处有堵塞或者制冷剂量不正常。
- 从膨胀阀出口→蒸发器→压缩机进口处是低压区，这些部位表面应该由凉到冷，但膨胀阀处不能发生霜冻现象。

2）用肉眼检查泄漏情况。制冷剂的泄漏有可能出现在：所有连接部位、冷凝器表面及蒸发器表面被损坏处、膨胀阀进出口连接处、压缩机轴封、前后盖密封垫等处。

要点

- 上述部位一旦出现油渍，一般说明此处有制冷剂泄漏（但压缩机前轴封处漏油可能是轴承漏油），应尽快采取措施修理。

3）干燥器窥视玻璃判断工况。从窥视玻璃判断工况要在发动机运转、空调工作时进行。从窥视玻璃中可能看到的工质情况如下。

- 清晰、无气泡，但出风口是冷的，说明制冷量适当，制冷系统正常；出风口不冷，说明制冷剂漏光了；出风口不够冷，而且关掉压缩机1min后仍有气泡慢慢流动，或在关压缩机的一瞬间就清晰无气泡、无流动，说明制冷剂太多。
- 偶尔出现气泡，若有膨胀阀结霜现象，说明系统中有水分；若无膨胀阀结霜现象，可能是制冷剂缺少，或有空气。
- 有气泡、泡沫不断流过，说明制冷剂不足。如果气泡很多，可能有空气。
- 有长串油纹，偶尔带有成块机油条纹，出风口不冷，说明几乎没有制冷剂。有泡沫较混浊，说明冷冻油太多，或干燥剂失效。

2. 维修的基本注意事项

- 在打开制冷系统时，必须戴手套和防护眼镜，以免制冷剂冻伤皮肤。一旦皮肤上溅到制冷剂，要立即用大量冷水清洗，千万不可用手搓。
- 制冷剂的排放应远离工作场所，并保持工作场所通风良好，以免造成窒息危险。制冷剂不要靠近火焰，以免产生对人体有害的物质。
- 制冷系统打开后，一定要及时加盖或包扎密封，防止空气的潮气或杂质进入。
- 更换制冷部件后，要先为系统补充冷冻机油（注意不同品牌的冷冻机油不能混用），然后再加注制冷剂。
- 拧紧或拧松螺纹接头时，必须同时使用两把扳手。
- 为防止电路短路，应拆下与蓄电池负极相连的电线。
- 安装空调时注意不要夹住电线，电线连接必须可靠、固定牢靠，并且不应与尖锐物体接触，电线要远离热源50mm以上，离开燃油管100mm以上。

四、充注制冷剂

在充注制冷剂之前必须清除制冷系统中的空气，即抽真空。若系统中有空气，则会降低热交换率，使水蒸气在膨胀中凝结，腐蚀制冷系统的金属部件。

1. 抽真空及充注制冷剂的工具

（1）真空泵

其容量必须超过18L/min。

（2）检修压力表组

检修压力表组即高压表和低压复合表，也称为歧管压力计，是汽车空调检修操作中的主要工具。在抽真空、加注制冷剂和检查制冷循环压力情况时都要使用到。其结构如图8-18所示，主要由高压表（计）、低压表（计）、阀体、单向阀（史特拉阀）、高低压侧手动阀和连接软管等组成。

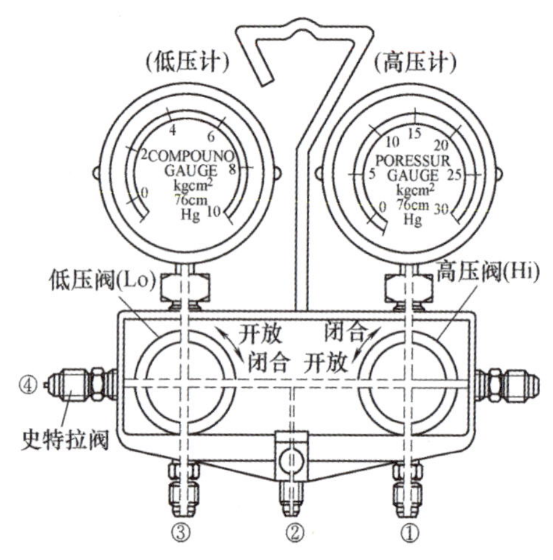

图 8-18　歧管压力计

（3）检漏器

检漏器是用以检查空调制冷系统有无泄漏部位的主要工具，它是一种丙烷气燃烧喷灯，利用制冷剂气体进入安装在喷灯的检测管（吸入管）内，会使喷灯的火焰按漏气的多少相应地改变颜色这一特性来判断制冷剂的泄漏部位和泄漏程度。其结构如图8-19所示。

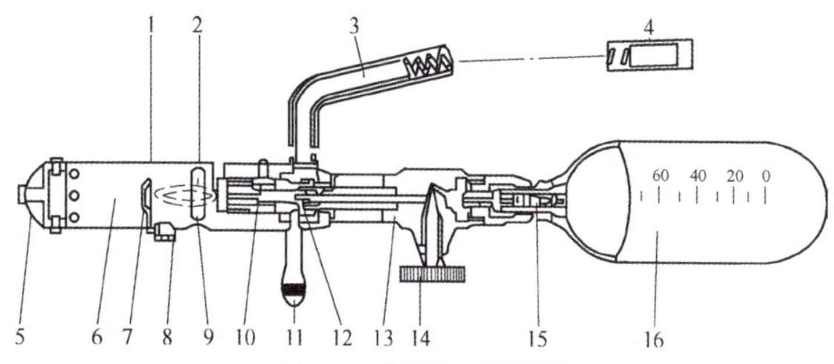

图 8-19 检漏灯式检漏器

1—焰的上限 2—焰的下限 3—吸入管 4—粗滤器 5—盖 6—焰筒 7—焰环 8—焰环螺钉 9—点火孔 10—喷孔 11—座 12—喷嘴 13—阀体 14—阀调整柄 15—史特拉阀 16—丙烷槽

若充注的制冷剂为小罐，则还需备有制冷剂注入阀，如图 8-20 所示。若为大瓶制冷剂，则必须备有制冷剂计量工具。

2. 抽真空

1）分别将高压表接入储液罐的维修阀，低压表接入自蒸发器至压缩机低压管路上的维修阀，中间注入软管安装于真空泵接口，如图 8-21 所示。

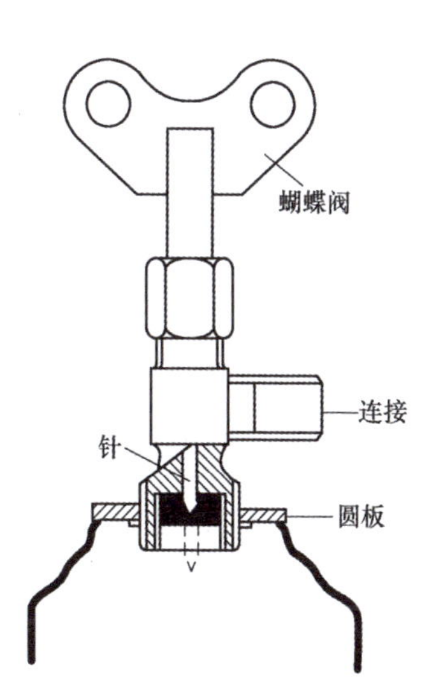

图 8-20 注入阀

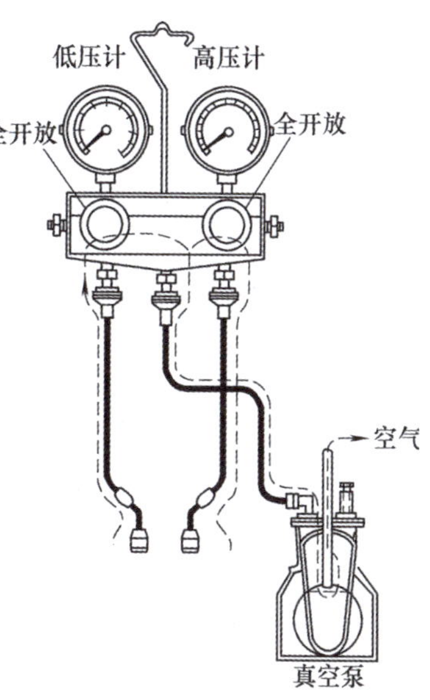

图 8-21 抽真空连接

2）起动真空泵，打开歧管表高低压手动阀。

3）系统抽真空，使低压表所示的真空度达100kPa。抽真空时间为5～10min。

4）关闭真空泵手动阀，真空泵继续运转，打开制冷剂罐，让少量R134a制冷剂进入系统（压力为0～49kPa），关闭罐阀。

5）放置5min，观察压力表，若指针继续上升，说明真空下降，系统有泄漏之处，应使用检漏仪进行泄漏检查，并修理堵漏。

6）继续抽真空20～25min，并重复第5）项，如压力指针保持不动，说明无泄漏，可进行下一步工作。

7）关闭高、低压压力表的手动阀，停止抽真空，从真空泵的接回拆下中间注入软管，准备注入制冷剂。

3. 加注制冷剂

1）抽完真空后，将注入阀连接在制冷剂罐上。

2）将高、低压压力表的中间注入软管安装在注入阀接口上，顺时针拧紧注入阀手柄，使阀上的顶针将制冷罐顶开一个小孔。逆时针旋松注入阀手柄，退出顶针，使制冷剂进入中间注入软管。当一罐用完，再用第2、第3罐时，仍应先关闭压力表的手动阀，重新项开罐孔，中间注入软管在表头处拧松，以排出管内空气。

3）拧松连接高、低压压力表中心接头的注入软管螺母，如看到白色制冷剂气体外溢，或听到“嘶嘶”声，说明注入软管中的空气已排出，可以拧紧该螺母。桑塔纳2000系列轿车制冷剂充注量为（1150±50）g。

4）旋开高压表侧手动阀，将制冷剂罐倒立，使制冷剂以液态注入制冷系统。在充注时不得起动发动机和打开空调，以防制冷剂倒灌，如图8-22所示。

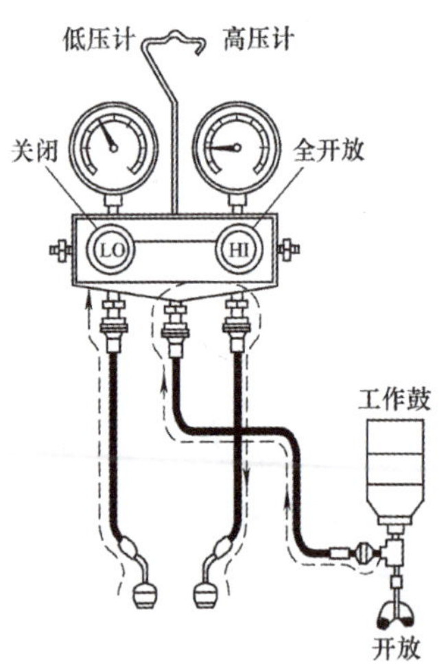

图 8-22　液态制冷剂的加注

5）旋开低压侧手动阀，使制冷剂以气态形式通过低压侧注入。此时要防止液态注入，以免造成液击现象，损坏压缩机。

6）如制冷剂不足，则可按图8-23所示关闭高压侧手动阀，开启低压侧手动阀，将制冷剂罐直立。启动发动机接合压缩机快速运转，让气态制冷剂从低压侧吸入压缩机。

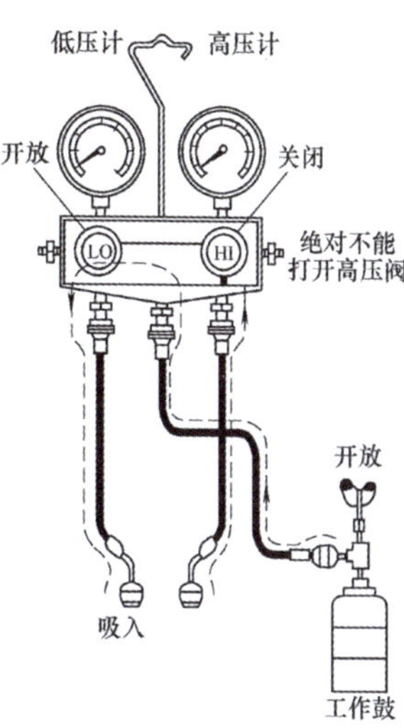

图 8-23　气态制冷剂的加注

7）向系统充注规定质量的制冷剂后，停止发动机，关闭高、低压力表的两个手动阀和制冷剂罐上的注入阀，拆除低压侧维修阀软管，待高压侧压力下降后，方可从高压侧维修阀拆下高压表软管。

附录　典型轿车5000km检查项目及规范要求

<table>
<tr><th></th><th>检查项目</th><th>规范要求</th></tr>
<tr><td rowspan="8">发动机</td><td>更换机油</td><td>①起动发动机，预热运转直至冷却液温度达到 80 ～ 90℃
②拆下机油加注口盖
③拆下放油塞，排除机油
④机油完全排出后装好放油塞
⑤重新注入规定数量的机油
⑥安装机油加注口盖
⑦检查机油液位</td></tr>
<tr><td>更换机油滤清器</td><td>①拆下机油加注口盖，再拆下放油塞并排出机油
②用机油滤清器扳手拆下机油滤清器
③清洁滤清器托架侧的安装面
④在新的机油滤清器的 O 形圈上涂少量机油
⑤用手转动机油滤清器进行安装，直到感觉有阻力，然后再用专用扳手按规定力矩拧紧
⑥加注机油
⑦空转发动机 2 ～ 3min，检查滤清器的安装部位应不渗机油</td></tr>
<tr><td>清洁空气滤清器滤芯</td><td>①拆下空气滤清器芯
②清扫空气滤清器芯
③用风枪吹净滤芯
④安装空气滤清器芯
⑤起动发动机，察听空滤周围有没有“嗞嗞”的漏气声</td></tr>
<tr><td>检查防冻液</td><td>①检查膨胀箱，观察液面是否在最低刻度线以上
②打开散热气盖，检查液面是否高到注液口颈部
③若缺少防冻液，加注至膨胀箱上限附近（不能超过上限）
④运转发动机至正常冷却液温度 80 ～ 90℃，然后再检查一遍。若仍缺少，需补加</td></tr>
<tr><td>检查通风软管和接头</td><td>①自曲轴箱强制通风阀拆下通气软管
②自气门室罩拆下曲轴箱强制通风阀
③再把曲轴箱强制通风阀装到通气软管上
④起动发动机并在怠速下运转
⑤将手指放在曲轴箱强制通风阀的开口处，确认能否感觉到进气歧管内存在的真空度
⑥若无真空感觉，则应清洁曲轴箱强制通风阀或予以更换</td></tr>
<tr><td>检查油箱盖、油管、软管和接头</td><td>①检查油箱盖空气阀、蒸气阀畅通
②检查油管紧固可靠、无碰擦、接头处不漏油</td></tr>
<tr><td>检查排气管和安装支座</td><td>①排气管连接螺栓紧固，衬垫完好，不漏气
②排气管安装支座固定可靠完好</td></tr>
</table>

（续）

	检查项目	规范要求
底盘和车身	检查调整离合器踏板自由行程	5 ～ 10mm
	检查制动踏板自由行程	3 ～ 8mm
	检查制动器摩擦块和制动盘	前制动盘标准值 25mm，极限值 23.4mm；后制动盘标准值 10mm，极限值 8.4mm；前摩擦块极限值 2mm，后摩擦块极限值 2mm；制动盘轴向圆跳动量不大于 0.03mm
	检查制动液	检查是否低于极限值或变质
	检查制动管路	检查是否松动、破损、漏油
	检查转向盘	发动机停机时，转向盘隙自由行程标准值 15mm 以下，极限值为 30mm
	检查四轮定位	①前轮前束值：11′ ±9′ （2.0mm±1.6mm） ②前轮外倾角：28′ ±30′ ③主销后倾角：5° 36′ ±1° 30′ ④主销内倾角：8° 33′ ±1° 30′ ⑤后轮前束值：9′ ±9′ （1.6mm±1.6mm） ⑥后轮前束值：-50′ ±30′
	检查球头销和防尘套	检查其是否破损、松旷或漏油
	检查前后悬架	检查各个连接杆件的橡胶衬套、轴头是否破损或漏油，连接螺栓是否松动
	检查底盘和车身的螺栓和螺母	①前横梁与车身：左右各 3 点，扭矩标准值 90 ～ 110N·m ②后横梁与车身：左右各 2 点，扭矩标准值 90 ～ 110N·m
	检查轮胎和充气压力	①车轮螺栓拧紧力矩 105 ～ 135N·m ②充气压力：空载时，前轮 200kPa，后轮 200kPa；满载时，前轮 220kPa，后轮 280kPa
	检查灯光、喇叭、刮水器和洗涤器	①检查车辆小灯、近光灯、远光灯、近光远光转换、前后雾灯、倒车灯、制动灯、转向灯、危险警告灯工作是否正常 ②检查电喇叭工作是否正常 ③检查调整前照灯灯光 ④检查刮水器在各个档位是否都能正常工作，有无工作时抖动、异响、刮不净问题 ⑤检查洗涤器喷水压力是否正常，风窗玻璃的喷水高低位置是否适当
	检查空调 / 冷风	①检查空调系统（冷气）是否正常工作 ②检查暖风系统（热气）是否正常工作 ③检查鼓风机各风速档之间是否线性增速过程 ④检查控制器及其拉线工作是否正常 ⑤检查内外循环风门工作是否正常

（续）

	检查项目	规范要求
底盘和车身	检查动力转向油	检查是否低于极限值或变质
其他	车辆保护用品	车辆保护用品（脚垫、座套、把套）是否齐全
	安全操作	操作中举升机是否正确使用
	工具的使用	相关工具使用是否正确规范
	操作现场	操作现场是否保持整洁、干净

参考文献

[1] 吴兴敏 . 汽车检测与诊断技术 [M] . 北京：中国人民大学出版社，2008.

[2] 林晨 . 桑塔纳 2000 轿车维修手册 [M] . 北京：机械工业出版社，2002.

[3] 蒋勇 . 汽车结构与拆装 [M] . 上海：复旦大学出版社，2007.

[4] 叶菁银 . 汽车拆装实习 [M] . 北京：中国劳动社会保障出版社，1999.

[5] Wilfried Staudt. 汽车机电技术（一）学习领域 1 ~ 4 [M] . 北京：机械工业出版社，2008.

[6] 贺展开 . 汽车维修工实训教程（上）[M] . 北京：机械工业出版社，2005.

[7] 杨智勇 . 机动车机修人员从业资格考试必读 [M] . 北京：金盾出版社，2008.

[8] 余云龙 . 汽车拆卸与装配 [M] . 北京：机械工业出版社，2001.

检
9